뉴 에센스 영문법

New Essence of English Grammar

성은경 지음

뉴 에센스 영문법

New Essence of English Grammar

성은경 지음

HU:iNE

머리말

흔히 영어를 공부하는 데 있어서 말하기와 듣기의 중요성을 강조합니다. 반면에, 영문법에 대해서는 소홀히 여기는 경향이 있습니다. 그러나 영문법을 제대로 익히지 못한다면, 말하기, 읽기, 듣기, 쓰기 모두를 제대로 하기가 어렵습니다. 영어 문장을 문법에 맞게 쓸 수 있어야 만이, 비로소 자기 뜻을 정확하고 명료하게 전달할 수가 있습니다. 사실 영문법을 정확히 아는 것만큼, 짧은 시간 안에 영어 구사 능력을 크게 향상시키는 효과적인 방법도 없습니다.

이 책은 영어를 배우는 한국 학생들 입장에서, 영문법 가운데 '이것만은 확실하게 알아야 한다'라는 진수(essence)들을 골라서 설명하고자 하였습니다. 또한, 일상생활에서 자주 쓰는 표현과 예문을 최대한 활용하여 문법을 익힐 수 있도록 하였습니다. 실생활에서 자주 쓰는 예문을 중심으로 문법을 설명하였다는 점이, 다른 문법책들과 차별화된 특징이 됩니다.

이 책은 13개의 Unit으로 구성되어 있습니다. Unit마다 사회생활에서 접하게 되는 친근한 topic 아래 관련된 예문들이 나오게 됩니다. 예를 들어, newbie(신입사원), promotion(승진), announcement(발표) 등 다양한 topic 아래 연관된 예문을 통해서 문법을 공부하다 보면, 문장을 더 쉽게 익히게 됩니다. 각 unit의 첫 부분에는 회사 동료 또는 친구들과 나누는 짧은 대화를 넣어서 실용적인 문법을 배울 수 있도록 하였습니다. 시험을 위한 영문법이 아니라, 영어로 말하고 영어로 쓸 수 있는 능력을 길러 주는 영문법이 되도록 노력하였습니다.

모쪼록 이 책이 영어의 기본 골격을 탄탄하게 익히고, 영어의 재미를 느끼는 데 도움이 되기를 바랍니다. 끝으로 이 책이 나오기까지 많은 도움을 준 Caoimhe McCotter, 교정을 맡아 수고해 준 신희숙 조교, 그리고 지식출판콘텐츠원 여러분에게 감사를 드립니다.

"It is not in doing what you like, but in liking what you do that is the secret of happiness."
행복의 비밀은 좋아하는 것을 하는 데 있는 것이 아니고, 당신이 하는 것을 좋아하는데 있습니다.
– J.M. Barrie –

2022년 2월
성 은 경

일러두기

이 책은 전체 13개의 unit으로 이루어져 있고, 각 unit은 아래 요소로 구성되어 있습니다.

• **Topic**

unit마다 newbie(신입사원), promotion(승진), after work drinks(퇴근 후 술자리), announcement(발표), overseas office(해외 지사) 등 사회생활에서 접하게 되는 친근한 topic이 제시됩니다. 각 topic과 관련된 다양한 예문을 통해서 문법을 익히게 됩니다.

• **Warm-up**

회사 동료, 친구들과의 일상적인 짧은 대화가 나와 있습니다. 그 안에는 매 unit에서 배울 중요한 문법 포인트가 들어가 있어서 실용적인 문장을 통해서 문법을 먼저 접하게 됩니다. 대화 속에 나오는 중요한 표현들과 관련 예문들은 따로 정리해 놓았습니다.

• **Focus 1, 2, 3**

핵심적인 문법 사항을 공부하는 부분입니다. 각 unit의 topic과 연관된 다양한 예문과 자세한 설명으로 꾸몄습니다. 중간마다 한국 학생들이 자주 혼동하는 문법 사항과 관련된 pop quiz를 통해서 필수 사항들을 한 번 더 익히게 됩니다. 또한, 각 focus 마지막에 task 문제를 풀어보면서 배운 내용을 점검하게 됩니다. 배운 문법을 점검할 수 있는 코너를 많이 포함하고 있어서 중요한 문법은 절대 놓칠 수 없도록 배치해 놓았습니다. 또한, 실생활에서 자주 쓰는 실용적인 예문만을 제시하고 있습니다.

• **Quick tip**

다시 한번 중요한 문법 사항을 확인하게 됩니다.

• **Final check**

각 unit에 담긴 문법 사항을 전체적으로 점검하는 복습 문제를 풀게 됩니다.

• **Culture corner**

사회생활 속에서 꼭 알아둘 만한 재미있는 영미권 문화를 소개합니다.

• **Wrap-up**

각 unit의 가장 대표적인 문장을 통해서 핵심 문법을 다시 정리하게 됩니다.

목차

Unit
1

Tenses
(시제)

INTRODUCTION

Topic

The Newbie (신입사원)

Objectives

1. Simple tense (단순 시제)
2. Progressive (진행형)
3. Perfect (완료형)

WARM-UP

The Newbie

해석: 271쪽

<Mark & Nic bump into each other in the staff room.>

Mark Oh, hi! You must be the newbie!

Nic Nice to meet you! I'm Nicola, but just call me Nic. I actually started last week, but don't think I've seen you around the office.

Mark I've actually been on vacation for the last couple of weeks. I'm Mark, by the way. How are you finding the job so far?

Nic It's great. I'm still learning the ropes, but I'm sure it'll get easier! I'm fresh out of college, and I've just moved here from San Fran, so I'm still adjusting to everything. It's been a little overwhelming!

Mark Wow, big changes for you! I was just organizing drinks tonight to catch up with everyone from the office after my trip! I think we'll be going to a bar around the corner at 7. Are you in?

Nic Sounds good! I have a meeting with a client later, but I'm sure I'll have finished by 7. Thanks for the invite!

Mark No worries! See you later!

Useful Expressions

How are you finding~? (~은/는 어떻게 하고 있어?)	How do you feel about (N)? (used especially in reference to a new situation such as a job, class, or neighborhood) Ex **A:** **How are you finding** your Korean class? (한국어 수업은 어떻게 하고 있어?) **B:** It's really difficult, but the teacher is great! (정말 어렵지만, 그 선생님은 대단해!)
learn the ropes (새로운 요령이나 일을 배우다)	to learn how to do something new (especially at a job) Ex The first week of the job is training, so you will **learn the ropes** before taking any phone calls or emails. (그 일의 첫 주는 훈련이기 때문에 당신은 전화나 이메일을 받기 전에 요령을 배울 것입니다.)

fresh out of (N) (~을 갓 지나온)	**to have recently finished a stage of one's life** Ex She is **fresh out of** a bad relationship, so she doesn't want to date any time soon. (그녀는 나쁜 관계에서 갓 벗어났기 때문에 누군가를 곧 사귀고 싶지 않습니다.)
Are you in? (너도 참석 할래?)	**Do you want to come/attend?** Ex **A:** Sara and I are going for lunch in an hour. **Are you in?** (Sara와 나는 한 시간 후에 점심을 먹으러 갈 거야. 너도 올래?) **B:** Sorry, I already have plans! I'll join you next time, though. (미안해, 난 이미 계획이 있어! 그래도 다음에 합류할게.)

GRAMMAR

FOCUS 1 | Simple tense (단순 시제)

1. Simple present (단순 현재)

일반적인 일, 언제나 일어나는 일, 사실 등에 대해서 말할 때 단순 현재 시제를 씁니다. 어떠한 행위가 말하는 그 순간에 일어나는지 하는 것은 중요하지 않습니다.

(1) 현재의 사실

a. We'**re** in a serious relationship.
(우리는 진지하게 만나고 있습니다.)

b. I'**m** Nicola.
(나는 Nicola야.)

(2) 현재의 습관, 직업, 성격

a. She never **drinks** coffee after 12pm.
(그녀는 오후12시 이후에는 절대 커피를 마시지 않습니다.)

b. Coco always **visits** her parents during the summer vacation.
(Coco는 항상 여름 휴가기간 동안 부모님을 방문합니다.)

cf always, usually, often, never 등의 빈도 부사는 주동사(main verb) 앞에 옵니다.

(3) 일반적 사실

a. Water **boils** at 100 degrees Celsius.
(물은 100 도에서 끓습니다.)

b. London **is** the capital city of England.
(런던은 영국의 수도입니다.)

(4) 미래 대용

왕래발착을 나타내는 동사(go, come, start, leave, arrive, depart, return, ride)나 시간, 조건을 나타내는 부사절에서 현재 시제를 씁니다.

a. We **leave** for New York tomorrow morning.
(우리는 내일 아침 뉴욕으로 떠납니다.)

b. Their daughter **starts** university next year.
(그들의 딸이 내년에 대학에 들어갑니다.)

c. Please let me know if he **comes**.
(그가 오면 나에게 알려주세요.)

cf I want to know if he **will come** tomorrow. (명사절)
(그가 내일 올 건지 알고 싶습니다.)

(5) 발화 행위(Speech act)

a. I **promise** to love you forever.
(당신을 영원히 사랑하겠다고 약속합니다.)

b. I **apologize** for my rude behavior.
(저의 무례한 행동에 대해 사과를 드립니다.)

cf warn, request, bet, order, advise...

2. Simple past (단순 과거)

(1) 과거의 동작, 상태, 습관

a. I **started** this job last week.
(저는 지난주에 이 일을 시작했습니다.)

b. We **went** to the mountains every summer and stayed in a cabin.
(우리는 매년 여름마다 산에 가서 산장에서 지냅니다.)

(2) 역사적 사실

a. The Korean War **ended** on 27 July, 1953.
(한국전쟁은 1953년 7월 27일에 끝났다.)

b. The Spanish Influenza **broke out** in 1918.
(스페인 독감은 1918년에 발발했다.)

(3) 가정법 과거

현재사실을 반대로 가정

a. I wouldn't do that if I **were** you.
(내가 너였다면 난 그렇게 하지 않을 거야.)

b. If you **could live** anywhere in the entire world, where would you choose?
(만약 당신이 세계 어디에서든 살 수 있다면 어느 곳을 고르겠습니까?)

3. Simple future (단순 미래)

a. I'**ll see** you later!
(나중에 봐!)

b. She'**s going to** think about it for a while before giving him an answer.
(그녀는 대답을 하기 전 잠시 그것에 대해 생각해 볼 것입니다.)

cf 미래를 나타낼 때 will 대신에 be going to를 쓸 수도 있습니다. 대개의 경우, 뜻의 차이 없이 바꾸어 씁니다. 그러나, 곧 일어날 일을 예측하거나 미리 계획한 일을 말할 때는 be going to를 많이 쓰고, 즉석에서 결정한 일에 대해 얘기할 때는 will을 사용하는 것이 더 자연스럽습니다.

- We're going to spend the month of August in Europe.
  (우리는 8월을 유럽에서 보낼 것입니다.)

- A: I think somebody is knocking on the door.
  (누군가 문을 두드리는 것 같습니다.)

  B: I'll go and check.
  (내가 가서 확인해 볼게.)

Pop Quiz

Indicate whether the following sentence is correct(O) or incorrect(X).

O X

I'll calling you later.

Answer X (→ I'll call you later.)
(나중에 전화할게.)

TASK 1

Choose the best word or phrase to complete each sentence.

get	got	gotten	will get	gets

1. I ________ a text last night from Jon about his birthday party.
2. Next weekend, I ________ some new furniture for my apartment.
3. Every time he goes to the movie theater, he ________ popcorn.

FOCUS 2 | Progressive (진행형)

「be + ~ing」로 표현되는 진행형은 be동사의 현재 및 과거형으로 현재진행과 과거진행을 만들고, 미래를 나타내는 will be ~ing로 미래진행형을 만듭니다.

1. Present progressive (현재진행)

말하고 있는 그 순간에 진행되고 있는 일이나 일시적인 상황을 표현할 때 현재진행형을 씁니다.

(1) 현재 동작의 진행이나 일시적 상황

a. I**'m** still **learning** the ropes.
(전 아직 요령을 배우고 있습니다.)

b. They**'re living** right in the middle of downtown Manhattan.
(그들은 맨해튼 시내 중심부에 살고 있습니다.)

cf 말하는 그 순간에 일어나고 있는 것은 아니지만, 그 즈음에 진행되는 일을 표현할 때도 진행형을 쓸 수 있습니다.
Jenny wants to work in Spain, so she **is studying** Spanish.
(Jenny는 스페인에서 일하고 싶어 합니다. 그래서 스페인어를 공부하고 있습니다.)

(2) 습관적인 행위

always, forever, continually, constantly 등의 부사와 함께 쓰이며, 화자의 불만을 나타내기도 합니다. 즉, 화자가 생각할 때 지나칠 정도로 자주 일어나는 일을 표현하는 것입니다.

a. Why **are** you **always forgetting** to pay the bills?
(너는 왜 항상 계산하는 것을 잊어버리는 거야?)

b. My neighbor **is constantly playing** loud music.
(내 이웃은 시끄러운 음악을 끊임없이 연주하고 있습니다.)

cf I always drive to work. (O)
I'm always driving to work. (X)

(3) 미래 대용

이미 예정하고 있는 일에 대해서 말할 때 현재진행형으로 미래를 표현합니다.

a. We're **getting** married in February!
(우리는 2월에 결혼하게 될 거에요!)

b. Tom **is moving** to Canada next year.
(Tom은 내년에 캐나다로 이사한다.)

cf I **will meet** them for lunch.
I'm **going to** meet them for lunch.
I'm **meeting** them for lunch in 10 minutes.

Pop Quiz

Indicate whether the following sentence is correct(O) or incorrect(X).

O X
He is always wearing the same coat.

Answer O
(그는 언제나 똑같은 코트만 입습니다.)

2. Past progressive (과거진행)

(1) 과거 동작의 진행

어떤 일을 하는 중에 다른 일이 일어난 것을 표현하기 위해서 과거형과 과거진행형을 함께 사용하기도 합니다.

a. I **was** just **organizing** drinks.
(나는 그저 술자리를 준비하고 있었습니다.)

b. I **was thinking** about planning a surprise party for my wife's birthday.
(아내의 생일에 깜짝 파티를 계획하려고 생각하고 있었습니다.)

(2) 과거시점에서 반복되거나 변화되는 것

a. A mosquito **was buzzing** around my room all night.
(모기 한 마리가 밤새도록 내 방을 윙윙거리고 있었습니다.)

b. Alan **was fumbling** with his words throughout the trial.
(Alan은 재판 내내 말을 더듬거리고 있었습니다.)

3. Future progressive (미래진행)

미래 시점에서 진행될 때 사용합니다.

a. We'**ll be going** to a bar around the corner.
(우리는 모퉁이 근처에 있는 바에 갈 것입니다.)

b. I'**ll be finishing** work about 7:00, so how about drinks at 7:30?
(제가 7시 즈음쯤에는 일 을 마치칠거니까 7시 반에 한 잔 하는게 어떠세요?)

cf 진행형으로 잘 쓰이지 않는 상태동사

▸ 느낌(feeling) 이나 감정(emotion)을 나타내는 동사
· love, like, hate, prefer, appreciate, want, dislike
· 그러나 love, hate, like 등은 구어체에서 진행형으로 쓰이기도 함
I'm loving your new hairstyle. / I'm hating my job these days.
(저는 당신의 새로운 헤어스타일이 마음에 듭니다. / 나는 요즘 내 직업이 마음에 들지 않습니다.)

▸ 감각(sense)을 표현하는 동사
· see, hear, taste smell
· 그러나 see, hear, taste 등은 구어체에서 진행형으로 쓰이기도 함
I'm seeing the manager soon. / He was not hearing what I was saying.
(곧 책임자를 만나게 될 것입니다. / 그는 내가 하고 있던 말을 듣고 있지 않았습니다.)

▸ 지식, 의견, 믿음을 나타내는 동사
· think, understand, believe, know
· 그러나 think, understand 등은 구어체에서 진행형으로 쓰이기도 함
What are you thinking about? / I'm not understanding you very well.
(당신은 무슨 생각을 하고 있습니까? / 저는 당신을 잘 이해할 수가 없습니다.)

▸ 소유(possession)를 표시하는 동사

- have, own, belong, possess
- 그러나 have, own 등은 구어체에서 진행형으로 쓰이기도 함

  We're having a great time. / The Doosan Bears are owning this game.
  (우리는 즐거운 시간을 보내고 있습니다. / 두산 베어스가 경기를 장악하고 있습니다.)

▸ 그 외 동사

- owe, exist, need, appear, resemble

TASK 2

Indicate whether or not each sentence is grammatically acceptable by marking it with an O or an X.

	O	X
1. I've been craving double chocolate cheesecake all day.	( )	( )
2. We're leaving for the airport last night.	( )	( )
3. She will waiting for you when you get home this evening.	( )	( )

FOCUS 3 | Perfect (완료형)

완료형은 「have/has + 과거분사(현재완료)」, 「had + 과거분사(과거완료)」, 「will have + 과거분사(미래완료)」로 표현됩니다.

1. Present perfect (현재완료)

현재와 관련이 있는 것을 표현합니다. 부사 just, already, yet 등이 자주 쓰입니다. 과거 시제는 과거에 끝난 일을 표현하고 현재와의 연결은 표현하지 않습니다. 이에 반해 현재완료는 과거에 어떤 일이 벌어졌는데 현재에 영향을 미치고 있음을 나타냅니다.

(1) 행위의 완료

a. I**'ve** just **moved** here from San Fran.
(나는 얼마전 샌프란시스코에서 여기로 이사 왔습니다.)

b. We've **booked** our flights and **made** reservations at the resort.
(우리는 비행기 표를 예매했고 호텔을 예약했습니다.)

cf 완료형은 과거 시간을 표현하는 부사(two years ago, yesterday, last night)와 쓰이지 않습니다.
They've finished the work ten minutes ago. (X)
They finished the work ten minutes ago. (O)
(그들은 10분 전에 그 일을 끝냈습니다.)

(2) 경험

a. **Have** you ever **been** to Vietnam?
(베트남에 가본 적이 있으신가요?)

b. I**'ve** never **seen** such an awful movie in my life.
(나는 살면서 이렇게 끔찍한 영화는 본 적이 없습니다.)

(3) 계속

a. We**'ve been** friends for almost 15 years now!
(우리는 거의 15년을 친구로 지내왔습니다.)

b. Katherine **has loved** Jon since the moment she met him.
(Katherine은 John을 만난 순간부터 그를 사랑했습니다.)

(4) 결과

a. She**'s been given** a bonus at work.
(그녀는 직장에서 보너스를 받았습니다.)

b. I**'ve broken** my arm.
(제 팔이 부러졌습니다.)

Pop Quiz

Indicate whether the following sentence is correct(O) or incorrect(X).

O X

I've got my hair cut last week.

Answer X (→ I **got** my hair cut last week.)

(나는 지난 주에 머리를 커트했습니다.)

2. Past perfect (과거완료)

(1) 과거 특정 시점까지의 완료, 경험, 계속, 결과

a. Neither Sue nor Mike **had** ever **been** to Paris before.

(Sue나 Mike 둘 다 예전에 파리에 가 본 적이 없습니다.)

b. Larry **had been designing** apps for about three years.

(Larry는 거의 3년간 앱을 개발해왔습니다.)

(2) 과거보다 앞선 시제

a. When we arrived at the wedding hall, the ceremony **had** already **finished**.

(우리가 예식장에 도착했을 때는 이미 식이 끝난 뒤였습니다.)

b. By the time I got to the platform, the train **had** already **left**.

(내가 플랫폼에 도착했을 때쯤 에는 이미 기차가 떠나고 있었습니다.)

3. Future Perfect (미래완료)

a. I'**ll have finished** by 7.
(나는 7시까지 끝낼 것입니다.)

b. If he goes to Antarctica next year, he'**ll have traveled** to all seven continents.
(만약 그가 내년에 남극에 간다면, 그는 모든 7대륙을 여행하게 될겁니다.)

cf **완료 진행형**

1. 현재완료 진행: have/has been -ing
   He's **been playing** computer games all afternoon!
   (그는 오후 내내 컴퓨터 게임을 하고 있습니다.)
2. 과거완료 진행: had been -ing
   She **had been living** there for five years before she got married.
   (그녀는 결혼하기 전에 그곳에서 5년간 살았습니다.)
3. 미래완료 진행: will have been -ing
   Next year I **will have been working** in the company for 25 years.
   (내년이 되면 나는 그 회사에서 25년간 일하게 됩니다.)

TASK 3

In response to each question, write a complete sentence using the words in parentheses. You can add extra words, but the forms of the words in parentheses should stay the same.

1. How long has he known Carol? (since childhood)

He ______________________________

2. Are you living in Seoul now? (lived, several years)

Yes, ______________________________

3. Have you ever been to Hawaii? (never, before)

No, ______________________________

QUICK TIP

1. She has moved to a new house two weeks ago. (X)

   → She **moved** to a new house two weeks ago. (O)

2. **A:** Hi, Sarah. What are you doing?

   B: I look for my car key. I can't find it anywhere. (X)

   → I'**m looking** for my car key. I can't find it anywhere. (O)

Translation

1. 그녀는 2주 전에 새집으로 이사했습니다.
2. **A:** 안녕, Sarah. 뭐하고 있는 거니?

   B: 내 자동차 열쇠를 찾고 있어. 어디에서도 찾을 수가 없네.

TASK 4

Use the appropriate form of the verb in parentheses to complete each sentence. You may add auxiliary verbs if necessary.

1. Since the traffic was so bad, the movie ____________ (start) by the time we got there.
2. People in Italy ____________ (eat) pasta ever since Marco Polo came back from China.
3. Hopefully by the time I leave work, it ____________ (stop) raining.

TASK 5

Rewrite each sentence, fixing any grammar errors.

1. Jiyoung was breaking his ankle while he was playing in the match on Saturday.

→ ______________________________

2. I will been dating my girlfriend for two years.

→ ______________________________

3. If the Lions win again tomorrow, they will be have secure a chance to play in the finals.

→ ______________________________

FINAL CHECK

Complete each blank with the appropriate answer.

1. I ________ working at that company for 5 years.

(1) will been (2) have

(3) are going to (4) have been

2. Bob ________ for Vietnam tomorrow on a two-week vacation.

(1) is leaving (2) have left

(3) left (4) leave

3. Sunah ________ her nose when she is nervous.

(1) scratched (2) is scratching

(3) will scratch (4) scratches

4. When the police caught the thief, he ________ the money.

(1) has already spent (2) already has spent

(3) had already spent (4) had spent already

5. At 4:00 tomorrow afternoon, I ________ soccer with my friends.

(1) will playing (2) played
(3) will be playing (4) play

6. Mr. Brown ________ four years in the Marine Corps before he joined the high command.

(1) serves (2) serving
(3) has served (4) had served

7. Mr. Honda ________ for 30 years by the time he retires.

(1) works (2) worked
(3) has worked (4) will have worked

8. When I was a child, my grandparents ________ me every Saturday.

(1) visit (2) visited
(3) will visit (4) are visiting

9. If it ________ sunny tomorrow, we'll go climbing.

(1) is (2) will be
(3) was (4) has been

10. Joey is my best friend. We ________ each other since high school.

(1) know (2) have known
(3) are knowing (4) knew

WRAP-UP

1. 단순 시제

- We'**re** in a serious relationship.
  (우리는 진지한 관계에 있습니다.)
- I **started** this job last week.
  (나는 지난주에 이 일을 시작했습니다.)
- I'**ll see** you later!
  (나중에 봐!)

2. 진행형

- I'**m still learning** the ropes.
  (나는 아직도 요령을 터득하고 있습니다.)
- I **was just organizing** drinks.
  (나는 그냥 술자리를 준비하고 있었습니다.)
- We'**ll be going** to a bar around the corner.
  (우리는 모퉁이 근처에 바에 가고 있을 겁니다.)

3. 완료형

- I'**ve just moved** here from San Fran.
  (나는 얼마 전 샌프란에서 이곳으로 이사 왔습니다.)
- By the time I got to the platform, the train **had already left**.
  (내가 플랫폼에 도착했을 때쯤 에는 이미 기차가 떠나고 없었다.)
- I'**ll have finished** by 7.
  (나는 7시까지 끝낼 것이다.)

CULTURE CORNER

Socializing After Work

In the West, the concept of 회식 does not exist. Usually, meetings take place in the office or boardroom. Lunches, dinners, and parties normally only take place on special occasions, for example, at Christmas time or on the company's anniversary. Instead, colleagues who are friendly with one another often arrange to go for drinks together after work (usually on a Friday).

Translation 퇴근 후 사교

서구에서는 '회식' 이라는 개념이 존재하지 않는다. 대개 모임은 사무실이나 회의실에서 진행된다. 점심, 저녁, 그리고 파티는 보통 특별한 경우에만 있다. 예를 들면, 크리스마스 때 혹은 회사 기념일 같은 경우. 대신 친한 동료들은 퇴근 후 (보통 금요일) 함께 한잔 하는 자리를 자주 마련한다.

Unit

2

Verbs
(동사)

INTRODUCTION

Topic

After Work Drinks (퇴근 후 술자리)

Objectives

1. Intransitive vs. transitive verbs (자동사와 타동사)
2. Structures after verbs (동사에 따른 문장구조)
3. Confusing verbs (혼동되는 동사)

WARM-UP

After Work Drinks

해석: 274쪽

< Nic and Mark have just bought drinks at the bar.>

Nic Cheers! And thanks for inviting me! Where are the others?

Mark They said they'd come later—they seemed busy with something.

Nic Yeah, I heard the marketing team has a huge deadline coming up. So you said you just got back from vacation, right? How was it?!

Mark It was amazing. I went to Hawaii, stayed at a resort right on the beach, surfed every morning, hung out with the locals in the evening...I broke up with my girlfriend a week before, so it was just what I needed. I feel like a new person!

Nic Wow. I'm sorry to hear about the breakup. It sounds like your vacation came at the perfect time.

Mark Definitely! How about you? Are you seeing anyone?

Nic Well, ...

Useful Expressions

hang out with~ (~와 시간을 보내다)	to spend time with; socialize with Ex **A:** What are your plans for the weekend? (주말에 뭐 할 거야?) **B:** I'm **hanging out with** friends. We'll probably go shopping or watch a movie. (친구랑 놀거야. 우리는 아마도 쇼핑이나 영화를 보러 갈 거야.)
break up with~ (~와 헤어지다)	to end a romantic relationship Ex **A:** Are you still dating Jeremy? (너 아직도 제레미랑 사귀니?) **B:** No, I **broke up with** him recently. We're just too different. (아니, 최근에 그와 헤어졌어. 우린 그냥 너무 달라.)

locals (현지인)	people who live in a particular place or area Ex When I visited Mexico, the **locals** were so welcoming and friendly. (내가 맥시코를 방문했을 때 현지인들은 매우 반갑고 친절했어.)
be seeing (sb) (~와 교제하다)	to be in a romantic relationship; be dating someone Ex **A:** Do you know if Mark **is seeing** anyone these days? (너 Mark가 요즘 만나는 사람 있는지 알아?) **B:** As far as I know, he's single. (내가 알기론, 그는 독신이야.)

GRAMMAR

FOCUS 1 | Intransitive vs. transitive verbs (자동사와 타동사)

1. Object (목적어)

목적어가 필요 없는 자동사(vi)와 목적어를 필요로 하는 타동사(vt)로 나눌 수 있습니다.

a. I **stayed** at a resort right on the beach.
(나는 해변 바로 위에 있는 리조트에 머물렀습니다.)

They **stayed** a five star hotel in Waikiki. (X)
(우리는 와이키키의 5성급 호텔에 머물렀습니다.)

b. Thanks for **inviting** me.
(저를 초대해줘서 고맙습니다.)

Let's **invite** to have dinner with us. (X)
(우리와 함께 저녁식사를 하는 것에 초대를 합시다.)

2. Intransitive verbs (자동사)

a. They said they'd **come** later.
(그들은 나중에 온다고 말했습니다.)

b. After my hike yesterday, I **slept** like a baby.
(어제 하이킹을 한 후, 나는 아기처럼 잤습니다.)

3. Transitive verbs (타동사)

a. The marketing team **has** a huge deadline coming up.
(마케팅 팀에 엄청난 마감일이 다가오고 있습니다.)

b. The conductor **lifted** the heavy bag up onto the shelf.
(안내원이 무거운 가방을 선반으로 들어올렸습니다.)

4. 자동사 / 타동사

문맥에 따라 자동사가 되기도 하고 타동사가 되기도 합니다.

a. You're still hungry?! We just **ate** an hour ago!
(당신 아직도 배가 고파요? 우리 방금 한 시간 전에 먹었잖아요!)

You'd better buy some more meat. He can **eat** quite a lot of it.
(고기를 더 사는 게 좋을 겁니다. 그가 꽤 많은 양을 먹을 수 있거든요.)

b. The club members planned to **meet** at the entrance of the park.
(클럽 회원들은 공원 입구에서 만나기로 계획했습니다.)

It's a pleasure to **meet** you.
(만나 뵙게 되어서 반갑고 영광입니다.)

c. We have a meeting today? We're having a meeting today? I totally **forgot**!
(오늘 미팅이 있어요? 까맣게 잊고 있었어요!)

I **forgot** my phone charger—can I borrow yours?
(제 핸드폰 충전기를 잊어버렸습니다. 당신의 핸드폰 좀 빌릴 수 있을까요?)

Pop Quiz

Indicate whether the following sentence is correct(O) or incorrect(X).

O X

I walk the dog at night.

Answer O

(나는 밤에 개를 산책시킵니다.)

5. 수여동사 (간접목적어 + 직접목적어)

타동사 중에서 두 개의 목적어를 갖는 동사가 있는 데, 항상 누구에게 무엇인가를 주는(수여하는) 동사라고 하여 수여동사라고 합니다. 수여동사는 간접목적어(indirect object)와 직접목적어(direct object)를 취하며 간접목적어는 '~에게'라는 뜻을 나타내고, 직접목적어는 '~을'이라는 뜻을 나타냅니다.

예) give, tell, show, offer, send, make, buy...

a. Robert's dad **gives** him pocket money every week.
(Robert의 아버지는 그에게 매주 용돈을 줍니다.)

b. Emily, would you just **tell** me what's going on?!
(Emily, 무슨 일이 벌어지고 있는 건지 이야기해 줄 수 있나요?!)

c. My secretary will **show** you your new office.
(제 비서가 당신의 새로운 사무실을 보여드릴 것입니다.)

TASK 1

Choose the best word or phrase to complete both sentences in each pair.

1. (make, eat)

I try not to ______________ after 8pm.

Why don't you ______________ something hot?

2. (prepare, talk)

I have no time to ______________.

You should ______________ the presentation for our meeting.

3. (congratulate, celebrate)

We're going out to ______________ all night.

How do people ______________ the New Year in your country?

FOCUS 2 | Structures after verbs (동사에 따른 문장구조)

1. Linking verbs (상태나 감각을 나타내는 동사)

상태(be, seem, appear, remain, keep), 상태의 변화(come, grow, go, turn, become), 감각(feel, look, taste, sound, smell) 등을 나타내는 동사 뒤에는 주어를 설명하는 주격보어로 명사 상당어구 또는 형용사가 옵니다.

a. The plot **appeared** simple at first, but later **got** more and more complicated.
(처음에는 줄거리가 간단해 보였는데 이후에 점점 더 복잡해졌습니다.)

b. They **seemed** busy with something.
(그들은 무엇인가로 바쁜 것 같습니다.)

c. Her face **turned** bright red when she tripped and fell.
(그녀가 발을 헛디뎌 넘어지자 얼굴이 새빨개졌습니다.)

d. That **smells** great! What are you making?
(냄새가 아주 좋습니다! 무엇을 만들고 계신가요?)

e. You **look** a little tired. Why don't you take a power nap?
(당신은 조금 피곤해 보입니다. 원기 회복을 위해 낮잠을 주무시는게 어떠실까요?)

2. 전치사가 필요 없는 타동사

reach(~에 도달하다), attend(~에 참석하다), greet(~에게 인사하다), discuss(~에 대해 논의하다), mention(~에 대해 언급하다), obey(~에게 순종하다), resemble(~와 닮다), marry(~와 결혼하다, get married to), answer(~에 답하다), approach(~에 접근하다), accompany(~와 동반하다), contact(~와 연락하다), enter(~에 들어가다) 등은 타동사로 전치사와 함께 쓸 수 없습니다.

a. All new employees are required to **attend** the training session.
(모든 신입 사원들은 반드시 연수에 참석해야 합니다.)

b. The committee members **discussed** the plan for hours but were unable to come to a consensus.
(위원회 위원들은 몇 시간 동안 계획을 논의했지만 합의에 도달하는데 실패했습니다.)

c. Why does she want to **marry** him?
(그녀는 왜 그와 결혼하고 싶어하나요?)

3. 수여동사로 착각하기 쉬운 타동사

explain, introduce, suggest, propose, mention, say, announce, describe 등은 수여동사가 아니므로, '~에게'라는 의미의 사람 앞에 전치사 to를 써야 합니다.

a. Don't you remember what you **said to me** last night?
(어젯밤 당신이 제게 무슨 이야기를 했는지 기억 못 하시나요?)

b. I tried to **explain** the situation **to my teacher**, but she wouldn't change my grade.
(저는 선생님께 상황을 설명 드리려고 했는데, 그녀는 제 점수를 바꿔주지 않으셨습니다.)

Pop Quiz

Indicate whether the following sentence is correct(O) or incorrect(X).

O X

He resembled with his father.

Answer X (→ He **resembled** his father.)

(그는 아버지를 닮았습니다.)

4. 자동사 + 전치사

insist on(~을 고집하다), rely on(~에 의지하다), apply for(~에 지원하다), deal with(~을 다루다), agree with(~에 동의하다), interfere with(~에 간섭하다), object to(~에 반대하다), listen to(~에 귀 기울이다), attend to(~을 돌보다), refer to(~에 대해 언급하다), contribute to(~에 기여하다), look at(~을 바라보다), aim at(~을 겨냥하다), graduate from(~를 졸업하다), speak to(~에게 말하다) 등은 자동사와 전치사가 결합하여 하나의 타동사처럼 쓰입니다.

cf graduate(졸업시키다), object(~라고 항의하다), attend(출석하다), contribute(기부하다); 타동사로도 쓰입니다.

a. Barbara **insists on** bringing her poodle with her wherever she goes.
(Barbara는 그녀가 어디를 가던지 자신의 푸들을 데이고 가야 한다고 고집을 부립니다.)

b. He will **graduate from** college next year.
(그는 내년에 대학을 졸업할 겁니다.)

c. After the flight was cancelled, the airline had hundreds of complaints to **deal with**.
(항공편이 취소된 후, 항공사는 수 백 건의 항의를 처리해야 했습니다.)

5. 목적보어로 to부정사를 취하는 동사

요청, 바람, 설득, 허용 등을 나타내는 ask, beg, request, require, want, expect, encourage, persuade, force, urge, tell, order, allow, advise 등의 동사 뒤에는 목적어 다음에 to부정사가 목적보어로 옵니다.

a. I **beg** you **to reconsider** your decision.
(당신의 결정을 재고해주시기를 부탁드립니다.)

b. No matter how hard you try, you will never **persuade** me **to eat** that.
(당신이 아무리 열심히 노력해도 제가 그것을 먹도록 설득하실 수는 없습니다.)

c. We **urge** everyone **to wear** a mask in public.
(우리는 모두에게 공공장소에서 마스크를 착용할 것을 권고합니다.)

6. 사역동사

make, have, let, help 등의 사역동사 뒤에는 목적어 다음에 목적보어로 동사원형(능동)이나 –ed형(수동)이 온다.

a. George **helped** his wife **bathe** the baby.
(George는 그의 아내가 아기를 목욕시키는 것을 도와줬습니다.)

b. My **mom** made me **tidy** my room every day when I was a kid.
(저희 엄마는 제가 어렸을 때 매일 제 방을 정리하라고 하셨습니다.)

c. Do you think your boss would **let** you **leave** work early tomorrow?
(당신은 당신의 상사가 내일 일찍 퇴근하도록 허락할 것이라고 생각하시나요?)

7. 지각동사

see, watch, look at, feel, hear, notice 등의 지각동사 뒤에는 목적어 다음에 목적보어로 동사원형(능동)이나 ~ing 형(능동 진행)이 온다.

a. Rick's teacher could clearly **see** him **taking** the phone out of his bag.
(Rick의 선생님은 그가 가방에서 전화를 꺼내는 것을 분명히 볼 수 있었습니다.)

b. Even with my eyes closed, I can still **feel** you **looking** at me.
(눈을 감고서도 당신이 저를 쳐다보고 있는 것을 느낄 수 있습니다.)

c. They **heard** him **sing** in the bathroom.
(그들은 그가 목욕탕에서 노래하는 것을 들었습니다.)

cf Did you hear your name called?
(당신의 이름을 부르는 소리를 들었습니까?)

TASK 2

Choose the appropriate word or phrase to complete each sentence.

1. His mother-in-law ______________ him to eat ginseng jelly every day.

   (urged / urged to)

2. Julia ______________ us how to make her famous curry chicken soup.

   (explained / explained to)

3. Despite the traffic jam, I ______________ work on time.

   (reached / reached to)

FOCUS 3 | Confusing verbs (혼동하기 쉬운 동사)

1. lie / lie / lay

lie: ~에 놓여있다, 눕다 (vi) lie - lay - lain

lie: 거짓말하다 (vi) lie - lied - lied

lay: ~을 놓다 (vt) lay - laid - laid

a. This cold weather makes me want to **lie** in bed all day.
(이 추운 날씨때문에 저는 하루종일 침대에 누워있고 싶습니다.)

b. She'll know if you're **lying** to her, so don't even try.
(당신이 거짓말을 한다면 그녀는 알거에요. 그러니까 시도도 하지 마세요.)

c. Let's **lay** the samples on the desk and see which color looks best.
(책상 위에 샘플을 놓고 어떤 색이 가장 잘 보이는지 봅시다.)

2. sit / seat / set

sit: 앉다 (vi) sit - sat - sat

seat: 앉히다 (vt) seat - seated - seated

set: ~을 놓다, 두다 (vt) set - set - set

a. Mrs. Brown made me **sit** in the corner for ten minutes because I talked back to her.
(Brown 선생님은 제가 그녀에게 말대꾸를 했다는 이유로 제게 10분 동안 구석에 앉아있으라고 시키셨어요.)

b. When you enter the theater, an usher will **seat** you.
(극장에 들어가시면 안내원이 당신에게 자리를 안내해 줄 것입니다.)

c. Please **set** your pencils on the table and focus on me.
(제발 당신의 연필을 테이블 위에 놓고 저에게 집중해주세요.)

3. rise / raise

rise: 오르다, (해가) 뜨다 (vi) rise - rose - risen

raise: 들어올리다, 일으키다 (vt) raise - raised - raised

a. The company hopes that its stock prices will **rise** in the next quarter.
(그 회사는 다음 분기에 주가가 오르기를 희망합니다.)

b. If you have a question, please **raise** your hand.
(만약 질문이 있다면 손을 들어주세요.)

Pop Quiz

Indicate whether the following sentence is correct(O) or incorrect(X).

O X

The cat lay on the floor.

Answer O

(그 고양이는 마루에 누워 있었습니다.)

4. find / found

find: 찾다 (vi, vt) find - found - found

found: 설립하다 (vt) found - founded - founded

a. She looked everywhere, but she couldn't **find** Willy.
(그녀는 모든 곳을 다 찾아보았지만 Willy를 찾지 못했습니다.)

b. My parents are planning to **found** a charity organization next year.
(제 부모님은 내년에 자선단체를 설립하실 계획입니다.)

TASK 3

Indicate whether or not each sentence is grammatically acceptable by marking it with an O or an X. Try to fix the sentence if it is ungrammatical.

	O	X
1. Feel free to seat yourselves anywhere you like.	( )	( )
2. The government is working hard to rise the standard of living.	( )	( )
3. He lied the money on the counter and quickly left the shop.	( )	( )

QUICK TIP

1. During the interview, try to **look** the interviewers directly while you are speaking. (X)
   → During the interview, try to **look at** the interviewers directly while you are speaking. (O)
2. He **married with** his second wife, Cynthia, in 2014. (X)
   → He **married** his second wife, Cynthia, in 2014. (O)

Translation

1. 면접에서는 이야기를 하는 동안 면접관을 똑바로 바라보도록 하세요.
2. 그는 2014년에 두 번째 부인 Cynthia와 결혼했습니다.

TASK 4

Complete each sentence using a word from the box.

feels	grows	smells	sounds	looks	seems

1. She ________ so pretty in that outfit, but it's kind of scratchy when you touch it.
2. She ________ a very nice person lady to me.
3. That kind of tofu ________ really stinky, but tastes really good.

TASK 5

Choose the best word to complete each sentence.

1. Elly's family is disappointed because her son doesn't ________ her at all.

   (1) look (2) resemble
   (3) appear (4) seem

2. Don't even try to deny it. I watched you ________ the cookie from the jar!

   (1) took (2) takes
   (3) taking (4) taken

3. There, there, dear. Sit back and ________ me all about your awful day.

   (1) tell (2) explain
   (3) say (4) mention

FINAL CHECK

Choose the best word or phrase to complete each sentence. (1 – 9)

1. By the time we left, the young man made us ________ the product.

   (1) buy (2) to buy
   (3) buying (4) bought

2. They ________ the children to stay away.

   (1) speak (2) said
   (3) let (4) told

3. This is the company I ________ before.

   (1) went (2) mentioned
   (3) referred (4) applied

4. As we ________ the market, I could smell something sweet.

(1) entered to (2) came
(3) entered (4) came back

5. Suzsie was ________ between two handsome guys.

(1) sat (2) setting
(3) seated (4) sit

6. I can't allow my children ________ like that.

(1) behave (2) behaving
(3) behaved (4) to behave

7. She heard her name ________.

(1) call (2) called
(3) to call (4) calling

8. Have you ________ him the chart?

(1) shown (2) explained
(3) discussed (4) submitted

9. You don't need to explain ________ why you didn't tell the truth.

(1) to me (2) me
(3) of me (4) with me

10. Choose the word that is NOT suitable for the blank.

She ________ that she would be away next week on business.

(1) mentioned (2) told
(3) replied (4) said

WRAP-UP

1. 자동사와 타동사

- The club members planned to **meet** at the entrance of the park.
  (클럽 회원들은 공원 입구에서 만나기로 계획했습니다.)
- It's a pleasure to **meet** you.
  (당신을 만나게 되어 기쁩니다.)

2. 동사에 따른 문장구조

- The plot **appeared** simple at first, but later **got** more and more complicated.
  (처음에는 줄거리가 간단해 보였는데 이후에 점점 더 복잡해졌습니다.)
- George **helped** his wife **bathe** the baby.
  (George는 그의 아내가 아기를 목욕시키는 것을 도와줬습니다.)
- All new employees are required to **attend** the training session.
  (모든 신입 사원들은 연수에 반드시 참가해야 합니다.)

3. 혼동되는 동사

- This cold weather makes me want to **lie** in bed all day.
  (추운 날씨때문에 저는 하루종일 침대에 누워있고 싶습니다.)
- Let's **lay** the samples on the desk and see which color looks best.
  (책상 위에 샘플을 놓고 어떤 색이 가장 좋은지 봅시다.)

CULTURE CORNER

Doing 'Rounds'

In the West, people often 'do rounds' at a bar when buying drinks. When in pairs or groups, one person will buy the first 'round' of drinks, and then each person will take it in turns. The person whose turn it is to buy drinks usually declares 'It's my round' before going to the bar. If you start doing rounds in a pair or group, it is considered rude to not buy your round when the time comes.

Translation '라운드' 하기

서양에서는 술을 살 때 술집에서 '라운드 하는' 경우가 많다. 짝 또는 그룹을 지어 한 사람이 첫 번째 '라운드'의 술을 산 다음, 한 사람씩 돌아가며 차례대로 사게된다. 술을 살 차례인 사람은 보통 술집에 가기 전에 '내 라운드야'라고 분명히 말한다. 만약 짝이나 그룹을 지어 라운드를 하기 시작했다면 당신의 차례가 왔을 때 라운드를 사지 않는 것은 무례한 것으로 여겨진다.

MEMO

Unit
3

Auxiliary Verbs (조동사)

INTRODUCTION

Topic

The Morning After (숙취)

Objectives

1. Can/could, may/might, will/would
2. Shall/should, must, had better
3. Must/might/could/should/would have + p.p.

WARM-UP

The Morning After

해석: 278쪽

<Nick arrives at the office and notices Mark slouched on his desk.>

Nic Good morning! How are you feeling?

Mark Not good. I really shouldn't have had that last drink last night.

Nic Oh, no! Is there anything I can get you? Painkillers? Coffee?

Mark I would actually love a coffee, thanks. I have a 10am with Chad, and I think I might pass out on my desk.

Nic One strong black coffee coming up.

<Nic hands Mark the coffee.>

Mark So...we were in the middle of talking about your boyfriend issues last night when the others showed up. Maybe we can continue the conversation another time?

Nic Sounds good. Anyway, I must get started on my work for the day. I hope the hangover passes! Good luck with the meeting!

Mark Thanks, Nic

Useful Expressions

a 10am '10시에 예정된 미팅/약속'의 줄임말	**shortened form of 'a meeting/appointment at 10am'** Ex **A:** How's your schedule today? (오늘 스케줄은 어때?) **B:** I have a **10am** with my boss, but I'm free after that. (상사와 오전 10시에 미팅이 있어, 그 이후에는 시간이 괜찮아.)
pass out 기절하다	**to fall asleep suddenly and unintentionally** Ex **A:** Why didn't you reply to my message last night? (어젯밤 왜 내 메시지에 답장 안 했어?) **B:** I'm so sorry—I **passed out** while we were texting. (정말 미안해. 문자 하다가 기절했어.)

show up 나타나다	**to arrive (particularly at a place where one is waiting)** Ex **A:** How was the house viewing? (집 경치는 어땠어?) **B:** The realtor didn't **show up**! So rude! (중개인이 나타나질 않았어! 너무 무례해!)
hangover 숙취	**a feeling of sickness the day after drinking alcohol** Ex He spent most of the morning in bed with a **hangover** the day after his birthday party. (그는 생일 파티 다음날 아침 대부분을 숙취로 침대에서 보냈습니다.)

GRAMMAR

FOCUS 1 | Can/could, may/might, will/would

1. Modal auxiliary verbs (법조동사)

조동사는 의문문, 부정문, 진행형, 완료형, 수동태 등을 만들 때 쓰이는 be, do, have 등의 조동사와 가능, 허가, 의무, 추측 등의 의미를 나타내는 데 쓰이는 법조동사(Modal auxiliary verbs)로 나눌 수 있습니다. 법조동사에는 can/could, may/might, must, will/would, shall/should 등이 있습니다.

(1) can

'~을 할 수 있다' 라는 뜻으로, 능력, 허락, 요청, 가능성을 표현할 때 쓰이며, 가능성에 대한 강한 의문이나 부정을 나타내기도 합니다.

a. Is there anything I **can** get you? Painkillers? Coffee? (능력)
(제가 당신에게 갖다 줄 수 있는 게 있을까요? 진통제? 커피?)

b. You **can** park here. (허가)
(여기 주차하셔도 됩니다.)

c. That stink is awful; **can** somebody please open a window? (요청)
(냄새가 끔찍한데 누군가 창문을 열어 주시겠어요?)

d. Maybe we **can** continue the conversation another time? (가능성)

(다음에 대화를 계속할 수 있을까요?)

(2) could

can의 과거형으로 과거 시제나 요청이나 제안을 나타내는 좀더 정중한 표현에 쓰입니다. 또한 '~할 수도 있었겠다' 라는 가능성을 표현하기도 합니다.

a. I **couldn't** hear what she was saying. (can의 과거)

(그녀가 말하는 것을 들을 수가 없었습니다.)

b. **Could** you order for me? (정중한 요청)

(제 대신 주문을 해주실래요?)

cf Would you order for me?

요청을 할 때 Could you~ 와 Would you~ 는 비슷한 의미로 쓰이지만, 약간의 뉘앙스 차이가 있다. Could는 상대방의 능력을 묻는 뉘앙스가 있고, would는 상대방의 의지나 의향을 묻는 의미가 강합니다.

c. I **could** talk to the branch manager for you, but I don't think it would help. (가능성)

(당신을 위해서 제가 지점장에게 이야기를 할 수는 있지만 그것이 도움이 될 것 같지는 않습니다.)

(3) can / be able to

현재의 능력을 나타낼 때는 can을 be able to로 바꾸어 쓸 수 있고, 과거의 능력을 나타낼 때도 could를 was/were able to로 바꾸어 쓸 수 있습니다. 그러나 과거에 실제로 일어났던 특정 행위에 대해 말할 때는 was/were able to만을 쓸 수 있습니다.

a. The children **could** swim when they were quite young. (과거 능력)

(그 아이들은 무척 어렸을 때도 수영을 할 수 있었습니다.)

b. Ben **was able to** get a refund after the airline cancelled his flight. (과거 행위)

(Ben은 항공사가 그의 항공편을 취소한 후에 환불을 받을 수 있었습니다.)

c. If we can start the meeting a bit earlier, we **will be able to** wrap everything up by lunchtime. (미래 능력)

(우리가 회의를 조금 일찍 시작할 수 있다면 점심시간까지 모든 것을 마무리할 수 있을 것입니다.)

2. May/might

(1) may

'~할 수도 있다' 라는 허락을 나타내거나 '~할 지도 모른다' 라는 뜻으로 추측의 의미를 가지기도 하며, 기원을 나타낼 때도 쓰입니다. so that~may 구문에서는 목적을 나타내기도 하고, 양보절에서 쓰이기도 합니다.

a. **May** I please be excused from the table? (허락)
(제가 먼저 일어나도 괜찮을까요?)

b. Due to the storm, our flight **may** be delayed or even cancelled. (추측)
(태풍 때문에 우리 항공편이 지연되거나 심지어 취소될 수도 있습니다.)

c. **May** you stay together in sickness and in health all the days of your lives. (기원)
(아플 때나 건강할 때나 인생의 모든 날들에 두 사람이 항상 함께하기를.)

d. Parents make sacrifices **so that** their children **may** have more opportunities in life. (목적)
(부모님은 그들의 아이들이 인생에서 좀 더 많은 기회를 얻을 수 있도록 희생합니다.)

(2) might

may의 과거형으로 쓰이거나, may의 대용어로서 보다 정중한 표현이나 좀 더 불확실한 것을 나타낼 때 쓰입니다. 가정법에서 쓰이기도 합니다.

a. I hoped that you **might** give me a moment of your time. (may의 과거)
(저는 당신이 잠시 제게 시간을 내주시기를 바라왔습니다.)

b. I think I **might** pass out on my desk. (may 대용)
(제 책상 위에서 기절할 것 같습니다.)

Pop Quiz

Indicate whether the following sentence (B) is correct(O) or incorrect(X).

O X

A: Have you seen Matt?

B: No, but he can be downstairs.

Answer X (→ No, but he **may** be downstairs.)

(A: Matt 봤어? B: 아니, 하지만 그는 아래층에 있을지도 몰라.)

(3) may/might의 관용표현

a. I already know the truth, so you **may/might as well** spill the beans. (~하는 게 낫다.)

(저는 이미 진실을 알고 있기 때문에 당신이 숨기고 있는 것을 이야기하는 편이 나을 것입니다.)

b. This **may/might well** be the most scrumptious cheesecake I have ever tasted in my entire life. (아마도 ~일 것이다.)

(이것은 아마도 제 인생에서 먹어 본 것 중 가장 맛있는 치즈케이크일 것입니다.)

3. Will/would

(1) will

'~할 것이다' 라는 뜻으로, 미래 시제를 표현할 때 쓰는 조동사입니다. 또한 강한 의지, 요청, 습관, 필연적인 일을 나타낼 때 쓰입니다.

a. If I promise to keep my mouth shut, **will** you tell me your secret? (미래)

(만약 제가 입을 다물기로 약속한다면 당신의 비밀을 말해주겠습니까?)

b. We'**ll** buy an apartment when we have enough money. (의지)

(충분한 돈을 모았을 때 우리는 아파트를 살 것입니다.)

c. Larry's a serious smoker; he'**ll** often go through two or three packs a day. (습관)

(Larry는 심각한 흡연자이기 때문에 거의 매일 2~3갑의 담배를 피웁니다.)

(2) would

will의 과거 형태로 쓰이거나, 화자의 의지나 바람(would like to)의 의미로 주로 쓰입니다. 또한 과거의 습관, 공손한 요청, 추측, 현재에 대한 가정을 표현할 때도 사용됩니다.

a. Jenny said she **would** be here by now. (will의 과거)
(Jenny는 지금쯤 여기에 있을 것이라고 말했습니다.)

b. I **wouldn't** trade the experiences I've had for anything. (의지)
(제가 갖고 있는 경험을 어떤 것 과도 맞바꾸지 않을 것입니다.)

c. I **would** actually love a coffee, thanks. (바람)
(커피 한 잔 했으면 좋겠습니다. 감사합니다.)

d. **Would** you mind if we ordered first? I'm starving! (요청)
(먼저 주문을 해도 괜찮을까요? 난 너무 배가 고파요!)

e. When I was a kid, I **would** cycle to school every day. (과거습관)
(제가 어렸을 때, 저는 매일 자전거를 타고 학교에 가곤 했습니다.)

f. Since it's such a substantial investment, we'**d like to** take some more time to think it over. (바램)
(중요한 투자이기 때문에 우리는 그것에 대해 좀 더 많은 시간을 가졌으면 좋겠습니다.)

g. It **would** take over an hour to walk there. (추측)
(그곳까지 걸어가는 데는 한 시간 이상이 걸릴 것입니다.)

h. I **wouldn't** vote for him if you gave me a million dollars. (가정)
(만약 당신이 제게 백만 달러를 주신다면 그에게 투표하지 않을 것입니다.)

(3) would vs. used to

would와 used to 모두 과거의 반복적인 행동을 나타내지만, would는 언제든지 중단이 가능한 동사하고만 쓰이기 때문에 과거의 상태를 표현할 수는 없습니다. would는 생물체만 주어로 삼는 반면, used to는 무생물도 주어로 삼을 수 있습니다. used to는 길고 막연한 과거를 전제로 하기 때문에 명확한 과거 시점을 나타내는 부사구와는 쓰이지 않습니다.

a. My mother never let us eat sweets during the week, but she **would/used to** bring us to the candy store every Saturday.
(저희 어머니는 주중에는 절대 단 음식을 먹지 못하게 하였지만, 매주 토요일에는 우리를 사탕가게에 데리고 가셨습니다.)

b. You would never guess it, but Allan **used to** have long hair. (O)
You would never guess it, but Allan **would** have long hair. (X)
(당신은 절대 이걸 알아맞추지 못할 거지만, Allan은 긴 머리를 가지고 있었습니다.)

c. Steve and Marcy **dated** for three years before they got married. (O)

Steve and Marcy **used to date** for three years before they got married. (X)

(Steve와 Marcy는 그들이 결혼하기 전 3년 간 연애를 했습니다.)

cf be used to ~ing /get used to ~ing (~에 익숙하다)

TASK 1

Choose the most appropriate word or phrase to complete each sentence.

may	could	were able to	would	can

1. ________ you mind moving your car out of the way?
2. You know you can't win. You ________ as well just give up now.
3. Thanks to your hard work, we ________ finish the project before the deadline.

FOCUS 2 | Shall/should, must, had better

1. Shall

'~해주겠다, 하도록 하겠다' 라는 뜻으로 말하는 사람의 의지를 나타낼 때 사용됩니다. 또한 의문문으로 사용되었을 때에는 '~할까요? ~시킬까요?' 라는 뜻으로 사용됩니다. 격식을 갖춘 표현에서 자주 사용합니다.

a. The culprit **shall** be punished for his crime; this I promise you. (화자 의지)

(범인은 반드시 자신이 저지른 범죄에 대해 처벌받아야 합니다. 이 부분은 제가 약속합니다.)

b. **Shall** we go catch a movie, or just head home? (~할까요?)

(우리 가서 영화를 볼까요 아니면 집에 갈까요?)

2. Should

의무, 추측, 목적 등으로 '~해야 한다, ~일 것이다'는 뜻을 가지고 있습니다. 또한 '~일 리가 있겠는가' 라는 뜻으로 뜻밖의 상황이나 의아스러움을 나타낼 때 사용하기도 합니다.

(1) should

a. We **should** leave at once if we want to catch that train. (의무)
(기차를 타길 원한다면 우리는 지금 당장 떠나야 합니다.)

b. It **should** be snowing now, according to the weather forecast. (추측)
(기상예보에 따르면, 지금 눈이 오고 있을 것입니다.)

c. I don't know how I **should** interpret his statement. (뜻밖의 상황)
(저는 그의 말을 어떻게 이해해야할지 모르겠습니다.)

(2) should 가 쓰이는 that 절

should는 중요성과 관련된 형용사(important, necessary, vital, essential, eager, anxious, concerned) 다음에 오는 that절에서 사용되고, 제안, 충고, 주장, 요구와 관련된 동사(insist, order, urge, recommend, suggest, propose, request, demand) 다음에 오는 that절에서도 쓰입니다. 여기에서 should는 생략이 가능한데, 생략이 되더라도 그 뒤에 오는 동사는 that절에서 원형으로 쓰입니다.

a. It is extremely important that you (should) **attend** all of the lectures.
(당신이 모든 수업에 출석하는 것은 매우 중요합니다.)

b. Our family doctor insists that we (should) **cut** down on salt.
(우리 가족의 주치의는 우리가 소금 섭취량을 줄여야 한다고 말합니다.)

cf The doctor recommended staying at home.
The doctor recommended that he (should) stay at home.
The doctor recommended that he stay at home.

Pop Quiz

Indicate whether the following sentence is correct(O) or incorrect(X).

O X

Alisha recommended that Kalinda would find another job.

Answer X (→ Alisha recommended that Kalinda (**should**) find another job.)

(Alisha는 Kalinda가 다른 직업을 찾아보는 것이 좋겠다고 충고했습니다.)

3. Must

(1) must

강한 의무(~해야만 한다)와 강한 추측(~임에 틀림없다)을 표현합니다.

a. All new employees **must** attend the training seminar on Wednesday afternoon. (의무)
(모든 신입 직원들은 수요일 오후 연수 세미나에 참석해야합니다.)

b. Ann stayed up all night reading the book. She **must** be very tired. (강한 추측)
(Ann은 책을 읽느라 밤새 깨어 있었습니다. 그녀는 분명히 아주 피곤할 것입니다.)

(2) must/should/had better

must는 강제적인 명령이나 강한 권유의 의미가 있고, should는 그보다 약한 권유나 충고의 의미가 있습니다. 그리고 should와 had better 모두 '~하는게 좋겠다' 라는 뜻이지만, had better는 좀 더 강한 경고의 의미를 포함합니다. 또한 had better는 말하고 있는 특정 상황에서만 쓰이고, 일반적인 내용에는 쓸 수 없습니다.

must (= have to) ~해야만 한다 (의무, 명령)
had better ~하는게 좋겠다 (경고, 충고)
should ~해야 한다 ((도덕적) 의무, 충고)
might as well ~하는 편이 낫다 (약한 조언)

a. I **must** get started on my work for the day.
(저는 오늘 일을 시작해야 합니다.)

b. You **had better** be silent.
(당신은 잠자코 있는 것이 좋겠습니다.)

c. We **should** try to get more exercise, but it's hard to find the time.
(우리는 운동을 좀 더 많이 해보도록 노력해야겠지만 시간을 내기가 어렵습니다.)

cf need to~ (~할 필요가 있다)
don't need to~ (~할 필요가 없다)

TASK 2

Choose the most appropriate word to complete each sentence.

1. Tim stayed up all night meeting the deadline for the project. He ________ (must, should) be super tired now.
2. Let's stop and get a drink before dinner, ________ (will, shall) we?
3. Parents shouldn't ________ (leave, left) their children alone.

FOCUS 3 | Must/might/could/should/would have + p.p.

조동사 + have p.p.
- 과거사실의 가능성 정도
- 실현되지 않은 과거의 소망, 의무, 가능성 등

1. Must have p.p.

과거 일에 대한 강한 추측
must + 동사원형 (~이 틀림없다)
must + have p.p. (~했음이 틀림없다)

a. I can't find my keys anywhere; I **must have left** them at home.
(제 열쇠를 어디에서도 찾을 수가 없습니다. 집에 두고 온 것이 분명합니다.)

b. The bicycle has disappeared; it **must have been stolen**.
(자전거가 사라졌습니다. 도둑 맞은 게 틀림없습니다.)

cf 강한 부정

can't/couldn't + 동사원형 (~할 리가 없다)

can't/couldn't + have p.p. (~했을 리가 없다)

- What he says **can't be** true.
  (그의 말이 사실일 리가 없습니다.)
- Thank you so much! I **couldn't have done** this without your help.
  (정말 고맙습니다! 당신의 도움 없이는 이것을 해내지 못했을 겁니다.)

2. May/might have p.p.

may/might + 동사원형 (~일지도 모른다)

may/might + have p.p. (~했을지도 모른다)

a. He **may have been** injured.
(그는 부상을 당했을지도 모릅니다.)

b. We **might have missed** your text message.
(우리가 당신의 문자를 놓쳤는지도 모릅니다.)

c. A: I was surprised that Olivia wasn't at the meeting.
(나는 Olivia가 그 회의에 오지 않아서 놀랐습니다.)

B: She **might not have known** about it.
(그녀는 그것을 몰랐을 수도 있습니다.)

3. Could have p.p.

could + 동사원형 (~할 수 있다/~할 수 있었다)

could + have p.p. (~할 수 있었을텐데)

a. You **could have helped** me! (Why didn't you?)
(나를 도와줄 수도 있었는데. (왜 그러지 않았죠?))

b. It's not funny Someone **could have been** hurt.
(웃기지 않아요. 누군가가 상처받을 수도 있었어요.)

4. Should have + p.p.

should + 동사원형 (~해야 한다)

should have + p.p.: 과거에 일어나지 않은 일에 대한 유감 (~했어야 했는데)

shouldn't have + p.p.: 과거에 일어난 일에 대한 유감 (~하지 말았어야 했는데)

a. You **should have worn** a seat belt.
(당신은 안전벨트를 착용했어야 했습니다.)

b. I **shouldn't have had** that last drink.
(그 마지막 술을 마시지 말았어야 했습니다.)

Pop Quiz

Indicate whether the following sentence is correct(O) or incorrect(X).

O X

I'm feeling sick. I think I have eaten too much. I must not have eaten that much.

Answer X (→ .... I **shouldn't have eaten** that much.)
(몸이 안 좋습니다. 너무 많이 먹은 것 같습니다. 그렇게 많이 먹지 말았어야 하는데.)

5. Would have p.p.

would + 동사원형 (~할 것이다/~했을 것이다)

would + have p.p. (~했을텐데)

wouldn't + have p.p. (~하지도 않았을 텐데)

a. You **would have enjoyed** the trip.
(당신은 그 여행을 즐길 수도 있었을 겁니다.)

b. This **wouldn't have been** possible without you.
(당신이 없었더라면 이것은 가능하지 않았을 겁니다.)

TASK 3

Indicate whether each sentence is grammatically correct (O) or not (X). **O** **X**

1. Amanda and Jeff must be here by now; they should have hit some traffic. ( ) ( )

2. You must have brought the keys with you. What were you thinking? ( ) ( )

3. I don't want to take away from his achievements, but he couldn't have done it without my help.

( ) ( )

QUICK TIP

1. I was used to go out to dinner all the time, but these days I'm trying to save money. (X)
   → I **used to** go out to dinner all the time, but these days I'm trying to save money. (O)
2. The doctor recommended him to rest for several weeks before returning to work. (X)
   → The doctor recommended he **rest** for several weeks before returning to work. (O)

Translation

1. 저는 항상 저녁은 외식을 하곤 했는데 요즘은 돈을 모으려고 노력하고 있습니다.
2. 의사는 그에게 다시 일을 하기 전에 몇 주 동안은 쉴 것을 권했습니다.

TASK 4

Choose the best answer to complete each sentence.

1. **A:** Do you have any particular requests?

   B: Yes, I ________ like to hear "Yesterday Once More".

   (1) shall (2) may

   (3) would (4) could

2. **A:** I'm not sure I can trust you with this task.

   B: I ________ get it done, I promise.

   (1) must (2) will

   (3) could (4) might

3. A: Have you seen my red sweater anywhere, honey?
   B: No, but it ________ be at the cleaners.
   (1) will (2) may
   (3) ought (4) must

TASK 5

Indicate whether each sentence is appropriate(O) or not(X). Fix any mistakes you find by rewriting the sentence.

	O	X
1. Jeff used to live in New York for three years before coming back to London.	( )	( )
2. Well, it looks like we've finished everything, so you will all go home now.	( )	( )
3. Janet shouldn't have set the alarm for six o'clock, but she forgot. So she overslept this morning.	( )	( )

FINAL CHECK

Choose the best word or phrase to complete each sentence.

1. A: I stayed up all night preparing for my exams.
   B: You ________ be really tired.
   (1) can (2) will
   (3) must (4) need

2. Employees will ________ accept the new conditions or be dismissed.
   (1) must (2) should
   (3) have to (4) can

3. It is important that she ________ what her decision means.
   (1) understands (2) understand
   (3) to understand (4) understanding

4. **All documents ________ to be submitted prior to May 1.**

(1) need
(2) can
(3) should
(4) must

5. **He ________ a teacher, but now he works for a software company.**

(1) used to being
(2) used to be
(3) was used to being
(4) was used to be

6. **He looks older than Karl, but he ________ be more than thirty. He is John's younger brother.**

(1) may not
(2) mustn't
(3) won't
(4) can't

7. **________ you like to have more coffee?**

(1) Would
(2) Can
(3) Shall
(4) May

8. **I tried to persuade him to sell it many times, but I couldn't. He ________ change his mind.**

(1) shouldn't
(2) couldn't
(3) wouldn't
(4) must not

9. **Paul is late. He probably forgot about going hiking together today. I think I ________ have called and reminded him about it yesterday.**

(1) had to
(2) should
(3) must
(4) may

10. **You may have to wait a long time. You ________ as well go home and come back tomorrow.**

(1) had better
(2) could
(3) would
(4) might

WRAP-UP

1. Can/could, may/might, will/would

- You **can** park here.
  (당신은 여기에 주차할 수 있습니다.)

- **Could** you order for me?
  (제 대신 주문을 해주실래요?)

- **May** I please be excused from the table?
  (제가 먼저 일어나도 괜찮을까요?)

- I think I **might** pass out on my desk.
  (내 생각에 나는 책상 위에서 기절할 것 같아요.)

- If I promise to keep my mouth shut, **will** you tell me your secret?
  (만약 제가 입을 다물기로 약속한다면 당신의 비밀을 말해주겠습니까?)

- **Would** you mind if we ordered first?
  (먼저 주문을 해도 괜찮을까요?)

2. Shall/should, must, had better

- **Shall** we go catch a movie, or just head home?
  (우리 가서 영화를 볼까요 아니면 집에 갈까요?)

- We **should** leave at once if we want to catch that train.
  (기차를 타길 원한다면 우리는 지금 당장 떠나야 합니다.)

- Ann stayed up all night reading the book. She **must** be very tired.
  (Ann은 책을 읽느라 밤새 깨어 있었습니다. 그녀는 분명히 매우 피곤할 것입니다.)

3. Could/might/would/must/should have + p.p.

- Thank you so much! I **couldn't have done** this without your help.
  (정말 고맙습니다! 당신의 도움 없이는 이것을 해내지 못했을 겁니다.)

- I can't find my keys anywhere; I **must have left** them at home.
  (제 열쇠를 어디에서도 찾을 수가 없습니다. 집에 두고 온 것이 분명합니다.)

- I **shouldn't have had** that last drink.
  (그 마지막 술을 마시지 말았어야 했습니다.)

CULTURE CORNER

Power Structure in the Workplace

In Korea, hierarchy(power structure) is very important in a company, and job titles such as *회장님, 실장,* and so on are used to reflect one's position and rank. In the West, however, hierarchy is not so important. Usually, employees have a more informal relationship with their managers and bosses, and people in a company address one another using first names, regardless of their position.

Translation 직장에서의 권력 구조

한국에서는 기업에서 위계(권력 구조)가 매우 중요하다. 예를 들어, 회장님, 실장 등과 같은 직책으로 위치와 지위를 나타내기 위해 직함을 사용한다. 그러나 서양에서는 위계질서가 그렇게 중요한 것은 아니다. 보통, 직원들은 그들의 매니저와 상사와 더 편안한 관계를 가지며, 회사 안에 사람들은 그들의 직책에 상관없이 서로 이름으로 부른다.

Unit

4

Infinitives and Gerunds (부정사와 동명사)

INTRODUCTION

Topic

The Promotion (승진)

Objectives

1. To-infinitives (to부정사)
2. Gerunds (동명사)
3. Verb + to-infinitives / Verb + ~ing (to부정사와 ~ing형을 목적어로 취하는 동사들)

WARM-UP

The Promotion

해석: 282쪽

<Mark enters the CEO's office.>

Chad Mark! I'm delighted to have you back in the office. Have a seat!

Mark Thanks! It's good to be back! How are things?

Chad I'll cut right to the chase. Sales have been great this year, and I've been considering expanding the social media marketing department for a while now. You've been doing an excellent job, and you seem to be a born leader. I would like to offer you a promotion as head of the department.

Mark Wow! I don't know what to say! I wasn't expecting to receive such great news like this!

Chad Obviously, it will mean working longer hours, but we're prepared to give you adequate compensation. We'll still need to discuss the terms of your contract, but we really appreciate having you here, and we feel that you'll be the perfect person to take our marketing to the next level.

Mark Thank you so much! You won't regret making this decision.

Useful Expressions

cut (right) to the chase (바로 본론으로 들어가다)	**to go directly to the main point without wasting time** Ex **A:** There's something I've been meaning to talk with you about... (당신과 얘기하고 싶은 게 있습니다.) **B:** **Cut to the chase.** What is it? (본론으로 들어갑시다. 무엇인가요?)
born + N (타고난, 천부적인)	**possessing a certain quality naturally** Ex Emily is so talented at singing and playing the piano. She's a **born** musician. (Emily는 노래와 피아노 연주에 매우 재능이 있습니다. 그녀는 타고난 음악가입니다.)

compensation (보상)	**money paid to an employee (including salary, bonuses, and other benefits)** Ex The **compensation** for this role will depend on your level of experience. (이 역할에 대한 보상은 당신의 경험 수준에 따라 달라질 것입니다.)
take sth to the next level (다음 단계로 나아가게 하다)	**to improve something that is already successful** Ex You look amazing already, but adding some jewelry would really **take your outfit to the next level.** (벌써 멋져 보이지만, 보석을 더한다면 당신의 의상이 정말 한 단계 더 올라갈 것 입니다.)

GRAMMAR

FOCUS 1 | To-infinitive (to부정사)

to부정사는 동사의 성질을 가지고 문장에서 명사, 형용사, 부사의 역할을 합니다.

1. 명사적 용법

문장에서 주어, 목적어, 보어 등으로 쓰입니다.

a. **To start** a sentence with an infinitive sounds awkward. (주어)
(문장을 시작할 때 to부정사를 사용하는 것은 어색합니다.)

b. I would like **to offer** you a promotion. (목적어)
(저는 당신에게 승진을 제안하고 싶습니다.)

c. Emily's goal is **to major** in law. (보어)
(Emily의 목표는 법을 전공하는 것입니다.)

d. It is natural for children **to follow** their parents' example. (진주어)
(아이가 부모를 본보기로 삼는 것은 자연스러운 현상입니다.)

e. We found it difficult **to come** to an agreement. (진목적어)
(우리는 합의점에 도달하는 것이 어렵다는 것을 깨달았습니다.)

주어가 all, what, the best, the only thing 등으로 시작하는 문장에서는 주격보어로 to를 생략하고 원형부정사를 쓸 수 있습니다.

cf All I do is **work**, work, work.
(제가 하는 것이라곤 일, 일, 일뿐입니다.)

What you have to do is **clean** your own room.
(당신이 해야 할 일은 자신의 방을 청소하는 것입니다.)

2. 형용사적 용법

문장에서 명사, 대명사를 수식합니다.

a. We feel that you'll be the perfect person **to take** our marketing to the next level.
(우리는 당신이 우리의 마케팅을 다음 단계로 나아가게 하는 가장 적합한 사람이라고 생각합니다.)

b. We've got so many things **to do**, and so little time.
(우리는 해야 할 일이 아주 많은데 시간이 너무 없습니다.)

c. It is important to have somebody **to rely on** in times of trouble.
(어려운 시기에는 누군가 기댈 사람이 있다는 것이 중요합니다.)

3. 부사적 용법

문장에서 형용사, 동사, 다른 부사를 수식하며, 목적, 원인, 근거, 조건, 결과, 정도를 나타낼 수 있습니다.

a. I'm delighted **to have** you back in the office. (원인)
(저는 당신이 다시 사무실로 돌아오게 되어 기쁩니다.)

b. I haven't seen him since he left **to go** on a business trip a few months ago. (목적)
(그가 몇 개월 전 출장을 간다고 떠난 이후로 통 그를 보질 못했습니다.)

c. He must have a good job **to be able to afford** this apartment (판단의 근거)
(그는 이 아파트를 살 수 있는 좋은 직업을 가졌음에 틀림없습니다.)

d. The boy grew up **to be** one of the richest and most generous philanthropists in the world. (결과)
(그 소년은 자라서 세상에서 가장 부유하고 후한 독지가가 되었습니다.)

Pop Quiz

Indicate whether the following sentence is correct(O) or incorrect(X).

O X

It is dangerous for cats hiding under a car.

Answer X (→ It is dangerous for cats **to hide** under a car.)
(고양이들이 차 밑에 숨는 것은 위험합니다.)

4. 관용적 용법

a. She is old **enough to make** bad decisions, but not mature **enough to take** responsibility for her actions. (~할 정도로 ~하다)
(그녀는 잘못된 결정들을 내릴 수 있을 만큼은 나이를 먹었지만 자신의 행동에 책임을 질 정도로 성숙하지는 못 합니다.)

b. I am **too** excited **to sleep**. (너무 ~해서 ~할 수 없다)
(나는 너무 흥분이 되어서 잠을 잘 수가 없습니다.)

c. I **have no choice but to report** your behavior to the management. (~할 수 밖에 없다)
(나는 당신의 행동을 경영진에 보고하지 않을 수가 없습니다.)

d. You should **know better than to behave** like that. (~할 만큼 어리석지 않다)
(당신은 그렇게 행동하는 것보다는 더 철이 들어야 합니다.)

5. Be + to부정사 용법

의무, 예정, 운명 등의 의미를 갖습니다.

a. Detective Callahan, you **are to hand in** your badge and gun immediately. (의무)
(Callahan형사, 당신의 뱃지와 총을 당장 반납해주세요.)

b. Little did he know that he **was never to step** foot in his hometown again. (운명)
(그는 다시는 자신의 고향에 발을 들이지 못할 것이라는 사실을 알지 못했습니다.)

c. Minji **is to graduate** next month, but she still hasn't found a job. (예정)
(민지는 다음 달에 졸업할 예정이지만 아직 일자리를 구하지 못했습니다.)

TASK 1

Fill in the blanks using one of the expressions below.

to spend	to lose	to give	to play	to see	to know

1. Dr. Grey doesn't have any time ____________ any patients today.
2. We'd really like ____________ her another chance to audition, but it wouldn't be fair.
3. Everybody said he wasn't tall enough ____________ basketball, but he proved them wrong.

FOCUS 2 | Gerund (동명사)

「V + ~ing」 형태로 동사의 성질을 가지면서 동시에 명사의 역할을 합니다.
즉, 동명사는 뒤에 목적어를 취할 수 있고, 문장 내에서 주어, 목적어로 쓰입니다.

1. 명사 역할

a. They say that **giving** a gift feels much better than **receiving** one. (주어)
(그들은 선물을 주는 것이 받는 것 보다 더 기분이 좋다고 이야기합니다.)

b. Phil and Cathy enjoy **going** to the movies when they have the time. (목적어)
(Phil과 Cathy는 시간이 날 때 영화 보러 가는 것을 즐깁니다.)

c. He said that he was sorry for **forgetting** Sue's birthday, but it happens every year. (전치사의 목적어)
(그는 매년 Sue의 생일을 잊어버린 것에 대해서 미안하다고 말했다. 하지만 그는 매년 그녀의 생일을 잊어버린다.)

2. 동사적 성질

(1) 시제

a. I will never forgive you for **going** behind my back. (단순형)
(내 뒤통수를 친 것에 대해서 당신을 절대 용서하지 않을 거에요.)

b. Thank you for **having waited** so patiently. (완료형)
(참을성 있게 기다려 주셔서 감사합니다.)

(2) 부정

a. Don't be ashamed of **not knowing** the answer.
(정답을 모른다는 점을 부끄러워하지 마세요.)

b. Have you considered **not going** to college and finding a job instead?
(대학에 가지 않는 대신에 일자리를 찾아보는 것을 고려해보셨나요?)

(3) 수동태

a. Jackie was proud of **being awarded** the medal for bravery.
(Jackie는 무공훈장을 수여하게 된 점을 매우 자랑스러워합니다.)

b. The boy admitted **having been hit**.
(그 소년은 얻어 맞아왔다는 사실을 시인했습니다.)

Pop Quiz

Indicate whether the following sentence is correct(O) or incorrect(X).

O X

I'm sorry for not coming on time.

Answer O
(제 시간에 오지 못해서 죄송합니다.)

3. 관용적 표현

a. **It's no use complaining** about taxes; we all have to pay them. (~해도 소용없다)
(우리 모두 세금을 내기 때문에 세금에 대해서는 불평할 필요가 없습니다.)

b. **There's no telling** what crazy idea Dr. Preston will come up with next. (~알 수 없다)
(Preston 박사가 다음에는 어떤 괴상한 생각을 떠올릴지는 알 길이 없습니다.)

c. I **couldn't help laughing.** (~하지 않을 수 없다)
(저는 웃지 않을 수가 없었습니다.)

d. I don't really **feel like going** out tonight, honey. Can we order in? (~하고 싶다)
(자기야, 오늘밤은 정말 외식을 할 기분이 아니야. 우리 배달시켜서 먹을까?)

e. **What do you say to having** a coffee? (~이 어때요?)
(커피 한 잔 마시는 거 어떠세요?)

f. We **look forward to hearing** from you. (~을 고대하다)
(우리는 당신의 소식을 듣기를 고대하고 있습니다.)

g. Would you like to **go skiing** next Sunday? (~하러 가다)
(다음 일요일에 스키를 타러 가실래요?)

cf go hiking/swimming/skating/fishing/hunting/shopping
(등산/수영/스케이트/낚시/사냥/쇼핑하러/타러 가다)

h. Captain MacAvoy **was used to being** obeyed, not questioned. (~에 익숙하다)
(MacAvoy 대장은 의심받기보다는 복장 받는 것에 익숙합니다.)

i. Do you **object to changing** the plan? (~을 반대하다)
(계획을 변경하는 것에 반대하십니까?)

j. She **had difficulty (in) finding** an apartment inside her budget. (~하기 어렵다)
(그녀는 그녀의 예산을 가지고 아파트를 구하는데 어려움을 겪었습니다.)

k. The problem is **far from being solved**, but we've made some headway. (결코 ~하지 않다)
(문제가 해결될 기미가 보이지 않지만 우리는 어느 정도 진전을 이뤄냈습니다.)

l. I **was busy taking** care of the children all day. (~하느라 바쁘다)
(저는 하루 종일 아이들을 돌보느라 바빴습니다.)

TASK 2

For each sentence, indicate whether the gerund is being used appropriately(O) or not(X). Correct any mistakes that you find.

1. It's no use crying over spilt milk, so just forget about it. ________.
2. During his college years Robert grew quite fond to sailing. ________.
3. We are truly looking forward meeting you again. ________.

FOCUS 3 | Verb + to-infinitive / verb + ~ing (to부정사와 ~ing형을 목적어로 취하는 동사들)

1. to부정사를 목적어로 취하는 동사

소망, 기대: wish, hope, desire, expect, want, seek, need, offer, plan, choose, try, prepare, aim, prefer
결정, 동의, 거절: determine, decide, agree, consent, promise, refuse
외양: appear, seem, tend, pretend
기타: deserve, manage, fail, afford, care

a. I wasn't **expecting to receive** such great news.
(이렇게 좋은 소식을 받을 줄은 몰랐습니다.)

b. I would **prefer to forget** the whole thing and just start from scratch.
(저는 이 모든 것을 잊고 처음부터 다시 시작하고 싶습니다.)

c. You **seem to be** a born leader.
(당신은 타고난 리더인 것 같습니다.)

d. You **deserve to win** the scholarship.
(당신은 장학금을 받을 자격이 있습니다.)

Pop Quiz

Indicate whether the following sentence is correct(O) or incorrect(X).

O X

All human being deserve to live with freedom and dignity.

Answer O

(모든 인간은 자유와 존엄성을 가지고 살 자격이 있습니다.)

2. 동명사를 목적어로 취하는 동사

완료, 중단, 진행: finish, stop, quit, abandon, give up, go on, keep on

회피: avoid, evade, escape, mind

연기: postpone, put off, delay

언급, 추천: mention, suggest, consider, recommend

허락, 부인: permit, admit, forgive, favor, resist, resent, deny

감정, 기타: anticipate, appreciate, enjoy, dislike, miss, fancy, imagine, practice

a. After a while, Jim **gave up waiting** for Veronica to change her mind.
(얼마 후 Jim은 Veronica가 마음을 바꾸기를 기다리는 것을 포기했습니다.)

b. Larry **suggested eloping** instead, but Monica immediately rejected the idea.
(Larry는 대신 함께 달아나자고 제안했지만 Monica는 즉시 그 생각을 거절했습니다.)

c. I'm **considering changing** my major.
(저는 전공을 바꾸는 것을 생각해보고 있습니다.)

d. Sometimes I **miss living** in Seattle, but I don't regret quitting that job.
(때때로 나는 시애틀에 사는 것을 그리워하지만 그 직업을 그만둔 것은 후회하지 않습니다.)

3. 동명사, to부정사 모두를 목적어로 취하는 동사

(1) **의미 차이가 별로 없는 동사: like, love, hate, begin, start, continue, cease, attempt**

(2) **의미 차이가 있는 동사: stop, forget, remember, regret, try**

목적어가 동명사인 경우: 과거사실, ~한 것, ~하는 것

목적어가 부정사인 경우: 미래사실, ~할 것, ~하기 위해

a. Many people **stopped to watch** the fireworks.
(많은 사람들이 불꽃놀이를 보기 위해 멈췄습니다.)

b. Many people **stopped driving** when the fireworks began.
(많은 사람들은 불꽃놀이가 시작하자 운전을 멈췄습니다.)

c. We **regret to inform** you that your services are no longer required.
(더 이상 귀하의 서비스가 필요하지 않게 되었다는 소식을 전하게 되어 유감입니다.)

d. You won't **regret making** this decision!
(당신은 이 결정을 후회하지 않을 겁니다!)

e. Don't **forget to feed** the cat and water the plants.
(고양이에게 밥을 주고 식물에 물 주는 것을 잊지 마세요.)

f. I'll never **forget meeting** her father for the first time.
(저는 맨 처음 그녀의 아버지를 만난 것을 잊지 못할 것입니다.)

g. **Remember to tell** Jake that I have to meet with both of you tomorrow in our old local, 8pm, sharp!
(Jake에게 내가 너희 둘과 우리 예전 단골 집에서 내일 저녁 8시 정각에 만나자고 꼭 전해줘.)

h. I will always **remember swimming** in the creek when I was a child.
(어릴 적 그 시냇가에서 수영을 하던 것을 항상 기억할 것입니다.)

TASK 3

For each sentence, choose the best word or phrase to fill in the blank.

1. Never regret ____________ (doing, to do) something that you believed to be right.
2. Darling, I just cannot imagine ____________ (living, to live) another moment without you by my side.
3. If you stop by the store later, please remember ____________ (buying, to buy) some milk

QUICK TIP

1. She promised never using such filthy language again. (X)
   → She promised never **to use** such filthy language again. (O)
   (그녀는 다시는 그런 비속어를 사용하지 않겠다고 약속했습니다.)
2. He still remembers to meet his girlfriend for the first time. (X)
   → He still remembers **meeting** his girlfriend for the first time. (O)
   (그는 처음으로 그의 여자친구를 만난 순간을 지금도 기억합니다.)

TASK 4

For each sentence, fill in the blank by changing the verb in parentheses into a gerund or to-infinitive form.

1. No matter what I do, I can't stop ____________ (bite) my fingernails.
2. After debating the issue for several hours, we were finally able ____________ (come) up with a solution.
3. We should not postpone ____________ (clean) up the oil spill. It's urgent.

TASK 5

Indicate whether each sentence is grammatically correct(O) or not(X). If the sentence is incorrect, try to fix the mistake(s) and rewrite the sentence correctly. **O** **X**

1. Judging from your expression, you seem agreeing with me. ( ) ( )
2. Would you mind to turn off that phone and to listen to what I'm saying? ( ) ( )
3. I think we've finally convinced them to sign the contract, so don't do anything to make them change their minds. ( ) ( )

FINAL CHECK

Choose the best word to complete each sentence.

1. Linda was disappointed ________ that she didn't get the job.
   (1) learn (2) learned
   (3) learning (4) to learn

2. The boss gave up ________ the company.
   (1) to manage (2) manage
   (3) managing (4) managed

3. I'm not used to ________ speeches in front of a lot of people. I always get nervous.
   (1) make (2) making
   (3) be making (4) have made

4. What are you doing this afternoon? What do you say to ________ with me?
   (1) go shopping (2) go to shop
   (3) going shopping (4) going for shop

5. Are you tall enough ________ that box for me? The one on the top shelf.
   (1) to reach (2) to reach at
   (3) reaching (4) reaching at

6. On my way home from work, I stopped at the store ________ some beer.

(1) to buy
(2) buying
(3) buy
(4) bought

7. It was difficult for the garbage truck ________ through the narrow alley.

(1) drive
(2) to drive
(3) to driving
(4) drove

8. Would you mind ________ seats so my friend and I can sit together?

(1) switch
(2) to switch
(3) to switching
(4) switching

9. They had difficulty ________ in the snow.

(1) walk
(2) to walk
(3) to walking
(4) walking

10. I try ________ elevators whenever possible.

(1) to avoid using
(2) avoiding to use
(3) avoiding using
(4) to avoid to use

WRAP-UP

1. to부정사

- Emily's goal is **to major** in law.
  (Emily의 목표는 법을 전공하는 것입니다.)
- It is important **to have** somebody **to rely on** in times of trouble.
  (어려운 시기에는 누군가 기댈 사람이 있다는 것이 중요합니다.)
- I haven't seen him since he left **to go** on a business trip a few months ago.
  (그가 몇 개월 전 출장을 간다고 떠난 이후로 통 그를 보질 못했습니다.)

2. 동명사

- They say that **giving** a gift feels much better than **receiving** one.
  (그들은 선물을 주는 것이 받는 것 보다 더 기분이 좋다고 이야기합니다.)
- He said that he was sorry for **forgetting** Sue's birthday, but it happens every year.
  (그는 Sue의 생일을 깜빡해서 미안하다고 했지만 이것은 매년 있는 일입니다.)
- Don't be ashamed of **not knowing** the answer.
  (정답을 모른다는 점을 부끄러워하지 마세요.)
- **It's no use complaining** about taxes; we all have to pay them.
  (우리 모두 세금을 내기 때문에 세금에 대해서는 불평할 필요가 없습니다.)

3. to부정사와 동명사를 목적어로 갖는 동사

- I wasn't **expecting to receive** such great news.
  (이렇게 좋은 소식을 받을 줄은 몰랐습니다.)
- After a while, Jim **gave up waiting** for Veronica to change her mind.
  (얼마 후 Jim은 Veronica가 마음을 바꾸기를 기다리는 것을 포기했습니다.)
- **Remember to tell** Jake that I have to meet with both of you tomorrow in our old local, 8pm, sharp!
  (Jake에게 내가 너희 둘과 우리 예전 단골 집에서 내일 저녁 8시 정각에 만나자고 꼭 전해줘!)
- I will always **remember swimming** in the creek when I was a child.
  (어릴 적 그 시냇가에서 수영을 하던 것을 항상 기억할 것입니다.)

CULTURE CORNER

Business Meetings

In Korea, a large part of business meetings involves relationship building and making small talk. In the West, meetings are a lot shorter, and participants speak more directly in order to use the time as efficiently as possible. Business meetings in the West are generally quite informal, and humor is often used.

Translation 비즈니스 미팅

한국에서는 비즈니스 미팅의 많은 부분이 관계 형성과 잡담하는 데 할애된다. 서양에서는 회의가 훨씬 짧고, 참가자들이 시간을 최대한 효율적으로 사용하기 위해 더 직접적으로 말한다. 서구의 비즈니스 미팅은 일반적으로 격식에 얽매이지 않으며, 유머가 자주 사용된다.

Unit
5

Subjunctive Mood
(가정법)

INTRODUCTION

Topic

The Good News (좋은 소식)

Objectives

1. Subjunctive past / Subjunctive past perfect (가정법 과거 / 가정법 과거완료)
2. Subjunctive future / Ellipsis of 'if' (가정법 미래 / if의 생략)
3. Other expressions for subjunctive mood (가정법의 다른 표현)

WARM-UP

The Good News

해석: 286쪽

<Mark comes out of Chad's office with a big smile on his face.>

Nic Hey! I guess you survived the meeting! How did it go?

Mark Amazing, actually! Since this year's social media campaign has really taken off, Chad wants to expand the department. And guess who he asked to be head?

Nic Wow! Congratulations! So you'll be calling the shots?

Mark I guess so!

Nic I'm so happy for you! It sounds like you've worked hard and really deserve this.

Mark Thanks, Nic. I appreciate it. Please keep it to yourself for now, though!

Nic If I were you, I'd be telling everyone!

Mark I still have to go over the fine print of the contract. Otherwise, I would!

Nic Ah! Got it. My lips are sealed!

Useful Expressions

take off 급격히 인기를 얻다	to become popular very quickly Ex K-Pop music is really **taking off** all over the world. (K-pop 음악이 정말 전세계적으로 인기를 끌고 있습니다.)
call the shots 지휘하다, 감독하다	to make the important decisions Ex **A:** Have you decided which school your son will go to? (당신의 아들은 어느 학교에 갈지 결정했나요?) **B:** My wife **calls the shots** when it comes to the kids- I'll let her choose! (제 아내가 애들 문제에 대해 결정권을 가지고 있어요. 그녀가 선택하도록 했어요!)
keep something to yourself ~에 대해 혼자만 알고 있다	to keep a secret Ex **A:** Do you know if you're having a boy or a girl? (남자아이인지 여자아이인지 알아요?) **B:** I do, but I want to **keep the sex of the baby to myself** until he or she is born. (알아요, 하지만 전 아기가 태어날 때까지 아기의 성별을 혼자만 알고 싶어요.)

fine print (계약서 등의) 작은 글자 부분	small details of a document or contract Ex Always make sure to read the **fine print** before signing up for a credit card. (신용카드에 가입하기 전에 항상 세부 사항을 읽어보십시오.)

GRAMMAR

FOCUS 1 | Subjuctive past / Subjuctive past perfect (가정법 과거 / 가정법 과거완료)

1. 가정법과 직설법

직설법과 가정법은 문장의 형태와 의미에 있어 큰 차이를 보입니다.

(1) 직설법의 조건문

if절에서 현재형 동사가 쓰이고, 실현가능성이 있는 조건을 나타냅니다.

a. You **will succeed** if you **work** hard and **avoid** distractions.
(당신은 열심히 일하고 집중을 방해하는 것들을 피한다면 성공할 것입니다.)

b. If the bus **doesn't arrive** soon, I'**ll take** a taxi.
(버스가 곧 도착하지 않으면 택시를 탈 것입니다.)

(2) 가정법

if절에서 과거형 동사가 쓰이고, 실현가능성이 적은 순수 가정을 나타냅니다. 또한 가정법은 일종의 완곡어법이다. 그래서 주절에서도 부드럽고 공손한 표현을 나타내는 조동사 would, could, might 등을 씁니다. (will, can, may 대신에.)

a. If it **weren't** so cold out, I'**d go** for a run.
(바깥 날씨가 그렇게 춥지 않다면, 나는 달리기를 하러 갈 것입니다.)

b. If I **married** Ryan Gosling, I'**d be** the happiest woman alive!
(제가 Ryan Gosling과 결혼한다면, 저는 살아 있는 가장 행복한 여성이 될 것입니다!)

2. Subjunctive past (가정법 과거)

(1) 형식과 의미

가정법 과거는 현재 사실의 반대를 가리키거나, 혹은 현실과 다른 상황을 가정하는 것을 말합니다. 주의할 점은 가정법 과거의 형태는 과거 시제이지만 실제 시제는 현재라는 것입니다.

If + 주어 + 동사의 과거형, 주어 + would/should/could/might + 동사의 원형

a. If I **were** you, I'**d be telling** everyone!
(제가 당신이라면 모두에게 말하고 있을 겁니다!)

b. If I **had** more time, I **would learn** how to cook.
(만약 제가 시간이 더 있다면, 저는 요리하는 법을 배울 것입니다.)

c. If you **were** in my shoes, what **would** you **do**?
(만약 당신이 저의 입장이라면 어떻게 하시겠습니까?)

(2) If it were not for... (...가 없다면, ...가 아니면)

현재 상황을 '~가 없다면' 하고 가정하는 것입니다. 과거에 있었던 것을 가정할 때는 if it had not been for라고 써야 하지만, 이 경우에도 if it were not for를 쓰기도 합니다. 비슷한 표현으로 But for..., Without..., 등이 있습니다.

a. **If it weren't for** the big deadline coming up, we could go for a team lunch.
(중요한 마감일이 다가오지만 않으면 우리 팀은 점심을 먹으러 나갈 수 있을 겁니다.)

b. **If it weren't for** your brilliant work, we would have lost the contract.
(당신의 놀라운 성과가 없었다면 우리는 이 계약을 성사시키지 못했을 겁니다.)

Pop Quiz

Indicate whether the following sentence is correct(O) or incorrect(X).

O X

If my date goes badly tonight, I'll never go on another!

Answer O

(오늘 밤 데이트가 안 좋게 흘러간다면, 다른 데이트는 절대 하지 않을 겁니다!)

3. Subjunctive past perfect (가정법 과거완료)

(1) 형식과 의미

가정법 과거완료는 과거의 사실과 반대되는 상황을 가정하거나, 과거에 있었던 일을 부정하거나, 또는 없었던 일에 대한 유감 혹은 소망을 나타냅니다. 주의할 점은 형태는 과거완료이지만 실제 시제는 과거라는 것입니다.

If + 주어+ had + 동사의 과거분사형(p.p.),
주어 + would/should/could/might + have + p.p.

a. If you **had contacted** me earlier, I **might have been able to find** tickets to the concert for you.
(만약 당신이 제게 더 일찍 연락했다면 당신을 위해 공연 티켓을 구해줄 수도 있었습니다.)

b. He **wouldn't have failed** the exam if he**'d studied** harder.
(그가 더 열심히 공부했더라면 시험에 떨어지지 않았을 것입니다.)

(2) If it had not been for... (...가 없었다면, ...가 아니었다면)

과거 현실에 존재했던 것을 '만약 ~가 없었다면' 하고 가정하는 것입니다.

a. **If it hadn't been for** her supportive friends, she wouldn't have gotten over her break-up so quickly.
(힘이 되어주는 친구들이 없었더라면 그녀는 이별을 극복하지 못했을 것입니다.)

b. **Without** your help, I couldn't have succeeded.
(당신의 도움이 없었다면 난 성공하지 못했을 겁니다.)

4. 혼합구문

가정법 문장에서 주절과 종속절의 시제가 서로 다를 때 이를 '혼합 가정'이라 합니다.

(1) 가정법 과거완료와 가정법 과거의 혼합구문

과거에 일어난 사건이 현재까지 영향을 미칠 때 가정법 과거완료-가정법 과거의 혼합가정구문을 사용하는데 그 형식은 다음과 같습니다.

If + 주어 + had + p.p., 주어 + would/should/could/might + 동사원형

a. If he **hadn't gone** traveling, he **wouldn't have met** so many great people.

(그가 여행을 가지 않았더라면 그는 이렇게 많은 훌륭한 사람들을 만나지는 못했을 것입니다.)

→ if절과 주절 모두 가정법 과거완료(실제 과거시점)

b. If the ambulance **had arrived** sooner, the patient **might still be** alive.

(구급차가 더 빨리 도착했다면 환자는 아직 살아있을지도 모릅니다.)

→ if 절은 가정법 과거완료 (실제 과거시점), 주절은 가정법 과거 (실제 현재시점)

→ 혼합가정 구문

c. If only we **had taken** the subway, we **wouldn't be stuck** in traffic.

(만약 우리가 지하철을 탔더라면, 우리는 교통체증에 걸리지 않았을 겁니다.)

d. If I **hadn't married** him back then, I **wouldn't be living like** this now.

(만약 제가 예전에 그와 결혼하지 않았더라면, 저는 지금 이렇게 살고 있지 않을 겁니다.)

(2) 직설법과 가정법의 혼합구문

이루지 못한 소망에 대한 유감을 표할 때 직설법-가정법의 혼합구문을 사용합니다. 보통 가정법 구문에서 if 절의 가정하는 부분이 이미 분명히 결정되었으므로, 생략하고 그 대신에 현실 상황을 덧붙여 주는 것입니다.

a. (If I had the money) I **would lend** it to you, **but I'm broke**.

((돈이 있으면) 빌려줬겠지만 나는 빈털터리입니다.)

b. (If I had known you were in town) I **would have suggested** meeting for coffee, **but I didn't know you were in town.**

((당신이 이 동네에 있는 줄 알았다면) 커피 마시러 만나자고 제안했을 텐데, 이 동네에 있는 줄은 몰랐습니다.)

TASK 1

Choose the phrase that best completes each sentence.

1. My daughter (could be / could have been) a professional violinist, but she quit playing when she was in high school.
2. If we (had had / have had) a little more time, we could have found a better solution.
3. If you had three wishes, what would you (wish / have wished) for?

FOCUS 2 | Subjunctive future / Ellipsis of 'if' (가정법 미래 / if의 생략)

1. Subjunctive future (가정법 미래)

(1) 형식과 의미

가정법 미래는 앞으로 일어날 가능성이 희박한 일을 나타낼 때 쓰입니다. '가정법 과거'와 '가정법 과거완료' 라는 명칭이 조건절에서 쓰이는 동사의 형식을 근거로 한다면, '가정법 미래' 라는 것은 의미에 초점을 두고 있습니다. if절에서 should나 happen to를 쓰는 것은 미래에 대한 강한 의심을 나타내고, were to를 쓰는 것은 미래에 실현이 불가능한 일을 상상할 때 쓰입니다. should가 들어간 if절과 함께 쓰이는 주절에는 직설법 문장이 오기도 합니다.

If + 주어 + should/were to /happen to + 동사원형,
주어 + will/would/should/could/might/may/must + 동사원형

a. If you **should run into** Tom, tell him to come to my office.
(만약 Tom을 마주치면, 그에게 내 사무실에 오도록 말해주세요.)

b. If the company **were to go** bankrupt, thousands of people would lose their jobs.
(회사가 파산하게 된다면 수천 명의 사람들이 일자리를 잃게 될 것입니다.)

2. Ellipsis of 'if' (if의 생략)

가정법 구문에서 조건절의 if가 생략되면 「동사+주어」의 도치 구문이 만들어 집니다. 이러한 생략과 도치는 if절에 should, were, had가 나오는 경우에 주로 나타납니다.

a. **Had I known** you were vegetarian, I would have taken you to a different restaurant.
(= If I had known you were vegetarian, ...)
(당신이 채식주의자라는 걸 알았다면 다른 식당으로 데려갔을 겁니다.)

b. **Were she to move** to London, would you go with her?
(그녀가 런던으로 이사 간다면, 그녀와 같이 가시겠습니까?)

Pop Quiz

Indicate whether the following sentence is correct(O) or incorrect(X).

O X

Had I not ate ramen the night before, my graduation photos would have been so much prettier.

Answer X (→ Had I not **eaten** ramen the night before, my graduation photos would have been so much prettier.)
(전날 밤에 라면을 먹지 않았더라면 나의 졸업 사진이 훨씬 더 예뻤을 텐데.)

3. If절의 대용

가정법 구문에서 조건절이 없이도 아래와 같은 형태에서 조건을 나타내는 표현이 됩니다.

(1) 명사구

a. **A more thorough investigation** might have revealed the true culprit.
(더 철저히 조사했으면 진범이 밝혀졌을 것입니다.)

b. **A smart woman** would not do such a foolish thing.
(영리한 여인이라면, 그런 어리석은 짓은 하지 않을 겁니다.)

(2) 부사(구)

a. **Without shelter**, human beings could not survive in the wild.
(피할 곳이 없다면 인류는 야생에서 살아 남지 못할 것입니다.)

b. He is very busy this week; **otherwise** he would come to the meeting.
(이번 주에 그가 매우 바쁘지 않다면, 그 모임에 갈 겁니다.)

(3) 부정사

a. It would have been better for you **to have kept** your mouth shut.
(당신이 입을 다물고 있었다면 더 좋을 뻔했습니다.)

b. **To hear her speak English**, you would take her for a British person.
(만일 그녀가 영어로 말하는 것을 들으면, 그녀를 영국사람으로 생각할 겁니다.)

(4) 분사구문

a. **Given an earlier diagnosis**, he could have survived the disease.
(더 일찍 진단을 받았더라면 그는 그 질병에서 살아남을 수 있었을 것입니다.)

b. **Born two years earlier**, I could have met my grandparents.
(2년 일찍 태어났더라면 저의 조부모님을 만날 수 있었을 겁니다.)

(5) 접속어구

a. **Provided you honor your contract**, you will get your deposit back in full.
(당신의 계약을 이행하면 보증금을 전액 돌려받을 수 있습니다.)

b. **Supposing I were to offer you a pay rise**, would you stay?
(만약 제가 당신에게 급여 인상을 제안한다면, 당신은 남겠습니까?)

TASK 2

Indicate whether each sentence is grammatical(O) or not(X). Rewrite any incorrect sentences grammatically.

	O	X
1. If we had lost this appeal, what will happen to our client?	( )	( )
2. It would have been better if you had come to me with this problem instead.	( )	( )
3. If I am you, I would save my money instead of buying that yacht.	( )	( )

FOCUS 3 | Other expressions for subjunctive mood (가정법의 다른 구문)

1. I wish (expressing wishes)

(1) **I wish + 가정법 과거**: 바라는 시점에서, 현실과 반대의 상황을 가정하여 이루어질 가능성이 없는 소망을 표현합니다. I wish 다음에 접속사 that은 생략됩니다.

a. **I wish I were** a little taller.
(나는 내가 조금 더 키가 컸으면 좋겠습니다.)

b. **I wish he would stop** snoring.
(그 사람이 코를 그만 골았으면 좋겠습니다.)

(2) **I wish + 가정법 과거완료**: 바라는 시점보다 과거에 이루어지지 못했던 것에 대한 아쉬움을 표현합니다.

a. **I wish I had never decided** to leave my high-paying job.
(나는 월급이 많은 직장을 그만두지 않았으면 좋았겠다고 바랍니다.)

b. **I just wish you had told** me earlier that you were feeling so stressed.
(나는 단지 네가 스트레스를 받고 있다고 더 일찍 말해 줬으면 좋았겠다고 바랍니다.)

2. as if

as if 가정법 구문은 사실에 반대되는 모양이나 상태를 나타내는 표현입니다. 주절 동사가 나타나는 때와 동일한 때를 가정하는 경우는 가정법 과거를 쓰고, 주절 동사보다 앞선 때의 일을 나타내는 경우에는 가정법 과거완료를 씁니다.

(1) S + V+ as if + 가정법 과거 (마치 ~인 것처럼)

a. I can't believe Cindy is acting **as if she did** nothing wrong.
(나는 Cindy가 마치 자신이 아무것도 잘못한게 없는 것처럼 행동하는 것을 믿을 수가 없습니다.)

b. He's acting **as if he were** the one who got his heart broken.
(그는 마치 자신이 마음의 상처를 입은 사람처럼 행동하고 있습니다.)

(2) S + V+ as if + 가정법 과거완료 (마치 ~였던 것처럼)

a. The District Attorney talks **as if he had already won** the case.
(그 지방검사는 마치 자신이 사건을 이긴 것처럼 말합니다.)

b. Jinni behaves **as if she had passed** the bar exam.
(Jinni는 마치 사법시험에 합격한 것처럼 행동합니다.)

(3) as if + were to (미래 상황 가정)

a. Live **as if you were to** die tomorrow.
(당신이 마치 내일 죽을 것처럼 사십시오.)

3. It's time

「It's time + 가정법 과거」 구문은 '~할 시간이다' 란 의미로, '(진작에 ~했어야 하는데, 안하고 있을 때) 이제 ~하여야 지, 지금 ~했을 시간이다'라는 의미입니다.

a. I think that **it's time you got** a promotion.
(나는 당신이 승진을 할 시기가 된 것 같다고 생각합니다.).

b. Don't you think **it's about time you went** to bed, little man?
(당신은 이제 자러 갈 시간이라는 생각이 안드나요, 꼬마 양반?)

Pop Quiz

Indicate whether the following sentence is correct(O) or incorrect(X).

O X

Isn't it time you change your profile picture? It's been the same for years.

Answer X (→ Isn't it time you **changed** your profile picture? It's been the same for years.)
(당신의 프로필 사진을 바꿀 때가 되지 않았나요? 몇 년 동안 그대로였습니다.)

4. that절: (should) + 동사원형

(1) 요구, 간청, 주장, 권고 등을 나타내는 술어동사

주어 + order, command, request, require, ask, demand, insist, urge, propose, suggest, recommend + that + 주어 + (should) 동사원형

a. **I recommend that you (should) make** more of an effort to see your children.
(저는 당신이 당신의 아이들을 돌보는데 더 많은 노력하기를 추천합니다.)

b. **We ask that everyone (should) contribute** $10 for a leaving gift for Tom.
(우리는 모든 사람들에게 Tom의 작별 선물을 위해 $10를 지불하는 것을 요청합니다.)

(2) 당연, 필요, 적절, 중요 등 주관적 판단을 나타내는 형용사

주어 + be동사 + natural, necessary, essential, imperative, desirable, advisable, proper, right, just, fair, reasonable, important, vital, + that + 주어 + (should) 동사원형

a. **It is only natural** that parents **(should) worry** about their children.
(부모들이 그들의 아이들에 대해 걱정하는 것은 당연합니다.)

b. **It is essential** that young Korean men **(should) complete** 18 months of military service.
(한국의 젊은 남성들이 18개월 동안 군복무를 하는 것은 필수적입니다.)

TASK 3

Choose the phrase that best completes each sentence.

1. I wish we (had purchased / purchased) the apartment last month.
2. Why do you always speak to your brother as if he (is / were) a stranger?
3. (Did you check / Had you checked) the schedule, you would have known that the test date had been changed.

QUICK TIP

1. Luckily it didn't rain. If it rained, it would have spoiled the barbecue. (X)
   → Luckily it didn't rain. If it **had rained**, it would have spoiled the barbecue. (O)
2. I'm sorry you're leaving. I just wish we have more time to spend together. (X)
   → I'm sorry you're leaving. I just wish we **had** more time to spend together. (O)

Translation

1. 다행히 비가 오지 않았습니다. 비가 왔다면 바비큐 파티를 망쳤을 것입니다.
2. 당신이 떠나게 되어 아쉽습니다. 나는 우리가 더 많은 시간을 같이 보낼 수 있기를 바랍니다.

TASK 4

Choose the word or phrase that best completes each sentence.

1. **I wouldn't have gone to the baseball game if I __________ it was going to be so boring.**

   (1) know (2) have known
   (3) have knew (4) had known

2. **We'll all be in hot water if we __________ another client.**

   (1) lose (2) will lose
   (3) had lost (4) should lost

3. Janet would be a great manager if she __________ a chance.

(1) gives | (2) had given
(3) had been given | (4) were given

Task 5

Indicate whether each sentence is grammatical(O) or not(X). Rewrite any incorrect sentences grammatically.

	O	X
1. Has she been driving fast at that time, she would have been more seriously injured.	( )	( )
2. If only that new S-series were not so expensive, I will buy it.	( )	( )
3. Yeah, and I wish I had a goose that laid golden eggs, but we can't have everything.	( )	( )

FINAL CHECK

Choose the best answer to complete each of the following sentences.

1. If I __________ the lottery, I would pay off my mortgage.

(1) win | (2) won
(3) will win | (4) might win

2. It's time that you __________ off the TV.

(1) turned | (2) will turn
(3) had turned | (4) are turning

3. __________ it not for water, life would not exist.

(1) Is | (2) Was
(3) Be | (4) Were

4. If the user agreement __________, all subscribers will be notified via email.

(1) changed | (2) changes
(3) had changed | (4) will change

5. **The flower ________ well, but I did not water it.**

(1) grows (2) will grow
(3) could have grown (4) could grow

6. **When I went into the palace, I felt ________ I had gone back in time.**

(1) as if (2) without
(3) unless (4) I wish

7. **If I ________ you were coming, I would have bought more beer.**

(1) know (2) knew
(3) would know (4) had known

8. **She recommended that I ________ up for a yoga class at the gym.**

(1) sign (2) signed
(3) would sign (4) had signed

9. **If I ________ you, I'd get rid of that old car.**

(1) to be (2) would be
(3) were (4) had been

10. **________ you get the parts I need, please let me know.**

(1) Should (2) Might
(3) Would (4) Must

WRAP-UP

1. 가정법 과거와 가정법 과거완료

- If it **weren't** so cold out, I **could go** for a run.
  (만약 날씨가 이렇게 춥지 않다면 나는 달리기하러 나갈 수 있을텐데요.)

- If you **had contacted** me earlier, I **might have been able to find** tickets to the concert for you.
  (만약 당신이 제게 더 일찍 연락했다면 당신을 위해 공연 티켓을 구해줄 수도 있었습니다.)

2. 가정법 미래와 if의 생략

- If you **should run into** Tom, tell him to come to my office.
  (당신이 Tom을 우연히 만나게 되면, 내 사무실로 오라고 얘기해주세요.)

- **Had I known** you were vegetarian, I would have taken you to a different restaurant.
  (당신이 채식주의자라는 것을 내가 진작 알았다면, 당신을 다른 레스토랑으로 데리고 갔을 겁니다.)

3. 가정법의 다른 구문

- **I wish I were** a little taller.
  (나는 내가 조금 더 키가 컸으면 좋겠습니다.)

- I can't believe Cindy is acting **as if she did** nothing wrong.
  (나는 Cindy가 마치 자신이 아무것도 잘못한 게 없는 것처럼 행동하는 것을 믿을 수가 없습니다.)

- **It's time you got** a promotion.
  (당신이 승진할 때가 된 것 같습니다.)

CULTURE CORNER

Celebrating Good News

In the West, if a person receives good news, for example, getting a promotion, having a baby, or getting married, their co-workers in the same department usually 'chip in' to buy a celebratory gift. 'Chip in' means to contribute money(usually an equal amount for each person). One person(often the co-worker who is closest to the person or one of the most senior employees in the department) takes charge of organizing the gift and collecting money for it.

Translation 기쁜 소식 축하하기

서양에서는 승진, 출산, 결혼 등 좋은 소식을 접하면 대개 같은 과의 동료들이 축하 선물을 사기 위해 '회비 걷기'를 한다. 'chip in'은 돈을 내는 것을 의미한다(일반적으로 각 사람마다 같은 금액). 선물은 한 사람(축하받는 사람과 가장 가까운 동료나 부서에서 가장 선배인 직원 중 한 명)이 준비하고, 이를 위해 돈을 모으는 일을 맡는다.

MEMO

Unit

6

The Passive Voice (수동태)

INTRODUCTION

Topic

The Announcement (발표)

Objectives

1. Active vs. passive voice (능동태와 수동태)
2. Usages of the passive voice (수동태 용법)
3. Passives without 'by' (by를 쓰지 않는 수동태)

WARM-UP

The Announcement

해석: 289쪽

Chad Everyone, please gather around! I have an important announcement to make! As you are all aware, sales have doubled this year, and we've finally broken into the Asian market. A lot of that is down to our new Facebook campaign. Recently, it was decided that we're going to expand the team! Of course, a bigger department means we need someone to take the lead. This person has been such a go-getter since day one, and I've been told that you are all very fond of him. Personally, I am amazed at his work ethic. I'm excited to announce that Mark has been promoted to head of social media marketing. Please give him a big hand!

Mark Thank you, everyone! It's an honor to be presented with this opportunity. I also have some other big news to share...

Useful Expressions

break into 진입하다	to start to have success (in a career or activity) Ex BTS are the first K-pop group to **break into** the US market, receiving a Grammy nomination. (방탄소년단이 그래미상 후보에 오르며 케이 팝 그룹 최초로 미국 시장에 진출했습니다.)
(be) down to ~에게 맡겨져, ~달려있는	to be the responsibility of someone/something Ex My skin problems are **down to** my boss. He stresses me out so much! (내 피부 문제는 상사에게 달려있습니다. 그는 나에게 너무 많은 스트레스를 줘요!)
go-getter 야심가, 열정이 넘치는 사람	a highly motivated person who works hard to succeed Ex Oprah Winfrey was a real **go-getter** and never gave up, even during tough times. (Oprah Winfrey는 정말 열정적인 사람으로 힘든 시기에도 포기하지 않았습니다.)

give a (big) hand 큰 박수를 보내다	to clap; to applaud for someone Ex Please **give a big hand** for the winner of this year's speech contest, Emily Black. (올해 웅변대회 우승자인 Emily Black에게 큰 박수를 부탁합니다.)

GRAMMAR

FOCUS 1 | Active vs. passive voice (능동태와 수동태)

1. 능동태와 수동태의 선택

(1) 능동태와 수동태

▸ 태(voice)는 주어와 동사의 관계 표시

- 능동태란 「주어+동사+목적어」의 형식으로, 주어(행위자)가 동작을 행하여 '~하다' 라는 능동의 의미를 갖는 문장을 말합니다.

a. The thief **stole** the Ferrari.
(그 도둑이 페라리 차를 훔쳤습니다.)

- 수동태란 능동태의 목적어를 주어로 삼아서 「be +과거분사 + by 행위자」의 형식을 취하며, '(주어가) ~ 당하다, ~하여지다' 라는 의미를 갖는 문장을 말합니다.
- 능동태에서는 주어가 동작을 하는 주체이며, 수동태에서는 주어가 동작을 받는 대상이다.

능동태: **My friend** hosted **the party**.
수동태: **The party** was hosted **by my friend**.
(그 파티는 내친구가 주최했습니다.)

b. My agent presented me with an amazing opportunity.
→ I **was presented** with an amazing opportunity by my agent.
(내 대리인이 나에게 놀라운 기회를 주었습니다.)

c. The police officer arrested the man for no reason.
→ The man **was arrested** by the police officer for no reason.
(그 남자는 아무 이유 없이 경찰관에게 체포되었습니다.)

▸ 자동사는 목적어가 없어서 수동태를 만들 수 없습니다: arrive, rise, disappear, die, lie, exist, seem, become, remain 등

a. The new employee **arrived** fifteen minutes late. (O)
Fifteen minutes late **was arrived** by the new employee. (X)
(새로운 직원은 15분 늦게 도착했습니다.)

▸ 타동사 중에서도 상태를 나타내는 동사(stative verbs)는 수동태를 만들 수 없습니다: have, cost, lack, resemble, suit 등

a. She **has** beautiful hair. (O)
Beautiful hair **is had** by her. (X)
(그녀는 아름다운 머리카락을 가지고 있습니다.)

b. My co-worker **resembles** Harry Potter. (O)
Harry Potter **is resembled** by my co-worker. (X)
(나의 동료는 해리포터를 닮았습니다.)

(2) 수동태를 주로 쓰는 경우

▸ 능동태의 주어가 분명하지 않을 때.

a. Her husband **was killed** in World War II.
(그녀의 남편은 2차 세계대전에서 죽었습니다.)

b. A man **was murdered** in his apartment.
(한 남자가 그의 아파트에서 살해당했습니다.)

▸ 능동태의 주어가 막연한 일반인을 나타낼 때.

a. French **is spoken** in France, Belgium and Switzerland.
(불어는 프랑스, 벨기에 그리고 스위스에서 쓰입니다.)

b. You **are** not **allowed** to take photographs in this museum.
(이 박물관에서는 사진 촬영이 금지되어 있습니다.)

c. Orion **can be seen** on a clear night.
(날씨가 좋은 날 밤에는 오리온자리를 볼 수 있습니다.)

▸ 능동태의 주어보다 수동태 주어에 관심이 클 때.

a. Park Seo-Jun **was stalked** by a mystery fan.
(박서준이 의문의 팬에게 스토킹을 당했습니다.)

b. Interstellar **was directed** by Christopher Nolan.
(Interstellar는 Christopher Nolan에 의해 감독되었다)

▸ 수동의 의미가 거의 없이 자동사로 느껴지는 경우, 즉, 종사, 위치, 사망, 출생, 피해 등을 나타낼 때:
be engaged(종사하다, 약혼하다), be absorbed(마음을 빼앗기다, 심취하다), be situated(위치해 있다), be born(태어나다), be drowned(익사하다), be damaged(피해를 입다) 등

a. I **am absorbed** in this new drama on Netflix.
(나는 넷플릭스에서 새로운 드라마에 열중하고 있습니다.)

b. She **was born** on June 2.
(그녀는 6월 2일에 태어났습니다.)

c. The DMZ **is situated** on the border of North and South Korea.
(DMZ는 남한과 북한의 경계에 위치해 있습니다.)

▸ 앞에 나온 주어와 연결될 경우

a. Princess Diana was extremely kind and **was loved** by the people of England.
(Diana 왕세자비는 매우 친절했고 영국 사람들에게 사랑받았습니다.)

b. He asked politely but **was not upgraded** to business class.
(그는 정중하게 부탁했지만 비즈니스 클래스로 업그레이드되지 않았습니다.)

Pop Quiz

Indicate whether the following sentence is correct(O) or incorrect(X).

O X

Do you know what was happened to her yesterday?

Answer X (→ Do you know what **happened** to her yesterday?)
(그녀에게 어떤 일이 일어났는지 당신은 알고 있습니까?)

2. 행위자의 생략

수동태는 행위의 대상을 강조하는 구문이므로 행위자는 중요시되지 않는 것이 일반적입니다. 따라서 수동태 문장에서 「by + 목적어」의 행위자 표시는 생략되는 경우가 많습니다. 행위자를 생략하는 경우는 행위자를 확실히 알 수 없을 때, 굳이 말 할 필요가 없을 때 그리고 능동태 문장의 주어가 일반적인 사람들을 나타낼 때입니다.

a. My flight **has been cancelled** due to weather warnings. (일반적인 사람일 때)
(일기예보 때문에 저의 비행기가 취소되었습니다.)

b. The victim **was shot** in the park late last night. (행위자를 모를 때)
(희생자는 어젯밤 늦게 공원에서 총에 맞았습니다.)

c. Mark **has been promoted** to head of social media marketing. (누구나 알 수 있을 때)
(Mark는 소셜 미디어 마케팅의 책임자로 승진했습니다.)

TASK 1

Choose the best word or phrase to complete each sentence.

is not sold	been discussed	be solved
be bought	were told	are said

1. This kind of problem can only ________ if we work together.
2. American beef ________ in this shop.
3. We ________ that our visas would be renewed automatically.

FOCUS 2 | Usages of the passive voice (수동태 용법)

1. 목적어가 두 개인 문장(S + V + IO + DO)

목적어가 두 가지일 때, 즉 간접목적어와 직접목적어를 동시에 취하는 4형식의 문장에서는 두 가지 형태의 수동태 문장을 얻을 수 있습니다.

a. Jake told me the news.

→ **I was told the news** by Jake.

→ **The news was told to me** by Jake.

(Jake가 나에게 그 소식을 알려주었습니다.)

b. The teacher gave us the deadline for the assignment.

→ **We were given the deadline for the assignment** by the teacher.

→ **The deadline for the assignment was given to us** by the teacher.

(선생님은 우리에게 과제 마감일을 주셨습니다.)

make, read, get, sell, write, buy, coo bring 등의 동사가 쓰인 4형식 문장에서는 직접목적어를 주어로 한 수동태만이 가능합니다. 이때 간접목적어 앞에는 for이나 to 같은 전치사가 쓰입니다.

a. I made him a photo album.

→ **A photo album was made for him** by me. (O)

→ He was made a photo album by me. (X)

(나는 그에게 사진첩을 만들어 주었습니다.)

b. Michael bought Michelle a brand new SUV.

→ **A brand new SUV was bought for Michelle** by Michael.

(Michael은 Michelle에게 신형 SUV를 사주었습니다.)

c. The babysitter read the child a bedtime story.

→ **A bedtime story was read to the child** by the babysitter.

(그 베이비시터는 잠잘 때 아이에게 이야기를 읽어주었습니다.)

2. 목적격 보어가 있는 문장 (S + V + O + OC)

「주어+동사 + 목적어 + 목적격보어」의 5형식 문장에서 목적어가 수동태의 주어가 되면 목적격 보어는 그 자리에 그대로 둡니다.

a. The jury found the defendant guilty of first-degree murder.

→ The defendant **was found guilty of first-degree murder**.

(배심원은 피고에게 일급살인판결을 내렸습니다.)

b. Cindy's parents allowed her to stay out after 10pm.

→ Cindy **was allowed to stay out after 10pm**.

(Cindy의 부모님은 Cindy가 10시 이후에 외출하는 것을 허락했습니다.)

사역동사 make는 「주어+동사 + 목적어 + 원형부정사」 구문으로 쓰이는 데, 수동태가 되면, 부정사 앞에 to를 쓰게 됩니다.

a. Her boss made her stay until the work was finished.

→ She **was made to stay** (by her boss) until the work was finished.

(그녀의 상사는 그 일이 끝날 때까지 그녀를 남아있게 하였습니다.)

cf 사역동사 let, have는 수동태로 쓸 때, let은 be allowed to, have는 be made to, be asked to 로 쓴다.

Her parents let her join the club.

→ She **was allowed to join** the club (by her parents).

(그녀는 클럽에 가입하는 것을 허락받았습니다.)

3. 동사구

「자동사 + 전치사」, 「타동사 + 명사 + 전치사」의 동사구는 타동사 역할을 하므로 수동태로 바꿀 수 있습니다. 이때는 동사구는 한 단어처럼 취급하므로 전치사 등의 요소가 누락되지 않도록 주의해야 합니다.

a. He turned on the music. (자동사+전치사)

→ The music **was turned on** (by him).

(그는 음악을 틀었습니다.)

b. They made fun of the boss.
→ The boss **was made fun of** (by them).
(그들은 상사를 놀렸습니다.)

4. that절

목적어가 that절인 문장의 수동태의 경우, 1) 가주어 it를 쓰거나, 2) that 절 속의 주어를 수동태 주어로 합니다. 이때 that 절은 주어가 없으므로 구(to부정사)로 고칩니다. that절을 목적어로 취하는 동사에는 say, know, believe, expect, think, hope, feel, fear, consider, find, intend, suppose 등이 있습니다.

a. We expect that you will send all of your documents as soon as possible.
→ **It is expected that** you'll send all of your documents as soon as possible.
→ **You are expected to send** all your documents as soon as possible.
(우리는 당신이 가능한 한 빨리 모든 서류를 보내기를 기대합니다.)

b. Everyone believed that McCoy was guilty.
→ **It was believed that** McCoy was guilty.
→ **McCoy was believed to be** guilty.
(모두가 McCoy는 유죄라고 믿었습니다.)

c. You **are supposed to be** here at eight every day.
(당신은 매일 8시에 이곳으로 출근해야 합니다.)

d. Visitors **are required to show** their ID cards.
(방문객들은 그들의 신분증을 제시해야 하는 것이 필수입니다.)

5. 진행형, 완료형, 조동사

▸ 진행형 수동태는 「be being + p.p.」 형태로 만들어집니다.

a. Don't look now, but I think a man is following us.
→ Don't look now, but I think we **are being followed** by a man.
(지금은 보면 안 되지만 한 남자가 우리를 따라오고 있는 것 같습니다.)

b. Four independent companies are seeking a lucrative contract.
→ A lucrative contract **is being sought** by four independent companies.
(각기 다른 4개의 회사가 유리한 계약을 찾고 있습니다.)

▸ 완료형 수동태는 「have/had been + p.p.」 형태로 만들어집니다.

a. They have told me that you are all very fond of him.

→ I've **been told** that you are all very fond of him.

(여러분이 그를 매우 좋아한다는 얘기를 들었습니다.)

b. The news of my ex's wedding has completely bowled me over.

→ I've **been completely bowled over** by the news of my ex's wedding.

(전 남편의 결혼 소식이 나를 완전히 어안이 벙벙하게 만들었습니다.)

c. The university has called off the orientation for new students.

→ The orientation for new students **has been called off.**

(대학교는 신입생 오리엔테이션을 취소했습니다.)

Pop Quiz

Indicate whether the following sentence is correct(O) or incorrect(X).

O X

We can't use the sports hall yet because it is still built.

Answer X (→ We can't use the sports hall yet because it is still **being built.**)

(그 스포츠 홀은 여전히 짓고 있는 중이라서 우리는 그것을 쓸 수가 없습니다)

▸ 조동사가 있는 문장의 수동태 만들 때엔 조동사는 그대로 두고 동사원형만 「be + p.p.」로 바꿉니다.

a. You must finish it by today.

→ It **must be finished** by today.

(당신은 오늘까지 그것을 끝내야 합니다.)

b. My dad will pick me up from the airport.

→ I **will be picked up** from the airport by my dad.

(저희 아버지가 공항에서 절 데리러 올 겁니다.)

Task 2

Indicate whether each sentence is grammatical(O) or not(X). Rewrite any ungrammatical sentences correctly.

	O	X
1. It is expected you to submit your final paper by Monday.	( )	( )
2. All library books must return by the end of the semester.	( )	( )
3. None of the teenagers were allowed to enter the bar.	( )	( )

FOCUS 3 | Passives without 'by' (by를 쓰지 않는 수동태)

1. by 이외의 전치사를 쓰는 경우

by 이외에도 with, in, at, to, of 등 다른 전치사가 수동태에 사용되어 하나의 숙어처럼 쓰입니다.

(1) with를 사용하는 경우

be filled with (~으로 가득차다)
be covered with (~으로 덮이다)
be delighted with (~에 기뻐하다)
be pleased with (~에 기뻐하다)
be satisfied with (~에 만족하다)
be concerned with (~와 관계가 있다)
cf be concerned about (~을 걱정하다)
be fed up with (~에 싫증 나다)
be bored with (~에 싫증 나다)

a. The mountains **are covered with** snow during the winter months.

(겨울에는 산들이 눈으로 덮여 있습니다.)

b. The committee members **have been very pleased with** your work lately.
(위원들은 최근 당신이 한 업무에 대해 매우 기뻐했습니다.)

c. I **am delighted with** my new perm.
(새로 파마를 해서 기쁩니다.)

d. The movie 'Parasite' **is concerned with** class differences in society.
(영화 '기생충'은 사회의 계급 차이와 관련이 있습니다.)

cf I **am concerned about** the level of fine dust recently.
(저는 요즘 미세먼지 수치가 걱정됩니다.)

(2) in을 사용하는 경우

be interested in (~에 관심이 있다)
be absorbed in (~에 몰두하다)
be engaged in (~에 종사하고 있다, ~하고 있다)
cf be engaged to (~와 약혼 중이다)

a. If you **are interested in** dating, I have a great friend who is single.
(만약 당신이 연애에 관심이 있다면, 싱글인 멋진 친구가 있습니다.)

b. Raymond **was** so **absorbed in** his work that he completely forgot to take the chicken out of the oven.
(Raymond는 자기 일에 너무 몰두해서 오븐에서 치킨을 꺼내는 것을 완전히 잊었다.)

c. The two boys **are engaged in** a long game of chess.
(두 소년은 장시간의 체스 게임을 하고 있습니다.)

(3) at을 사용하는 경우

be surprised at/by/with (~에 놀라다)
be startled at/by (~에 깜짝 놀라다)
be amazed at/by (~에 놀라다)
be disappointed with/by/at (~에 실망하다)
be embarrassed at/by/with (~에 당황하다)

a. Owen's parents **are** no longer **surprised at** the constant mess in his room.
(Owen의 부모는 더 이상 Owen의 방 안이 끊임없이 엉망인 상태에 놀라지 않습니다.)

b. I **am amazed at** his work ethic.
(저는 그의 직업윤리에 놀랐습니다.)

(4) to를 사용하는 경우

be devoted to (~에 전념하다)
be exposed to (~에 노출되다)
be married to (~와 결혼해 있다)

a. Amnesty International **is devoted to** ending abuses of human rights worldwide.
(국제 사면 위원회는 전세계적으로 인권남용을 없애기 위해 헌신합니다.)

b. Public figures **are** frequently **exposed to** harsh criticism.
(공인은 강도 높은 비판에 자주 노출됩니다.)

(5) of를 사용하는 경우

be tired of (~에 싫증나다)
be convinced of (~을 확신하다)
be composed of (~로 구성되다)
be ashamed of (~을 부끄러워하다)
be made of (~로 만들어지다)

cf be made from (~로 만들어지다): 만들어지는 과정에서 재료가 변형

a. Lana **is tired of** asking her husband to put his laundry in the basket.
(Lana는 남편에게 그의 세탁물을 바구니에 넣어달라고 부탁하는 것에 지쳤습니다.)

b. Charlie **was so ashamed of** his test score that he lied to his parents.
(Charlie는 그의 시험점수가 너무 부끄러워서 부모님께 거짓말을 했다.)

c. The United Arab Emirates **is composed of** seven states.
(아랍에미리트연방은 7개의 주로 구성되어 있습니다.)

cf Canada **consists of** various ethnic groups.
(캐나다는 다양한 민족으로 구성되어 있습니다.)

(6) be known

be known as/by/for/to (~으로 알려지다/ ~에 의해 알 수 있다/ ~으로 유명하다/ ~에게 알려지다)

a. Stefani Germanotta **is** better **known as** Lady Gaga.
(Stefani Germanotta는 Lady Gaga로 더 잘 알려져 있습니다.)

b. The Long Bar at the Raffles Hotel **is known for** being the birthplace of the Singapore Sling.
(The Raffles Hotel의 the Long Bar는 Singapore Sling의 발상지로 유명합니다.)

c. There's no need to continue, Mr. Gates; your work **is well known to** us.
(계속하지 않아도 됩니다, Gates씨. 당신의 업적은 우리도 잘 알고 있습니다.)

d. A man **is known by** the company he keeps.
(사람은 그가 사귀는 친구를 보면 알 수 있습니다.)

Pop Quiz

Indicate whether the following sentence is correct(O) or incorrect(X).

O X
The program host is known for his sense of humor.

Answer O
(그 프로그램 진행자는 유머감각이 있는 것으로 알려져 있습니다.)

2. 동작 수동태와 상태 수동태

수동태는 「be + 과거분사」의 형태를 취하는 것이 원칙이지만 be동사 대신에 get, grow, become이 쓰여 「get/grow/become + 과거분사」의 형태가 되는 경우도 있습니다. 이때에는 상태의 변화나 동작의 의미를 강조하는 문장이 되는데 이를 동작 수동태라고 합니다.

be, lie, stand, remain + p.p.: 상태강조 (~되어져 있다)
get, grow, become + p.p.: 동작강조 (~ 되어지다)

a. Fred and Jean **have been married** for 51 wonderful years.
(Fred와 Jean은 행복한 51년의 결혼생활을 했습니다.)
Laura and Paul **got married** twenty years ago this June.
(Laura와 Paul은 20년 전 6월에 결혼했습니다.)

b. The entire ship **is painted** black, so it's effectively invisible at night.
(선체가 전부 검정색으로 칠해져서 밤에는 완전히 보이지 않습니다.)
The ship has suffered a lot of rust damage so it **gets painted** every year.
(그 배는 많이 녹슬어서 매년 새로 페인트를 칠합니다.)

Task 3

Circle the preposition that correctly completes each sentence.

1. Her skin was red after being exposed (at / of / to / with) the sun for too long.
2. Sociologists across the country were surprised (in / at / on / to) the results of the survey.
3. Cassandra's favorite Korean snack is the bread filled (for / to / by / with) red bean.

QUICK TIP

1. There was thought that Liam was the perfect candidate for the position. (X)
   → **It was thought** that Liam was the perfect candidate for the position. (O)
2. After using this serum, your fine lines will be disappear! (X)
   → After using this serum, your fine lines **will disappear**! (O)

Translation

1. 사람들은 Liam이 그 자리에 가장 적합한 후보라고 생각했습니다.
2. 이 세럼을 사용한 후에는 당신의 잔주름이 사라질 겁니다.

TASK 4

Choose the best phrase to complete each sentence.

1. This time, the project really has __________ by the deadline. I mean it!

   (1) to complete (2) been to complete
   (3) to completed (4) to be completed

2. Guests __________ arrive at the party between 8 and 9 o'clock this evening.

   (1) to expect (2) expects
   (3) are expected (4) are expected to

3. Three of our professor's early articles __________ in that journal.

   (1) was being published (2) were publishing
   (3) being published (4) were published

Task 5

Indicate whether each sentence is grammatical(O) or not(X). Rewrite any ungrammatical sentences correctly.

	O	X
1. The kids in my family are resembled by my father, not my mother.	( )	( )
2. All supervisors are required to attend the meeting.	( )	( )
3. Any non-union employees involved on the strike will be fired.	( )	( )

FINAL CHECK

Choose the best answer to complete each sentence.

1. He got married __________ a woman from his hometown.
   (1) by (2) on
   (3) to (4) with

2. The name and address of each applicant should __________ on the form.
   (1) be writing (2) be written
   (3) have written (4) write

3. Do you know what __________ to her yesterday?
   (1) happened (2) was happened
   (3) happens (4) is happened

4. I __________ good care of when I was at my grandmother's house.
   (1) took (2) was taken
   (3) have taken (4) am being taken

5. I think the brakes in your car need to __________.
   (1) look at (2) looked at
   (3) be looked at (4) be looking at

6. Spending is __________ by more than five percent this year.
   (1) expected to increase (2) expected to be increase
   (3) expecting to increase (4) expecting to be increase

7. The airport __________, and will be completed next year.
   (1) is built (2) was built
   (3) has been built (4) is being built

8. He makes his living __________ a vegetarian cook. He is well known __________ his food blog.

(1) as – to
(2) by – for
(3) as – for
(4) by – to

9. The museum is __________ near the hotel.

(1) looking
(2) walked
(3) located
(4) placing

10. The train __________. It __________ about twenty minutes late.

(1) delayed – was arrived
(2) delayed – arrived
(3) was delayed – was arrived
(4) was delayed – arrived

WRAP-UP

1. 능동태와 수동태

- I **was presented** with an amazing opportunity by my agent.
  (내 대리인이 나에게 놀라운 기회를 주었습니다.)
- Mark **has been promoted** to head of social media marketing.
  (Mark는 소셜 미디어 마케팅의 책임자로 승진했습니다.)

2. 수동태 용법

- **I was told the news** by Jake.
  The news was told to me by Jake.
  (저는 Jake로부터 그 소식을 들었습니다.)
- I'**ve been** completely **bowled over** by the news of my ex's wedding.
  (전남편의 결혼 소식이 나를 완전히 어안이 벙벙하게 만들었습니다.)

3. by를 쓰지 않는 수동태

- The mountains **are covered with** snow during the winter months.
  (겨울에는 산들이 눈으로 덮여 있습니다.)
- I **am amazed at** his work ethic.
  (저는 그의 직업윤리에 놀랐습니다.)

CULTURE CORNER

Hand Shaking

Whereas bowing is a typical greeting in Korean culture, hand shaking is the norm in the West. People usually shake hands when meeting for the first time in a formal situation such as a job interview. It is also used as a method of congratulating someone. Westerners believe that a handshake says a lot about a person. A firm handshake is seen as a sign of confidence. On the other hand, if someone is too gentle when shaking hands, the other person may feel that he or she is weak.

Translation 악수

한국 문화에서는 고개를 숙여 인사하는 것이 일반적인 반면 서양에서는 악수하는 것이 일반적이다. 면접 등 형식적인 상황에서 처음 만날 때는 보통 악수를 한다. 그것은 누군가를 축하하는 방법으로도 사용된다. 서양인들은 악수가 그 사람에 대해 많은 것을 말해준다고 믿는다. 굳은 악수는 자신감의 표시로 본다. 반면에 악수를 할 때 너무 부드러우면 상대방이 그 사람을 약하다고 느낄 수도 있다.

Unit

7

Review
(1 - 6과 복습)

Unit **1**

Tenses (시제)

Topic The Newbie (신입사원)

Objectives 1. Simple tense (단순 시제)
2. Progressive (진행형)
3. Perfect (완료형)

1. 단순 시제

- We'**re** in a serious relationship.
(우리는 진지한 관계에 있습니다.)

- I **started** this job last week.
(나는 지난주에 이 일을 시작했습니다.)

- I'**ll see** you later!
(나중에 봐!)

2. 진행형

- I'**m still learning** the ropes.
(나는 아직도 요령을 터득하고 있습니다.)

- I **was just organizing** drinks.
(나는 그냥 술자리를 준비하고 있었습니다.)

- We'**ll be going** to a bar around the corner.
(우리는 모퉁이 근처에 바에 가고 있을 겁니다.)

3. 완료형

- I'**ve just moved** here from San Fran.
(나는 얼마 전 샌프란에서 이곳으로 이사 왔습니다.)

- By the time I got to the platform, the train **had already left**.
(내가 플랫폼에 도착했을 때쯤 에는 이미 기차가 떠나고 없었다.)

- I'**ll have finished** by 7.
(나는 7시까지 끝낼 것이다.)

Quiz Show

5 questions

Complete the following famous quotes with the correct verb. For a bonus point, guess who said each quote.

1. "Life is what happens when you ________ busy making other plans."
   (a) were (b) are
   (c) was (d) is

2. "Twenty years from now, you ________ more disappointed by the things that you didn't do than by the ones you did."
   (a) will be (b) have been
   (c) are (d) are being

3. "I have a dream that one day, little black boys and girls ________ hands with little white boys and girls."
   (a) will be holding (b) had held
   (c) are holding (d) have held

4. "Success usually ________ to those who are too busy to be looking for it."
   (a) have come (b) coming
   (c) came (d) comes

5. "No one ever ________ me I was pretty when I was a little girl. All little girls should be told they're pretty, even if they aren't."
   (a) tells (b) has told
   (c) told (d) will tell

Review Questions

Choose the word or phrase that best completes each sentence.

1. Tom and Cass already ________ the venue for their wedding next year.
   (a) booked
   (b) book
   (c) books
   (d) booking

2. Her speeches ________ millions of people over the years.
   (a) inspire
   (b) have inspired
   (c) inspiring
   (d) be inspiring

3. Next Thursday, we ________ for a new president.
   (a) vote
   (b) have voted
   (c) voting
   (d) will vote

4. It ________ all summer. Is it ever going to end?!
   (a) rains
   (b) is raining
   (c) was raining
   (d) has been raining

5. If you ________ now, you'll be able to catch the last train.
   (a) left
   (b) will leave
   (c) leave
   (d) have left

6. The new economic policy ________ millions of people around the country.
   (a) be effective
   (b) have affected
   (c) affects
   (d) affecting

7. She ________ to Gyeongju three times in total if she visits the city again next month.
   (a) has been
   (b) will have been
   (c) will be
   (d) had been

8. I've already ________ that movie a million times. Let's watch something else.

(a) seen
(b) saw
(c) sees
(d) seeing

9. We ________ 20 minutes ago and are just waiting for our baggage.

(a) lands
(b) will land
(c) are landing
(d) landed

10. Sam ________ like a baby during the soccer finale last night! How do men get so emotional about football?!

(a) is crying
(b) has cried
(c) was crying
(d) had cried

Unit **2**

Verbs (동사)

Topic After Work Drinks (퇴근 후 술자리)

Objectives 1. Intransitive vs. transitive verbs (자동사와 타동사)
2. Structures after verbs (동사에 따른 문장구조)
3. Confusing verbs (혼동되는 동사)

1. 자동사와 타동사

- The club members planned to **meet** at the entrance of the park.
  (클럽 회원들은 공원 입구에서 만나기로 계획했습니다.)
- It's a pleasure to **meet** you.
  (당신을 만나게 되어 기쁩니다.)

2. 동사에 따른 문장구조

- The plot **appeared** simple at first, but later got more and more complicated.
  (처음에는 줄거리가 간단해 보였는데 이후에 점점 더 복잡해졌습니다.)
- George **helped** his wife **bathe** the baby.
  (George는 그의 아내가 아기를 목욕시키는 것을 도와줬습니다.)
- All new employees are required to **attend** the training session.
  (모든 신입 사원들은 연수에 반드시 참가해야 합니다.)

3. 혼동되는 동사

- This cold weather makes me want to **lie** in bed all day.
  (추운 날씨때문에 저는 하루종일 침대에 누워있고 싶습니다.)
- Let's **lay** the samples on the desk and see which color looks best.
  (책상 위에 샘플을 놓고 어떤 색이 가장 좋은지 봅시다.)

Quiz Show

5 questions

Look at the famous movie lines, and answer the questions that follow. For a bonus point, guess the movie that each line is taken from.

1. "They may take our lives, but they'll never take away our freedom!"

   The underlined verb is...

   (a) transitive (b) intransitive

2. "Of all the gin joints of all the towns in all the world, she walks into mine."

   The underlined verb is...

   (a) transitive (b) intransitive

3. "You make me to want to be a better man."

   The above sentence is...

   (a) correct (b) incorrect

4. "I'm just a girl, standing in front of a boy, asking to him to love her."

   The above sentence is...

   (a) correct (b) incorrect

5. "I look ________ you, and I'm home."

   Choose the correct preposition to complete the blank.

   (a) at (b) on

Review Questions

Choose the word or phrase that best completes each sentence.

1. I think you need to have the brakes in your car ________.
   (a) check
   (b) checked
   (c) checking
   (d) to check

2. Mary ________ her freshly ironed suit on the bed in preparation for her job interview.
   (a) laid
   (b) lay
   (c) lied
   (d) laying

3. I watched my mom ________ that dish so many times as a kid, but I can't remember how to make it.
   (a) cooked
   (b) to cook
   (c) cooking
   (d) to be cooked

4. She doesn't ________ her mother at all.
   (a) resemble
   (b) resemble with
   (c) resemble to
   (d) resemble for

5. Why didn't you let me ________ you lunch earlier since you forgot your wallet?
   (a) buy
   (b) buys
   (c) bought
   (d) buying

6. My parents always encouraged me ________ a doctor, but I hated science in school!
   (a) became
   (b) become
   (c) becoming
   (d) to become

7. If you happen to pass the convenience store, could you get some milk ________?
   (a) to me
   (b) of me
   (c) for me
   (d) me

8. The shape of the dress suits you ________, but I just don't think pink looks ________ on you.

(a) good / good
(b) well / well
(c) good / well
(d) well / good

9. You can ________ me your application before sending if you want a second opinion.

(a) say
(b) write
(c) explain
(d) show

10. The managers ________ Eric's bad attitude, which ________ his dismissal.

(a) discussed / resulted in
(b) discussed about / resulted in
(c) discussed / resulted
(d) discussed about / resulted

Unit **3**

Auxiliary Verbs (조동사)

Topic The Morning After (숙취)

Objectives 1. Can/could, may/might, will/would

2. Shall/should, must, had better

3. Must/might/could/should/would have + p.p.

1. Can/could, may/might, will/would

- You **can** park here.
  (당신은 여기에 주차할 수 있습니다.)

- **Could** you order for me?
  (제 대신 주문을 해주실래요?)

- **May** I please be excused from the table?
  (제가 먼저 일어나도 괜찮을까요?)

- I think I **might** pass out on my desk.
  (내 생각에 나는 책상 위에서 기절할 것 같아요.)

- If I promise to keep my mouth shut, **will** you tell me your secret?
  (만약 제가 입을 다물기로 약속한다면 당신의 비밀을 말해주겠습니까?)

- **Would** you mind if we ordered first?
  (먼저 주문을 해도 괜찮을까?)

2. Shall/should, must, had better

- **Shall** we go catch a movie, or just head home?
  (우리 가서 영화를 볼까요 아니면 집에 갈까요?)

- We **should** leave at once if we want to catch that train.
  (기차를 타길 원한다면 우리는 지금 당장 떠나야 합니다.)

- Ann stayed up all night reading the book. She **must** be very tired.
  (Ann은 책을 읽느라 밤새 깨어 있었습니다. 그녀는 분명히 매우 피곤할 것입니다.)

3. Could/might/would/must/should have + p.p.

- Thank you so much! I **couldn't have done** this without your help.
  (정말 고맙습니다! 당신의 도움 없이는 이것을 해내지 못했을 거 에요.)

- I can't find my keys anywhere; I **must have left** them at home.
  (제 열쇠를 어디에서도 찾을 수가 없습니다. 집에 두고 온 것이 분명합니다.)

- I **shouldn't have had** that last drink.
  (그 마지막 술을 마시지 말았어야 했습니다.)

Quiz Show

5 questions

Complete the following expressions with the correct auxiliary verb.

1. People who live in glass houses ________ throw stones.

(a) used to (b) must
(c) shouldn't (d) would

2. All good things ________ come to an end.

(a) may (b) dare
(c) won't (d) must

3. Don't bite off more than you ________ chew.

(a) can (b) couldn't
(c) do (d) need

4. If you play with fire, you ________ get burned.

(a) will (b) can't
(c) should (d) would

5. Beggars ________ be choosers.

(a) dare (b) can't
(c) might (d) used to

Review Questions

Choose the word or phrase that best completes each sentence.

1. A: If you don't like the earrings I bought, just tell me; I'll return them.

   B: I ________ like them! I promise!

   (a) do (b) should

   (c) dare (d) did

2. A: Are you going to class tomorrow?

   B: I think ________ skip it.

   (a) dare (b) be able to

   (c) might (d) do

3. A: Can you help me out here?

   B: I would if I ________, but I'm rushing to meet this deadline.

   (a) could (b) can

   (c) should (d) may

4. A: I've had this cold for more than a week.

   B: You really ________ get that checked out.

   (a) did (b) can

   (c) would (d) should

5. A: I didn't know a word of Japanese before starting this class!

   B: Well, I ________ say 'Hello' and 'Thank you', but that was about it.

   (a) can (b) could

   (c) may (d) might

6. You ________ really wear your hair up more- it looks great!

   (a) need (b) will

   (c) can (d) should

7. If Fred had told me about the party earlier, I ________ have been able to go.
   (a) can (b) must
   (c) will (d) might

8. Your beard has gotten way too big. You really ________ to shave before starting your new job.
   (a) do (b) may
   (c) need (d) can

9. Lissette is fluent in Spanish, and ________ speak a little Italian as well.
   (a) could (b) can
   (c) shall (d) should

10. We ________ go to the movies every weekend, but these days there's never anything good showing.
   (a) used to (b) were
   (c) must (d) had

Unit **4**

Infinitives and Gerunds (부정사와 동명사)

Topic The Promotion (승진)

Objectives 1. To-infinitives (to부정사)

2. Gerunds (동명사)

3. Verb + to-infinitives / Verb + ~ing (to부정사와 ~ing형을 목적어로 취하는 동사들)

1. to부정사

- Emily's goal is **to major** in law.
  (Emily의 목표는 법을 전공하는 것입니다.)

- It is important **to have** somebody **to rely on** in times of trouble.
  (어려운 시기에는 누군가 기댈 사람이 있다는 것이 중요합니다.)

- I haven't seen him since he left **to go** on a business trip a few months ago.
  (그가 몇 개월 전 출장을 간다고 떠난 이후로 통 그를 보질 못했습니다.)

2. 동명사

- They say that **giving** a gift feels much better than **receiving** one.
  (그들은 선물을 주는 것이 받는 것 보다 더 기분이 좋다고 이야기합니다.)

- He said that he was sorry for **forgetting** Sue's birthday, but it happens every year.
  (그는 Sue의 생일을 깜빡해서 미안하다고 했지만 이것은 매년 있는 일입니다.)

- Don't be ashamed of **not knowing** the answer.
  (정답을 모른다는 점을 부끄러워하지 마세요.)

- **It's no use complaining** about taxes; we all have to pay them.
  (우리 모두 세금을 내기 때문에 세금에 대해서는 불평할 필요가 없습니다.)

3. to부정사와 동명사를 목적어로 갖는 동사

- I wasn't **expecting to receive** such great news.
  (이렇게 좋은 소식을 받을 줄은 몰랐습니다.)

- After a while, Jim **gave up waiting** for Veronica to change her mind.
  (얼마 후 Jim은 Veronica가 마음을 바꾸기를 기다리는 것을 포기했습니다.)

- **Remember to tell** Jake that I have to meet with both of you tomorrow in our old local, 8pm, sharp!
  (Jake에게 내가 너희 둘과 우리 예전 단골 집에서 내일 저녁 8시 정각에 만나자고 꼭 전해줘!)

- I will always **remember swimming** in the creek when I was a child.
  (어릴 적 그 시냇가에서 수영을 하던 것을 항상 기억할 것입니다.)

Quiz Show

5 questions

Listen to 'She Will Be Loved' by Maroon 5, and complete the blanks with the infinitive or gerund you hear.

https://www.youtube.com/watch?v=nIjVuRTm-dc (00:20-4:26)

Beauty queen of only eighteen, she had some trouble with herself
He was always there (1) __________ her, she always belonged to someone else
I drove for miles and miles, and wound up at your door
I've had you so many times, but somehow I want more

I don't mind (2) __________ every day
Out on your corner in the pouring rain
Look for the girl with the broken smile
Ask her if she wants (3) __________ a while
And she will be loved
And she will be loved

Tap on my window, knock on my door, I want to make you feel beautiful
I know I tend (4) __________ so insecure, it doesn't matter anymore
It's not always rainbows and butterflies, it's compromise that moves us along, yeah
My heart is full and my door's always open, you come anytime you want, yeah
I don't mind spending every day
Out on your corner in the pouring rain
Look for the girl with the broken smile
Ask her if she wants to stay a while
And she will be loved
And she will be loved
And she will be loved
And she will be loved
I know where you hide, alone in your car
Know all of the things that make you who you are
I know that goodbye means nothing at all

Comes back and begs me to catch her every time she falls, yeah

Tap on my window, knock on my door, I want **(5)** __________ you feel beautiful
I don't mind spending every day
Out on your corner in the pouring rain, oh
Look for the girl with the broken smile
Ask her if she wants to stay a while
And she will be loved
And she will be loved
And she will be loved
And she will be loved

Yeah, yeah
I don't mind spending every day (Ooh, ooh)
Out on your corner in the pouring rain
(Please don't try so hard to say goodbye)

Review Questions

Choose the word or phrase that best completes each sentence.

1. We have to refuse __________ this suffering to continue.
   (a) to allow (b) allowing
   (c) allow (d) allowed

2. The Bill and Melinda Gates Foundation aims __________ disease in developing nations.
   (a) eradicate (b) to eradicate
   (c) eradicates (d) eradicating

3. I'm not in the habit of __________ a diary.
   (a) keep (b) to keep
   (c) keeping (d) kept

4. I kept ________ you this morning, but you must have been on the phone.
   (a) trying to call (b) trying calling
   (c) to try to call (d) to try calling

5. The purpose of this procedure is ________ fine lines and wrinkles.
   (a) removal (b) remove
   (c) of removing (d) to remove

6. I really wanted ________ the cello as a kid, but my parents couldn't afford lessons.
   (a) learned (b) to learn
   (c) learning (d) had learned

7. Would you mind ________ this vase up on the top shelf for me?
   (a) putting (b) put
   (c) to put (d) have put

8. You really don't need ________ out every single mistake I make.
   (a) pointing (b) poin
   (c) pointed (d) to point

9. It's quite simple ________ Indian curries, but you just need the right spices.
   (a) cooking (b) to cook
   (c) cooked (d) cook

10. Make sure you finish ________ your homework before you start playing Minecraft.
   (a) do (b) to do
   (c) done (d) doing

Unit **5**

Subjunctive Mood (가정법)

Topic The Good News (좋은 소식)

Objectives 1. Subjunctive past / Subjunctive past perfect (가정법 과거 / 가정법 과거완료)

2. Subjunctive future / Ellipsis of 'if' (가정법 미래 / if의 생략)

3. Other expressions for subjunctive mood (가정법의 다른 표현)

1. 가정법 과거와 가정법 과거완료

- If it **weren't** so cold out, I **could go** for a run.
  (만약 날씨가 이렇게 춥지 않다면 나는 달리기하러 나갈 수 있을텐데요.)
- If you **had contacted** me earlier, I **might have been able to find** tickets to the concert for you.
  (만약 당신이 제게 더 일찍 연락했다면 당신을 위해 공연 티켓을 구해줄 수도 있었습니다.)

2. 가정법 미래와 if의 생략

- If you **should run into** Tom, tell him to come to my office.
  (당신이 Tom을 우연히 만나게 되면, 내 사무실로 오라고 얘기해주세요.)
- **Had I known** you were vegetarian, I would have taken you to a different restaurant.
  (당신이 채식주의자라는 것을 내가 진작 알았다면, 당신을 다른 레스토랑으로 데리고 갔을 겁니다.)

3. 가정법의 다른 구문

- **I wish I were** a little taller.
  (나는 내가 조금 더 키가 컸으면 좋겠습니다.)
- I can't believe Cindy is acting **as if she did** nothing wrong.
  (나는 Cindy가 마치 자신이 아무것도 잘못한 게 없는 것처럼 행동하는 것을 믿을 수가 없습니다.)
- **It's time you got** a promotion.
  (당신이 승진할 때가 된 것 같습니다.)

Quiz Show

5 questions

Complete the following sentences with the correct answer.

1. If I _________ the lottery, I would buy a luxury yacht.

(a) win (b) will win
(c) had won (d) won

2. If you _________ only eat one food for the rest of your life, what would it be?

(a) can (b) would
(c) could (d) will

3. If I _________ to Korea, I wouldn't have become such a huge K-drama fan.

(a) hadn't moved (b) have moved
(c) were to move (d) could move

4. I wish I _________ smaller feet; it's so difficult for me to find shoes in my size.

(a) would have (b) have
(c) can have (d) had

5. When going abroad on vacation, it is important _________ travel insurance.

(a) that you can buy (b) you will buy
(c) that you buy (d) that you should buying

Review Questions

Choose the word or phrase that best completes each sentence.

1. Had I been a few centimeters taller, I ________ from the basketball team.
   (a) was cut
   (b) will be cut
   (c) would be cut
   (d) wouldn't have been cut

2. I wish I ________ more confident when meeting new people.
   (a) were
   (b) am
   (c) will be
   (d) will have been

3. If you were to book a flight to London in June, it ________ cheaper than going in July.
   (a) would be
   (b) would have been
   (c) was
   (d) is

4. If people ________ about the dangers of smoking sooner, many lives could have been saved.
   (a) have known
   (b) knew
   (c) had known
   (d) know

5. Should you decide to cancel your subscription during the 30-day trial period, a full refund ________.
   (a) will be issued
   (b) has been issued
   (c) is issued
   (d) issued

6. The professor recommended that we ________ more time studying English grammar.
   (a) have spent
   (b) spend
   (c) are spending
   (d) spent

7. If I were you, I ________ twice before quitting.
   (a) am thinking
   (b) think
   (c) have been thinking
   (d) would think

8. Had you remembered to bring the map, we ________ lost right now.

(a) will be
(b) are
(c) would have been
(d) wouldn't be

9. We'll have to postpone the meeting if the CEO ________ soon.

(a) didn't arrive
(b) doesn't arrive
(c) is arriving
(d) had not arrived

10. It's about time you ________ to bed.

(a) gone
(b) went
(c) are going
(d) go

Unit **6**

The Passive Voice (수동태)

Topic The Announcement (발표)

Objectives 1. Active vs. passive voice (능동태와 수동태)

2. Usages of the passive voice (수동태 용법)

3. Passives without 'by' (by를 쓰지 않는 수동태)

1. 능동태와 수동태

- My agent presented me with an amazing opportunity.

→ I **was presented** with an amazing opportunity by my agent.

(내 대리인이 나에게 놀라운 기회를 주었습니다.)

- Mark **has been promoted** to head of social media marketing.

(Mark는 소셜 미디어 마케팅의 책임자로 승진했습니다.)

2. 수동태 용법

- **I was told the news** by Jake.

The news was told to me by Jake.

(저는 Jake로부터 그 소식을 들었습니다.)

- I**'ve been** completely **bowled over** by the news of my ex's wedding.

(전남편의 결혼 소식이 나를 완전히 어안이 벙벙하게 만들었습니다.)

3. by를 쓰지 않는 수동태

- The mountains **are covered with** snow during the winter months.

(겨울에는 산들이 눈으로 덮여 있습니다.)

- I **am amazed at** his work ethic.

(저는 그의 직업윤리에 놀랐습니다.)

Quiz Show

5 questions

Complete the following sentences using the appropriate form of the verb in the passive voice. For a bonus point, answer the question.

1. Name three movies that ________ (release) last year.
   (a) are released (b) will be released
   (c) have been released (d) were released

2. Which four languages ________ (speak) officially in Switzerland?
   (a) is spoken (b) are spoken
   (c) has been spoken (d) are speaking

3. Name the country in which the next World Cup ________ (hold).
   (a) will be held (b) will hold
   (c) has been held (d) is held

4. Which singer is better ________ (know) RM(Rap Monster)?
   (a) know as (b) knew as
   (c) known by (d) known as

5. Name one on-screen couple who ________ (marry) in real life.
   (a) married with (b) became married
   (c) got married (d) gotten married

Review Questions

Choose the word or phrase that best completes each sentence.

1. Our team won the regional championship.

→ The regional championship ________ by our team.

(a) is won
(b) have been won
(c) was won
(d) winning

2. Snow covers the mountains.

→ The mountains ________ in snow.

(a) covered
(b) are covering
(c) are covered
(d) has been covered

3. He's writing a book about his travels.

→ A book about his travels ________ by him.

(a) is being write
(b) is being written
(c) are written
(d) is written

4. Some book publishers fear that bookstores will ________ completely in the future.

(a) be disappeared
(b) disappear
(c) is disappeared
(d) disappearing

5. Fans suspect that the footballer is retiring soon.

→ The footballer is suspected ________ soon.

(a) to be retired
(b) to be retiring
(c) be retiring
(d) be retired

6. Water is composed ________ hydrogen and oxygen.

(a) of
(b) by
(c) in
(d) with

7. We didn't go to the party because we ________.

(a) don't invite
(b) didn't invited
(c) are invited
(d) weren't invited

8. I told him that his father ________ to the hospital.

(a) was taking
(b) had taken
(c) had been taken
(d) had been taking

9. The meeting will ________ this afternoon

(a) be held
(b) be hold
(c) is held
(d) is holding

10. Jim had ________ many warnings before the teacher called his mother.

(a) be given
(b) been giving
(c) be giving
(d) been given

MEMO

Unit

8

Participles
(분사)

INTRODUCTION

Topic

The Overseas Office (해외지사)

Objectives

1. Present participle / Past participle (현재분사 / 과거분사)
2. Participle construction (분사 구문)

WARM-UP

The Overseas Office

해석: 305쪽

Mark Given our huge success this year, we've decided to open an overseas office. And, with Korea being our biggest market outside of the US, Seoul is a no-brainer.

Chad Exactly. I want to get the ball rolling right away. Mark is going over there next month with Erica from HR, and of course, they'll need help setting everything up. I'll need at least one of you guys to join them. Obviously, it's an exciting opportunity, but given the fact that some of you have families, I understand it might be challenging. If anyone is interested, please let me know ASAP.

Mark And having majored in Korean studies, I know a lot about the country. So you'll be in good hands with me! I promise!

Useful Expressions

no-brainer (별로 생각을 요하지 않는) 결정이 쉬운 문제	a decision or choice that is obvious and easy to make Ex **A:** I can't decide what to wear to the job interview. What do you think? (저는 면접 때 뭘 입을지 결정 못 하겠습니다. 당신은 어떻게 생각하나요?) **B:** Your grey pant suit. It's a **no-brainer**. (당신의 회색 바지 정장. 이건 생각할 필요도 없습니다.)
get the ball rolling 일을 시작하다	to start a process or activity Ex We have a lot to discuss at today's meeting, so let's **get the ball rolling**. (우리는 오늘 회의에서 의논할 것이 많으니, 자 시작합시다.)
HR 인사부	short form of 'human resources' (the department in a company that deals with recruiting and training people) Ex Please email your documents to Tony in **HR**, and he will take care of your contract. (당신의 서류를 인사부로 Tony에게 이메일로 보내주시면 그가 당신의 계약을 처리할 것입니다.)

be in good hands 잘 관리되는, 안심할 수 있는	to be managed or cared for well Ex Don't be nervous about your surgery. The doctor is extremely experienced, so you**'re in good hands**. (당신의 수술 때문에 긴장하지 마십시오. 그 의사는 경험이 아주 많으니, 당신은 안심할 수 있습니다.)

GRAMMAR

FOCUS 1 | Present participle / Past participle (현재분사 / 과거분사)

1. 현재분사와 과거분사

(1) 형용사 역할

분사는 동사의 형태를 바꾸어 형용사처럼 쓰이는 것으로, 현재분사와 과거분사가 있습니다.

현재분사: V -ing, 과거분사: V -ed

a. an **irritating** situation (= a situation that irritates one)

(짜증나는 상황 (=누군가를 짜증나게 만드는 상황))

b. an **excited** fan (= a fan who is excited)

(흥분한 팬 (=흥분하게 된 팬))

c. You two have so many **running** jokes that it's hard to keep up.

(당신 둘은 농담을 너무 많이 해서 따라잡기가 어렵습니다.)

d. The **frightened** kids screamed in the haunted house.

(겁 먹은 아이들은 귀신의 집에서 소리를 질렀습니다.)

(2) 현재분사: 능동, 진행의 의미 (~하는, ~하고 있는)

과거분사: 수동, 완료의 의미 (~된)

a. Perhaps we should be **considering** a different sales strategy.

(아마 우리는 다른 판매 전략을 생각해보아야 할 것 같습니다.)

b. I'm really not **impressed** with his work ethic.

(저는 그의 직업윤리에 정말 감명받지는 않았습니다.)

Pop Quiz

Indicate whether the following sentence is correct(O) or incorrect(X).

O X

My date last night was so disappointed. The guy just talked about himself the whole time.

Answer X (→ My date last night was so **disappointing**.)
(어젯밤 데이트는 정말 실망스러웠습니다. 그 남자는 그냥 계속 자기 얘기만 했습니다.)

2. 분사 용법

(1) 명사 수식

현재분사나 과거분사는 명사를 앞이나 뒤에서 직접 수식하는 형용사적 용법으로 사용되는데 이것을 한정적 용법이라 합니다. 현재분사는 능동의 의미를 나타내고, 과거분사는 수동의 의미를 지닙니다.

▸ 명사의 전치 수식: 명사를 앞이나 뒤에서 직접 수식, 분사가 단독으로 쓰일 경우

a. The restaurant received bad reviews from **disappointed** diners after long waits.
(그 식당은 오래 기다린 후에 실망한 손님들로부터 나쁜 평을 받았습니다.)

b. It's an **exciting** opportunity.
(정말 신나는 기회입니다.)

cf I saw something **amazing** on my walk this morning. (something, someone, anything.....)
(저는 오늘 아침 산책에서 놀라운 것을 보았습니다.)

▸ 명사의 후치 수식: 분사가 수식어구를 동반할 경우

a. That old guy **fumbling with his keys** is my grandfather.
(저기 자신의 열쇠를 더듬거리고 있는 노인분이 우리 할아버지십니다.)

b. There's nothing like marshmallows **toasted over a campfire**.
(캠프파이어 위에서 굽는 마시멜로만큼 좋은 것은 없습니다.)

(2) 주어, 목적어의 보어

주격보어, 목적격보어 등 보어로 쓰이는 것은 서술적 용법입니다.

A. 주격보어는 be 동사와 불완전자동사 뒤에서 주로 사용됩니다.

a. I understand it might be **challenging**.
(힘들 수도 있다는 거 알고 있습니다.)

b. The baby sat **crying** as his mother hurried to find his bottle.
(엄마가 젖병을 찾기 위해 서두른 동안 아기는 울며 앉아있었습니다.)

c. If anyone is **interested**, please let me know ASAP.
(관심 있는 분들은 최대한 빨리 제게 알려주세요.)

B. 목적격보어로 쓰이는 것은 지각동사와 사역동사를 포함한 불완전 타동사의 목적격 보어로 쓰인 경우인데, 능동의 경우 동사원형이나 현재분사를 사용하고 수동의 경우 과거분사를 사용합니다.

a. I noticed you **editing** your resumé earlier. Are you applying for a new job?
(저는 아까 당신이 이력서를 편집하는 걸 봤습니다. 새 직장에 지원하실 겁니까?)

b. I want you to have this **taken** care of by tomorrow, got it?
(저는 당신이 이것을 내일까지 처리하기를 원합니다. 이해하셨습니까?)

c. He cannot make himself **understood** in English.
(그는 영어로 의사표현을 잘 하지 못합니다.)

C. 사역동사 (make, have, let)의 목적보어로는 동사원형과 과거분사가 사용되는데 능동관계일 경우엔 동사원형, 수동관계일 경우엔 과거분사를 사용합니다. -ing형은 사용하지 않습니다. 동사 help도 목적보어로 대개 동사원형을 취합니다.

a. The ending of 'The Notebook' makes me **cry** every time.
('노트북'의 결말은 매번 나를 울게 만듭니다.)

b. My boss had pizza **delivered** for all of the employees today.
(우리 사장님은 오늘 전 직원을 위해 피자를 배달해 주셨습니다.)

(3) 부사

분사가 부사로 사용될 경우에는 매우(very)의 뜻을 지닙니다.

a. You'll get **soaking wet** out there if you don't take an umbrella.
(우산을 가져가지 않으면 당신은 거기에서 흠뻑 젖게 될 것입니다.)

b. Can we turn up the heat a little? It's **freezing cold** in here.
(조금만 난방 온도를 높힐 수 있을까요? 이곳은 너무 춥습니다.)

3. 동명사와 현재분사

(1) 동명사

「동사원형+ing」 형태 중에서는 동명사인 것이 있는데 이는 현재분사와 혼동할 여지가 많습니다. 동명사는 문장에서 명사적인 용법으로 주어나 보어, 목적어와 같은 역할을 합니다.

a. **Studying** part-time while working full-time is a huge challenge.
(전일 근무를 하면서 틈틈이 공부하는 것은 아주 어려운 일입니다.)

b. Ivan loves **running** first thing in the morning.
(Ivan은 아침에 제일 먼저 뛰어다니는 것을 좋아합니다.)

(2) 동명사와 현재분사

동명사는 합성명사에서 쓰이고, 현재분사는 명사의 동작을 나타냅니다. 「동명사 + 명사」인 경우, 강세가 동명사에 오고, 「현재분사 + 명사」인 경우, 명사에 옵니다.

a. báthing suit / bathing ápes
(수영복 / 수영하는 원숭이들)

b. knítting needle / knitting wóman
(뜨개 바늘 / 뜨개질하는 여성)

c. sléeping bag / sleeping báby
(침낭 / 자고 있는 아기)

TASK 1

Choose the best word to complete each sentence.

renew	surprise	use

1. Drivers ________ their licenses should line up at window 3.

2. Everyone was ________ by the news of the CEO's resignation.

3. Customers ________ MasterCard will receive a ten percent discount on all purchases.

FOCUS 2 | Participle constructions I (분사구문 I)

1. 분사구문

▸ **분사가 이끄는 어구**: 분사구문은 분사를 사용하여 절을 구로 만든 것입니다. 분사가 이끄는 구가 부사 역할을 하게 됩니다.

▸ **분사구문 만드는 법**: 분사구문을 만들 때는 종속절의 접속사를 생략하고, 종속절의 주어가 주절의 주어와 같으면 종속절의 주어를 생략하고 다르면 써 줍니다.

▸ **종속절 동사 형태**: 종속절 동사의 경우 주절의 동사와 같은 시제일 경우 -ing 형을 사용하고 시제가 더 과거이면 「having + p.p.」를 사용하여 구문을 만듭니다. 주어와 동사의 관계가 수동이면 동사를 -ed로 써줍니다. 이 경우, 앞에 being은 생략될 때도 있습니다.

▸ **분사구문 의미**: 분사구문에는 시간, 이유, 조건, 양보, 동시동작을 표현하는 접속사의 뜻이 내포되어 있습니다.

(1) 시간

'~하는 때에, ~하면서, ~하는 동안에, ~한 후에' 라는 시간의 의미를 나타냅니다.

a. **Adding** the final touches to my paper, I reached for the glass of wine.
(= When I added the final touches to my paper, ...)
(보고서를 마지막으로 수정하면서 와인을 한 잔 마셨습니다.)

b. **Rubbing** the sleep from her eyes, Annie got out of bed.
(= After she rubbed the sleep from her eyes, ...)
(Annie는 눈을 비벼 잠을 깨며 침대에서 일어났습니다.)

(2) 이유

'~때문에, ~해서' 라는 이유를 나타냅니다.

a. **Having majored** in Korean studies, I know a lot about the country.
(= Since I majored in Korean studies, ...)
(저는 한국학을 전공했기 때문에 그 나라에 대해서 많이 알고 있습니다.)

b. **Not believing** Kenny's excuse, Miss Lee called his mother to get the real story.
(= As she didn't believe Kenny's excuse, ...)
(Lee선생님은 Kenny의 변명을 믿지 않았기 때문에, 사실을 듣기 위해서 그의 어머니에게 전화를 했습니다.)

c. **Shocked** by the delivery of a huge bouquet of flowers, Elena double-checked that they were for her.

(= Since she was shocked by the delivery of a huge bouquet of flowers, ...)

(커다란 꽃다발 배달에 깜짝 놀라서 Elena는 그 꽃다발이 자신을 위한 것인지 재차 확인했습니다.)

(3) 양보

'~일지라도, 비록 ~이지만' 이라는 의미로 양보의 뜻을 나타냅니다.

a. **Apologizing** for my mistake, I still felt my co-worker was overreacting.

(= Although I apologized for my mistake, ...)

(제 실수에는 사과 드리지만 저는 아직도 제 동료가 과민반응하고 있다고 느꼈습니다.)

b. **Recognizing** your strong qualifications, we have unfortunately found a more experienced individual for the role.

(= Though we recognized your strong qualifications, ...)

(당신의 강한 자질을 인정했지만, 불행하게도 우리는 그 역할에 더 경험이 많은 사람을 찾았습니다.)

(4) 조건

'~라면, ~한다면' 이라는 의미로 조건을 나타냅니다.

a. **Exiting** the station, you'll see the taxi stand to your left.

(= If you exit the station, ...)

(역에서 나오시면 왼쪽에 택시 승강장이 보일 것입니다.)

b. A few words of encouragement, **spoken** at the right time, can go a long way.

(= A few words of encouragement, if they are spoken at the right time, ...)

(제 때에 사용된다면 몇 마디 격려의 말이 많은 도움이 될 수 있습니다.)

(5) 동시동작 / 연속동작

'~하면서, ~하고 나서' 라는 의미로 동시 동작이나 연속 동작을 나타냅니다.

a. **Pointing** towards the accused, the witness explained what she had seen.

(= While she pointed towards the accused, ...)

(목격자는 피고를 가리키며 사진이 본 것을 설명했습니다.)

b. Over the fields we go, **laughing** all the way. (from *Jingle Bells*)

(= ....., and laugh all the way)

(우리는 들판을 가면서 내내 계속 웃습니다.)

Pop Quiz

Indicate whether the following sentence is correct(O) or incorrect(X).

O X

(Being) Embarrassing about tripping in front of her coworkers, Mel's face went bright red.

Answer X (→ **Embarrassed** about tripping in front of her coworkers, Mel's face went bright red.)
(그녀의 동료들 앞에서 발을 헛디뎌 당황한 Mel의 얼굴이 새빨개졌습니다.)

2. Perfect (완료형)

「having + 과거분사 ~」의 형태를 취하는 완료분사구문은 주절의 시제보다 앞선 시제를 나타내게 됩니다.

a. **Having worked** all day long, I was hoping to go home to a peaceful house.
(= Since I had worked all day long, ...)
(하루 종일 일을 했으므로, 저는 평화로운 집으로 돌아가고 싶었습니다.)

b. **Having been adopted**, I don't love my parents any less.
(= Though I was adopted, ...)
(비록 저는 입양되었지만, 그렇다고 부모님을 덜 사랑하는 것은 아닙니다.)

TASK 2

Rewrite each sentence using the participle construction.

1. Some customers, if they are treated rudely, refuse to give a tip.

→ Some customers, ________________, refuse to give a tip.

2. As she had gotten a raise, Alicia decided to make a down payment on the house.

→ ________________, Alicia decided to make a down payment on the house.

3. As he was waiting for his date to arrive, Paul thought of some witty things to say.

→ ______________, Paul thought of some witty things to say.

FOCUS 3 | Participle constructions II (분사구문 II)

1. with –ing / with –ed

「with + ~ing」의 형식을 취해서 주절에 대한 이유나 동시상황을 나타냅니다. 이 경우, with와 ~ing 사이에 주어가 오게 됩니다.

a. **With Korea being** our biggest market outside of the US, Seoul is a no-brainer.
(= Since Korea is our biggest market outside of the US, ...)
(한국이 미국 이외의 지역에서 가장 큰 시장이기 때문에, 서울은 더 이상 생각할 필요도 없습니다.)

b. It is considered rude to sit **with your legs crossed** in front of elders in Korea.
(한국에서 어른들 앞에서 다리를 꼬고 앉아 있는 것은 무례한 것으로 여겨집니다.)

2. 독립분사구문

분사구문의 의미상 주어와 주절의 주어가 일치하지 않은 경우에는 분사 앞에 주어를 밝혀 주어야 합니다. 즉, 분사구문이 분사자체의 주어를 갖는 것을 독립분사구문이라 합니다.

a. **The Italian restaurant being closed,** they decided to go to the French place instead.
(= Since the Italian restaurant was closed, ...)
(이탈리아 음식점이 문을 닫았기 때문에 그들은 대신 프랑스 음식점에 가기로 결정했습니다.)

b. **All things being equal**, you should always go with your gut instinct.
(= If all things are equal, ...)
(모든 것이 동일하다면 당신은 당신의 직감을 따라야 합니다.)

3. 비인칭 독립분사구문

독립분사구문의 의미상 주어가 필요하지만, 그것이 we, you, they, people 등 일반인을 나타낼 때는 주어를 생략하고 쓰는 것이 보통입니다. 이를 비인칭 독립분사구문이라 합니다.

- Generally/Strictly/Frankly/Roughly/Broadly speaking (일반적으로/ 엄격히/ 솔직히/ 대략/ 넓게 말하자면)
- Granting that~ (~을 인정한다면 , ~이라고 할지라도)
- Talking/Speaking of~ (~에 관해 말하자면)
- Compared with~ (~을 비교하면)
- Putting it mildly, (완곡한 표현을 쓰자면)
- Supposing that~ (만약 ~라면, 만약 ~하더라도)
- Given~ (만약 ~라면)
- Given the fact~ (~한 사실을 고려한다면)
- Provided (that)~ = Providing (that)~ (만약 ~라면)
- Considering ~ (~을 고려하면, ~치고는)
- Judging from~ (~으로 판단하건대)
- Taking all things into consideration, (만사를 고려하면)

Pop Quiz

Indicate whether the following sentence is correct(O) or incorrect(X).

O X

Provided that the pandemic ends next year, we'll go to England on vacation.

Answer O

(만약 전염병이 내년에 끝난다면, 우리는 휴가 때 영국으로 갈 것입니다.)

a. **Frankly speaking**, I'm disappointed in you.
(솔직하게 말하면, 저는 당신에게 실망했습니다.)

b. I'm not surprised you failed the exam, **considering** the time you spend playing Overwatch instead of studying.
(당신이 공부 대신 오버워치를 하는 시간을 고려하면 당신이 시험에 떨어진 게 놀랍지 않습니다.)

c. **Supposing** the world was to end tomorrow, what would you do today?
(내일 세상이 끝난다면 당신은 오늘 무엇을 하겠습니까?)

d. **Given the fact that** some of you have families, I understand that working overseas might be challenging.
(여러분 중 일부는 가족이 있다는 사실을 감안할 때, 해외에서 일하는 것이 어려울 수도 있다는 것을 알고 있습니다.)

e. **Speaking of** handsome actors, do you follow Ryan Reynolds on Instagram?
(잘생긴 배우 얘기가 나와서 말인데, 인스타그램에서 Ryan Reynolds를 팔로우 하나요?)

TASK 3

Choose the most appropriate word or phrase to complete each sentence.

1. (Compared, Comparing) to his last wife, this one is a real sweetheart.
2. With Christmas (approached, approaching), the department stores are starting to decorate.
3. (Supposed, Supposing) that you were granted three wishes, what would they be?

QUICK TIP

1. I hope you all find the seminar both interested and educational. (X)
   → I hope you all the find the seminar both **interesting** and educational. (O)
2. Some glitter, applying carefully, would really make your eyes pop. (X)
   → Some glitter, **applied** carefully, would really make your eyes pop. (O)
3. Giving the current economic climate, you might want to consider going back to school. (X)
   → **Given** the current economic climate, you might want to consider going back to school. (O)

Translation

1. 여러분 모두가 세미나가 흥미롭고 교육적이기를 바랍니다.
2. 몇몇 빤짝이는 주의 깊게 발라주면 당신의 눈을 돋보이게 합니다.
3. 최근 경제상황을 고려해보면, 당신은 학교로 돌아가는 편을 생각하고 싶게 될 겁니다.

TASK 4

Choose the best answer to complete each sentence.

1. ____________ from the long journey, the boys fell asleep.

(1) Exhausted (2) Exhausting
(3) Excited (4) Exciting

2. ____________ three times the previous year, our team is determined to win this time.

(1) Having beaten (2) Having been beaten
(3) Had beaten (4) Have beaten

3. ____________ anything else to discuss, the partners adjourned the meeting and went home.

(1) Having nothing (2) Didn't have
(3) Not having (4) Not had having

TASK 5

Fix the mistake in each sentence by providing the correct form of the verb.

1. The culprit finally dropped his gun and surrendered, surrounding by the police.

   ______________ → ______________

2. Was that you I heard whistled the national anthem in the bathroom earlier?

   ______________ → ______________

3. Everyone else found the concert exciting, but I thought it was bored.

   ______________ → ______________

FINAL CHECK

Choose the best word or phrase to complete each sentence.

1. I'm not __________ in seeing either of those movies. Both sound equally __________

   (1) interesting – boring (2) interesting – bored

   (3) interested – boring (4) interested – bored

2. __________ with other major cities in the world, Seoul is relatively safe.

   (1) Compares (2) To compare

   (3) Comparing (4) Compared

3. If you tasted Pepsi and Coca-cola __________ a blindfold, would you be able to tell the difference?

   (1) wearing (2) worn

   (3) having worn (4) been worn

4. ________ much about Japanese culture, she did some research before going on her business trip.

(1) Don't knowing (2) Not knowing

(3) Known not (4) Not known

5. ________ that he is new to the job, he has done very well so far.

(1) Considering (2) Speaking

(3) Taking (4) Assumed

6. He usually turns up late and keeps us ________. His behavior is really ________.

(1) waiting – annoyed (2) waiting – annoying

(3) waited – annoying (4) waited – annoyed

7. Aspirin can be dangerous when ________ in excessive amounts.

(1) take (2) taking

(3) taken (4) having taken

8. I made my health problems ________ to my boss and the HR manager.

(1) know (2) knowing

(3) knew (4) known

9. ________ twice already, Angie was reluctant to try again.

(1) Having rejected (2) Having been rejected

(3) Had rejected (4) Had been rejected

10. ________, they had no choice but to buy new tickets.

(1) The plane having taken off (2) Having taken off

(3) The plane had taken off (4) Had taken off

WRAP-UP

1. 현재분사와 과거분사

- You two have so many **running** jokes that it's hard to keep up.
  (당신 둘은 농담을 너무 많이 해서 따라잡기가 어렵습니다.)

- The **frightened** kids screamed in the haunted house.
  (겁먹은 아이들은 귀신의 집에서 소리를 질렀습니다.)

- Perhaps we should be **considering** a different sales strategy.
  (아마 우리는 다른 판매 전략을 생각해보아야 할 것 같습니다.)

- I'm really not **impressed** with his work ethic.
  (저는 그의 직업윤리에 정말 감명받지는 않았습니다.)

2. 분사구문

- **Having worked** all day long, I was hoping to go home to a peaceful house.
  (하루 종일 일을 했으므로, 저는 평화로운 집으로 돌아가고 싶었습니다.)

- A few words of encouragement, **spoken** at the right time, can go a long way.
  (제 때에 사용된다면 몇 마디 격려의 말이 많은 도움이 될 수 있습니다.)

3. 독립분사구문

- **Speaking of** handsome actors, do you follow Ryan Reynolds on Instagram?
  (잘생긴 배우 얘기가 나와서 말인데, 인스타그램에서 Ryan Reynolds를 팔로우하나요?)

CULTURE CORNER

Company Dress Code

In Korea, employees at a company tend to dress quite formally for work. In the West, the dress code is generally more relaxed, but it really differs from company to company. If the company has a strict dress code(for example, employees must wear suits), this is usually stated in the contract. When starting a new job, if there is no mention of dress code in the contract, new employees usually ask what is appropriate or follow the style of other people in the office. Many companies with a dress code have 'casual Friday', meaning employees can wear more relaxed clothes on a Friday.

Translation 회사 복장 규정

한국에서는, 회사 직원들이 일을 위해 정장을 차려입는 경향이 있다. 서양에서는 일반적으로 복장 규정이 더 관대하지만 회사마다 차이가 많이 난다. 회사에서 복장 규정이 엄격할 경우(예: 직원은 정장을 입어야 함), 이는 일반적으로 계약서에 명시되어 있다. 새로운 일을 시작할 때, 만약 계약서에 복장 규정에 대한 언급이 없다면, 신입 사원들은 보통 무엇이 적절한지 묻거나 사무실에 있는 다른 사람들의 복장 스타일을 따른다. 복장 규정을 둔 많은 회사들은 '캐주얼 프라이데이'가 있는데, 이것은 직원들이 금요일에 좀 더 편안한 옷을 입을 수 있다는 것을 의미한다.

MEMO

Unit 9

Relatives (관계사)

INTRODUCTION

Topic

The Break-up (헤어짐)

Objectives

1. Relative pronouns (관계대명사)
2. Usages of relative pronouns (관계대명사 용법)
   Nonrestrictive usage / Ellipsis of relative pronouns / Quasi-relative pronouns (비제한적(계속적) 용법 / 관계대명사의 생략 / 유사 관계대명사)
3. Relative adverbs (관계부사)

WARM-UP

The Break-up

해석: 309쪽

<Mark & Nic are at a restaurant for lunch.>

Mark Lunch is on me today! It's such a relief you volunteered to come help us out in Seoul. Thanks again! Speaking of Korea, how did your boyfriend take the news?

Nic As I expected, he wasn't so happy. In fact, we had a huge fight and broke up. He's the one who insisted on staying together when I moved here from San Fran. I did everything that I could to make the relationship work, but I guess whatever is meant to be will be.

Mark I'm sorry to hear that, Nic. Whenever you need a sympathetic ear, I'll be here. And hey, there are worse places to be single than in Seoul! This trip could be just what you need!

Useful Expressions

(be) on me 내가 (비용을) 부담할게	an expression used to indicate that the speaker intends to pay the bill Ex You paid for coffee the last time, so this is **on me** today! (지난번에 당신이 커피 값을 지불했으니까 오늘은 내가 사겠습니다!)
Speaking of + noun,... ~에 관해서 말한다면	a phrase used to introduce a comment related to something already discussed Ex **A:** Jane's birthday party was so much fun! (Jane의 생일 파티는 정말 재미있었습니다!) **B:** It really was! **Speaking of** birthdays, yours is coming up soon, right? (정말 그랬습니다! 생일 얘기가 나와서 말인데, 당신의 생일이 곧 다가오잖아요. 그렇지않습니까?)
take (특정한 방식으로) 이해하다, 받아들이다	to think about or react to something in a particular way Ex Tom **took** the sudden death of his dog very badly. (Tom은 그의 개의 갑작스러운 죽음을 매우 안좋게 생각했습니다.)

a sympathetic ear 남의 고민을 들어주는 사람	a person who is willing to listen to one's problems Ex I can always rely on Kate when I need a **sympathetic ear**; she's such a good listener and never judges. (나는 공감해줄 사람이 필요할 때 항상 Kate에게 의지할 수 있습니다. Kate는 남의 말을 잘 들어주며 결코 판단하지 않습니다.)

GRAMMAR

FOCUS 1 | Relative pronouns (관계대명사)

1. who, whose, whom, which

관계대명사는 두 문장을 연결하는 접속사의 역할을 겸한 대명사로, 다음의 a.는 의미상 b.와 c.가 합쳐진 문장입니다.

a. I have a friend **who** is an actor.
(저는 배우인 친구가 있습니다.)

b. I have a friend + **c.** The friend is an actor.
(저는 친구가 있습니다.) (그 친구는 배우입니다.)

a.는 c.에서 중복되는 the friend를 생략하고 그 자리에 대신 주격 관계대명사 who를 써서 b.와 c.를 하나로 합친 문장입니다. 관계대명사 앞에 오는 명사를 선행사(antecedent)라고 합니다.

선행사	주격	소유격	목적격
사람	who/that	whose	who(m)
사물, 동물	which/that	whose/of which	which
사람, 사물, 동물	that		that

d. He's the one **who** insisted on staying together.
(그가 함께 지내자고 고집한 장본인입니다.)

e. That's the guy **whose** dog is always barking late at night.
(저 사람이 바로 항상 밤늦게 짖는 개를 기르고 있는 그 남자입니다.)

f. The celebrity **who(m)** I most admire is Bill Gates; he donates so much money to charity.
(내가 가장 존경하는 인물은 Bill Gates입니다. 그는 자선단체에 많은 돈을 기부합니다.)

cf Do you know the guys **with whom** he is hanging out?
(그가 함께 놀고 있는 사람들이 누군인지 아시나요?)

g. 'Parasite' is the Korean movie **which** won the Academy Award.
('기생충'은 아카데미상을 수상한 한국 영화입니다.)

2. that

that은 사람, 동물, 사물 등을 모두 선행사로 삼을 수 있습니다. 특히 선행사가 형용사의 최상급, only, all, any, every, no, little, few, much, the first, the last, the same을 포함하거나, 형용사로 쓰이는 very 등의 수식을 받을 때나, who로 시작하는 의문문일 경우에는, 관계대명사 who나 which보다 that이 선호됩니다.

a. I did everything **that** I could to make the relationship work.
(저는 그 관계가 잘 되도록 최선을 다했습니다.)

b. Is there anyone **that** knows the answer to question 5?
(질문 5번에 대한 답을 아는 사람이 있나요?)

▸ that을 쓸 수 없는 경우

- 계속적 용법 (콤마 다음)

She gave me a box, **that** I opened immediately. (X)

→ She gave me a box, **which** I opened immediately. (O)

(그녀는 나에게 박스를 주었고, 나는 그것을 즉석에서 열어보았습니다.)

- 전치사 바로 다음

We visited the house **in that** Beethoven was born. (X)

→ We visited the house in **which** Beethoven was born. (O)

(우리는 베토벤이 태어난 집을 방문했습니다.)

3. what

what은 선행사를 포함한 관계대명사로, the thing which, all that의 뜻을 갖습니다. 관계대명사 what은 명사절을 이끌어서 주어, 목적어, 보어 자리에 위치할 수 있습니다.

a. **What** happened yesterday was a misunderstanding.
(어제 일어난 일은 오해였습니다.)

b. They bought her **what** she really wanted.
(그들은 그녀가 정말로 원하는 것을 그녀에게 선물했습니다.)

c. This trip could be just **what** you need.
(이번 여행이 당신에게 필요한 것일 수도 있습니다.)

Pop Quiz

Indicate whether the following sentence is correct(O) or incorrect(X).

O X
I don't care what people say about me.

Answer O
(사람들이 나에 대해 뭐라고 하든 신경 안 씁니다.)

4. 복합관계대명사: whoever, whomever, whichever, whatever

「관계대명사 + ever(언제나, 항상)」

복합관계대명사절: 선행사를 포함하는 명사절 또는 부사절

(1) 명사적 용법

'누구든지, 무엇이든지, 도대체 누가' 라는 뜻으로 명사절을 이끕니다.

who(m)ever: anyone who (누구든지)

whichever: anything that (어느 것이든지)

whatever: anything that (무엇이든지)

a. You are free to date **whomever** you like, but that doesn't mean your father and I have to approve of him.

(너는 원하는 누구든지 만날 수 있지만 그렇다고 해서 나와 네 아버지가 그를 승낙 한다는 말은 아닙니다.)

b. **Whoever** spilled this milk on the floor and didn't bother to clean it is so lazy.

(누구든 간에 이 우유를 바닥에 엎지르고 청소를 하지 않는 사람은 너무 게으릅니다.)

c. Order **whatever** you want.

(당신이 원하는 것을 주문하세요.)

d. **Whatever** is meant to be will be.

(무슨 일이든 일어나게 되어 있는 것은 일어나게 될 겁니다.)

(2) 형용사적 용법

명사 앞에서 쓰여서 명사를 수식하는 데, 「whichever + 명사」는 정해진 것 중에서의 선택을 의미하고, 「whatever + 명사」는 막연한 선택을 의미합니다.

a. You can sit at **whichever** desk you like; they're all free.

(당신이 마음에 드는 어느 책상에나 앉으면 됩니다. 모두 무료입니다.)

b. Since there are so few jobs out there these days, you'll have to take **whatever** salary you can get.

(요즘엔 일자리가 거의 없기 때문에, 당신이 받을 수 있는 어떤 월급이라도 받아야 할 것입니다.)

(3) 부사적 용법

'~이든지 간에, 비록 ~일지라도' 라는 양보의 의미를 가진 부사절을 이끕니다.

a. **Whoever** you eventually settle down with, she will be a very lucky woman.

(당신이 누구와 정착하든 간에 그녀는 아주 운이 좋은 여자가 될 것입니다.)

b. **Whichever** route we take, we'll probably still arrive at the same time.
(어느 길로 가든지 간에, 우리는 여전히 같은 시간에 도착할 것입니다.)

TASK 1

Choose the most appropriate pronoun to complete each sentence.

what	who	which	whom	whose

1. We had the great pleasure of meeting a celebrity of __________ you may have heard.
2. There is no excuse for __________ I did, but I'm still sorry.
3. That guy __________ was fired last month tried to enter the building this morning.

FOCUS 2 | Usages of relative pronouns (관계대명사 용법)

1. Nonrestrictive usage (비제한적/계속적 용법)

(1) who, which

비제한적인 용법의 경우, 관계대명사 앞에 콤마(,)가 필요합니다.

a. Tom's sister **who** lives in Seattle is a mathematician, while his sister **who** lives in Portland is a baker.
(시애틀에 사는 Tom의 누나는 수학자이고 포틀랜드에 사는 누나는 제빵사입니다.)

b. Noah's sister, **who** lives in Chicago, is the only girl in the family.
(시카고에서 살고 있는 Noah의 여동생은 외동딸입니다.)

c. James Joyce's *The Portrait of the Artist as a Young Man*, **which** was first published in 1916, is a semi-autobiographical novel.
(James Joyce의 *The Portrait of the Artist as a Young Man*은 1916년에 최초로 발간되었는데 이것은 반자서전적인 소설입니다.)

(2) that

관계대명사 who, which는 제한적 용법, 비제한적 용법에 모두 쓰이지만, that은 비제한적 용법에 쓰이지 않습니다.

a. There's that guy **that** asked Jane for her number last week.
(저기에 지난주에 Jane에게 전화번호를 물어본 남자가 있습니다.)

b. Mr. Matlock, **that** has been teaching here for over thirty years, has finally decided to retire. (X)
(30년 이상 이곳에서 교편을 잡아온 Matlock씨는 마침내 은퇴를 결심했습니다.)

Pop Quiz

Indicate whether the following sentence is correct(O) or incorrect(X).

O X
The bus goes to Seoul Station has just left.

Answer X (→ The bus **that** goes to Seoul Station has just left.)
(서울역으로 가는 버스가 막 떠났습니다.)

(3) which

계속적 용법의 which는 앞에 나온 문장 전체나 보어를 선행사로 삼을 수 있습니다.

a. My co-worker is always chewing on his food really loudly, **which** is so irritating.
(내 동료는 항상 음식을 시끄럽게 씹는데, 이것은 너무 짜증납니다.)

b. She is smart, **which** I am not.
(그녀는 똑똑하지만 나는 그렇지 않습니다.)

(4) 고유명사

고유명사 다음에는 비제한적 용법의 관계대명사가 나옵니다

a. Albert Einstein, **who** proposed the Theory of Relativity, was not a successful student as a young boy.
(상대성 이론을 주창한 알버트 아인슈타인은 어린 시절에는 훌륭한 학생이 아니었습니다.)

b. Emma Stone, **who** starred in La La Land, has so many good movies.
(Emma Stone은 라라랜드에서 주연을 맡았는데, 그녀는 많은 좋은 영화에 출연했습니다.)

(5) 접속사 + 대명사

계속적 용법의 관계대명사는 「접속사+대명사」로 바꾸어 쓸 수 있습니다.

a. Pablo said he couldn't take my call because he was in the middle of a meeting, **which** was a pretty lame excuse.
→ Pablo said he couldn't take my call because he was in the middle of a meeting, **but it** was a pretty lame excuse.
(Pablo는 회의 중이었기 때문에 내 전화를 받을 수 없었다고 말했는데 이건 꽤나 허술한 변명입니다.)

b. I had a long talk with my teacher, **who** helped me figure out how to improve my pronunciation.
→ I had a long talk with my teacher, **and she** helped me figure out how to improve my pronunciation.
(나는 선생님과 오랫동안 이야기를 나눴고 그녀는 저의 발음을 향상시키는 방법을 찾도록 저를 도와주셨습니다.)

2. Ellipsis of relative pronouns (관계대명사의 생략)

(1) 타동사의 목적어

a. Surely, everyone has things in their past **(which)** they'd like to forget.
(확실히 사람들은 모두 잊고 싶은 과거가 있기 마련입니다.)

b. This morning, I met somebody **(whom)** I hadn't seen for ages.
(오늘 아침에 나는 오랫동안 만나지 못했던 사람을 만났습니다.)

cf 그러나, 관계대명사가 비제한적 용법으로 쓰일 때는 생략할 수 없습니다.

- We stayed at the Hilton Hotel, **which** Rosemary recommended to us.
  (우리는 힐튼호텔에 묵었는데 그곳은 Rosemary가 추천해준 곳이었습니다.)
- We stayed at the Hilton Hotel, Rosemary recommended to us. (X)

(2) 전치사의 목적어

관계대명사가 전치사 바로 뒤에 오는 경우는 생략할 수 없습니다.

a. This is the book **(that)** I've been looking for.
(이것은 내가 찾고 있던 그 책입니다.)

b. The man **with whom** Sharon had had an affair several years before suddenly showed up at their door. (O)

→ The man **with** Sharon had had an affair several years before suddenly showed up at their door. (X)

→ The man **(whom)** Sharon had had an affair **with** several years before suddenly showed up at their door. (O)

(수 년 전 Sharon과 바람을 피운 남자가 갑자기 그들 문 앞에 나타났습니다.)

Pop Quiz

Indicate whether the following sentence is correct(O) or incorrect(X).

O X

I found a café where serves excellent coffee.

Answer X (→ I found a café **that** serves excellent coffee.)

(나는 뛰어난 커피를 제공하는 카페를 발견했습니다.)

(3) be 동사의 보어

a. Jake keeps insisting he's not the same guy **(that)** he used to be, but Sandra swore to herself long ago never to trust him again.

(Jake는 자신이 예전과 달라졌다고 계속 이야기했지만 Sandra는 오래 전 다시는 그를 믿지 않겠다고 다짐했습니다.)

b. Athens isn't the same glorious center of art and culture **(that)** it once was.

(아테나는 더 이상 예전과 같은 영예로운 예술과 문화의 중심지가 아닙니다.)

(4) 주격 관계대명사 + be동사

a. The answer key to the final exam **(that was)** posted on the announcement boards seems to be for a completely different test.

(공지 게시판에 올라 온 기말고사의 정답은 완전 다른 시험에 대한 정답으로 보입니다.)

b. The woman **(who is)** wearing the navy pantsuit is the CEO.
(남색 바지 정장을 입은 여성이 대표이사입니다.)

3. Quasi-relative pronouns (유사 관계대명사)

(1) as

선행사 앞에 same이나 such가 붙는 경우, as는 관계대명사와 유사한 구실을 하고, as 앞에 나오는 절이 선행사가 되기도 합니다.

a. Rest assured that all contracts will be renewed, **as** was agreed at the union negotiations last month.
(지난 달 조합 협상에서 합의했듯이 모든 계약은 갱신될 것이라는 점은 믿어도 됩니다.)

b. I can't believe that Alissa was wearing the exact same dress at the wedding **as** you were.
(나는 Alissa가 결혼식에서 당신과 똑같은 드레스를 입고 있었다는 것을 믿을 수가 없습니다.)

(2) than

선행사에 비교급이 있을 때 than이 관계대명사처럼 쓰입니다.

a. Three glasses of red wine a day is a bit more **than** is recommended by most doctors.
(하루에 3잔의 적포도주를 마시는 것은 대부분의 의사들이 권고하는 것보다 다소 많습니다.)

b. Ma'am, I'm afraid that this suitcase is a bit heavier **than** is allowed by current airline regulations.
(손님, 죄송하지만 그 여행 가방은 현 항공 규정에서 허용하는 것 보다 좀 더 무겁습니다.)

TASK 2

Indicate whether each sentence is correct(O) or not(X), then rewrite any ungrammatical sentences correctly.

	O	X
1. The man we met at the party last night was extremely handsome.	( )	( )
2. My uncle Barry, whom claimed he would stay single forever, is getting married.	( )	( )
3. This is the apartment which the president lived when he was a law student.	( )	( )

FOCUS 3 | Relative adverbs (관계부사)

1. 관계부사

(1) when, where

선행사가 시간, 장소, 이유, 방법에 대한 명사일 때, 관계부사 when, where, why, how 등을 쓸 수 있습니다. 관계부사는 「전치사 + which」로 바꿀 수 있습니다.

a. This is **the town**. My father grew up **in the town**.
(이곳은 마을입니다. 내 아버지는 이 마을에서 자랐습니다.)

→ This is the town **in which** my father grew up.
(이 마을은 내 아버지가 자란 곳입니다.)

→ This is the town **where** my father grew up.
(이 마을은 내 아버지가 자란 곳입니다.)

cf This is **(the place) where** I met her for the first time. (구어체)

b. I will never forget the day **when** I first laid eyes on Katie.
(나는 처음 Katie를 보았던 날을 절대 잊을 수 없습니다.)

cf I will never forget **(the day) when** I first laid eyes on Katie. (구어체)

(2) how, why

방법을 나타내는 관계부사 how의 경우, 선행사 the way와 how 둘 중 하나를 생략하고 쓰며 the way that이라고 쓸 수도 있습니다. 이유를 나타내는 why의 경우, 선행사 the reason 뒤에 나오는 why를 생략하기도 하고, 선행사 없이 why가 '~하는 이유' 라는 뜻으로 명사절을 이끌기도 합니다.

a. My mom hates **the way (that)** my dad takes off his socks and just leaves them on the floor.

b. My mom hates **how** my dad takes off his socks and just leaves them on the floor.
(우리 엄마는 아빠가 양말을 벗고 바닥에 그냥 두는 것을 싫어합니다.)

c. **The reason (why/that)** I'm detoxing is to try to gain more energy.
(내가 해독하는 이유는 더 많은 에너지를 얻기 위해서 입니다.)

d. This is **why** you don't have a boyfriend...you're just so fussy!
(당신이 이래서 남자 친구가 없는 겁니다. 당신은 정말 까다롭습니다!)

2. 복합관계부사

(1) 관계부사 + ever

관계부사에 ever가 결합된 형태로, whenever(= at any time when), wherever(= at any place where), however(= no matter how)가 있습니다.

a. **Whenever** you need a sympathetic ear, I'm here.
(당신이 공감해줄 사람이 필요할 때마다, 저는 여기 있습니다.)

b. **Wherever** you end up settling down, I hope you're happy.
(어느 곳에 정착하든지, 행복하시길 바랍니다.)

c. **However** hard you try, you will never defeat us!
(당신이 아무리 열심히 노력해도 절대 우리를 이길 수 없습니다!)

TASK 3

Choose the correct word from the box to complete each sentence.

when	where	why	whenever	however	how

1. You should call your mother every week, __________ busy you are.
2. If you tell me __________ you didn't show up for dinner, I might consider forgiving you.
3. The spot __________ Kennedy was shot is just down the street.

QUICK TIP

1. Fred is on good terms with the people who works with. (X)
   → Fred is on good terms with the people **(who) he** works with. (O)
2. The hotel where we stayed at was near the airport. (X)
   → The hotel **where we stayed** was near the airport. (O)
   → The hotel **(that/which) we stayed at** was near the airport. (O)

Translation

1. Fred는 함께 일하는 사람들과 친하게 지냅니다.
2. 우리가 머물렀던 호텔은 공항 근처에 있습니다.

TASK 4

Choose the most appropriate word or phrase to complete each sentence.

1. **The police officer ________ was a lot kinder than we expected.**

(1) we spoke to
(2) to whom we spoke him
(3) with who we spoke to
(4) we spoke

2. **________ hard I study, I don't think I'll ever be able to pass this exam.**

(1) Whoever
(2) However
(3) Whatever
(4) Whichever

3. **That white Porsche convertible is the car ________ I want.**

(1) what
(2) where
(3) that
(4) why

TASK 5

Identify the incorrectly used relatives pronouns and replace them with appropriate ones.

1. I will always remember the day where I first met him.

   ________________ → ________________

2. Do you know any good restaurants around here which we can get a decent hamburger?

   ________________ → ________________

3. Optimists are people what see the positive side of things, while pessimists are people whom see the realistic side of things.

   ________________ → ________________

   ________________ → ________________

FINAL CHECK

Choose the best word to complete each sentence.

1. Jane has never left the town ____________ she was born.

   (1) when (2) where
   (3) why (4) how

2. My son plays basketball ____________ he gets the chance.

   (1) whenever (2) wherever
   (3) whoever (4) whatever

3. Is there any student ____________ name hasn't been called?

   (1) whom (2) who
   (3) whose (4) what

4. Your shoes are the same size ________ mine.

(1) which (2) as

(3) that (4) what

5. I didn't get a pay raise, but that wasn't the reason ________ I left the job.

(1) that (2) which

(3) how (4) where

6. ________ major you choose, I'm sure you'll be a success.

(1) Whomever (2) However

(3) Whichever (4) Whoever

7. The secretary ________ very kind.

(1) we talked was (2) to whom we talked him was

(3) whom we talked to were (4) we talked to was

8. ________ angry you may be, you should not raise your voice.

(1) However (2) Whatever

(3) Whoever (4) Whichever

9. We had lunch at a small restaurant ________ specialty is seafood noodles.

(1) which (2) who

(3) whom (4) whose

10. She's a vegetarian, ________ is why you'll never see her order meat.

(1) that (2) which

(3) who (4) where

WRAP-UP

1. 관계대명사

- He's the one **who** insisted on staying together.
  (그가 바로 함께 지내자고 고집한 사람입니다.
- That's the guy **whose** dog is always barking late at night.
  (저 사람이 바로 항상 밤늦게 짖는 개를 기르고 있는 그 남자입니다.)
- This trip could be just **what** you need.
  (이번 여행이 당신에게 필요한 것일 수도 있습니다.)
- Order **whatever** you want.
  (당신이 원하는 것을 주문하세요.)

2. 관계대명사 용법: 비제한적 용법 / 관계대명사의 생략 / 유사관계대명사

- Tom's sister **who** lives in Seattle is a mathematician, while his sister **who** lives in Portland is a baker.
  (시애틀에 사는 Tom의 누나는 수학자이고 포틀랜드에 사는 누나는 제빵사입니다.)
- Noah's sister, **who** lives in Chicago, is the only girl in the family.
  (Noah의 여동생은 시카고에 살고 있는데 외동딸입니다.)

3. 관계부사

- This is the town **where** my father grew up.
  (이 마을은 저희 아버지가 성장한 곳입니다.)
- **Whenever** you need a sympathetic ear, I'm here.
  (당신이 공감해줄 사람이 필요할 때마다, 저는 여기 있습니다.)

CULTURE CORNER

Staggered Lunch Breaks

In Korea, employees tend to go on lunch at the same time. In contrast, in the West, workers often take 'staggered' lunch breaks, meaning they go at different times in order to ensure that the office is covered at all times. For example, one group of employees go for lunch at 12:00pm, another go at 12:30pm, and another go at 1:00pm. There is no strict system in place to decide who goes when; it is usually just casually decided every day.

Translation 시차제 점심 시간

한국에서는 직원들이 점심식사를 동시에 하는 경향이 있다. 이와 대조적으로, 서양에서는 직원들이 종종 '시차를 둔' 점심시간을 갖는데, 사무실에서 다른 사람들 일을 대신 해줄 수 있도록 하기 위해서 서로 다른 시간에 간다는 것을 의미한다. 예를 들어, 한 그룹의 직원은 오후 12시에 점심을 먹고, 다른 그룹은 오후 12시30분에 가고, 다른 그룹은 오후 1시에 간다. 누가 언제 갈지 결정할 수 있는 엄격한 제도는 없다; 그것은 보통 매일 아무 생각 없이 결정된다.

Unit

10

Adjectives and Adverbs (형용사와 부사)

INTRODUCTION

Topic

The Korean Study (한국어 공부)

Objectives

1. Usages of adjectives (형용사 용법)
2. Comparison (비교)
3. Usages of adverbs (부사 용법)

WARM-UP

The Korean Study

해석: 312쪽

<Mark finds Nic surrounded by Korean textbooks.>

Mark How's the Korean going? It seems like you've been studying hard!

Nic Hmm the alphabet looks really difficult, but learning the characters isn't as awful as I imagined! I'm able to read simple sentences now. The honorifics are the hardest part... oh and the pronunciation! I'm sure I sound terrible.

Mark I understand. It'll be far easier when you get to Seoul and are immersed in Korean!

Nic Sure. I really hope I can speak more confidently when I'm there! I've just finished binge watching the entire series of K-dramas! I'm pretending to myself that dramas are great listening practice, but I'm mostly focused on the English subtitles!

Mark Yeah, that can easily happen. Well, you can practice with me any time you like!

Useful Expressions

honorifics 존댓말	titles or words that express formality Ex In Korean, it's important to use **honorifics** when talking to your elders. (한국어로, 어른들과 이야기할 때 존댓말을 사용하는 것은 중요합니다.)
(be) immersed in (sth) 깊이 빠지다, 몰두하다	to be completely involved in an activity Ex A: Mary, Mary? Are you listening? (Mary, Mary? 듣고 있어?) B: Sorry, I'm totally **immersed in** this movie. What's up? (미안, 난 이 영화에 완전히 몰입했어. 무슨 일이야?)
binge (+ verb) 폭식하다	to do something excessively over a short period of time Ex I was in such a bad mood yesterday, so I **binge** ate ice-cream all day. (어제 기분이 너무 안 좋아서 하루 종일 아이스크림을 폭식했어요.)

subtitles 자막	captions at the bottom of a screen that translate the dialogue Ex Let's go see that new French movie. They have it in the movie theater with **subtitles**. (새로운 프랑스 영화를 보러 가자. 그 영화관에서는 자막이 제공돼.)

GRAMMAR

FOCUS 1 | Adjectives (형용사)

1. Attributive use and predicative use (한정적 용법과 서술적 용법)

형용사에는 명사를 직접 수식하는 한정적 용법과 주격보어나 목적격보어로 쓰이며 명사를 설명하는 서술적 용법이 있습니다. 대부분의 형용사는 두 가지 용법으로 다 쓸 수 있습니다.

(1) 한정적 용법

a. I'm able to read **simple** sentences now.
(저는 이제 간단한 문장을 읽을 수 있습니다.)

b. The truth can be a **bitter** pill to swallow.
(진실은 삼키기에 쓴 알약일 수 있습니다.)

c. I saw a really **cute** puppy when I was out for my walk earlier.
(내가 아까 산책하러 나갔을 때 정말 귀여운 강아지를 봤습니다.)

(2) 서술적 용법

be, seem, become, come, get, grow, appear, remain, prove, look, feel, sound 등의 뒤에 나옵니다.

a. The alphabet **looks** really **difficult**.
(그 철자는 정말 어려워 보입니다.)

b. I'm sure I **sound terrible**.
(저는 분명히 형편없이 들릴 거예요.)

c. My son has **become** more **mature** since moving out.
(내 아들은 이사 간 이후로 더 성숙해졌습니다.)

(3) 한정적 용법에만 쓰이는 형용사

① 강의어 (intensifier)

mere(단지), extreme(극도의), lone(혼자의), principal(주요한), entire(전체의), sheer(순수한), total(전면적인), utter(완전한), absolute(완벽한)

a. I've just finished binge watching the **entire** series.
(나는 시리즈 전편을 정주행 했습니다.)

b. That reality TV show is **absolute** trash.
(그 리얼리티 TV쇼는 완전 쓰레기입니다.)

c. I think you're an **utter** fool for forgiving him so easily.
(그를 그렇게 쉽게 용서하다니 당신이 정말 바보 같습니다.)

(4) 서술적 용법에만 쓰이는 형용사

① 접두사 a-로 시작하는 형용사

ablaze(불타는), afloat(떠있는), afraid(두려운), alike(비슷한), alive(살아있는), alone(혼자 있는), ashamed(부끄러운), asleep(잠든), awake(깨어난), aware(의식하는)

a. Sorry I missed your call; I was **asleep**.
(당신의 전화를 못 받아서 미안합니다. 자고 있었습니다.)

b. Those two twins are just so **alike**; I really can't tell the difference between them.
(두 쌍둥이는 정말 너무 닮아서, 나는 정말 그들 사이의 차이를 구별할 수가 없습니다.)

c. Please be **aware** that we are closed next week for renovations.
(수리 때문에 다음 주에 문을 닫는다는 점에 유의하십시오.)

Pop Quiz

Indicate whether the following sentence is correct(O) or incorrect(X).

O X

Her wedding dress was so beautiful and elegantly.

Answer X (→ Her wedding dress was so beautiful and **elegant**.)

(그녀의 웨딩드레스는 너무 아름답고 우아했습니다.)

② 전치사구, that절, to부정사구를 수반하는 형용사

able to(~할 수 있는), afraid of/about/to/that(~이 두려운), aware of/that(~을 의식하는), fond of(~을 좋아하는), conscious of/that(~을 자각하고 있는), glad about/to/that(~을 기쁘게 여기는), subject to(~되기 쉬운)

a. I hope I'll be **able to** see you before I go overseas,

(외국에 가기 전에 당신을 만날 수 있었으면 좋겠습니다.)

cf She is an **able** politician.

(그녀는 유능한 정치인입니다.)

b. Tom is **afraid of** rollercoasters, so he won't come to Everland with us.

(Tom은 롤러코스터를 무서워해서 우리와 함께 에버랜드에 가지 않을 겁니다.)

③ 건강상태와 관계 있는 형용사

ill(아픈), well(건강한), unwell(건강하지 않은), pale(창백한), faint(어지러운)

a. He is seriously **ill**.

(그는 위독합니다.)

cf an ill man (X) a sick man (O)

2. Premodification and postmodification (전위수식과 후위수식)

명사를 수식하는 형용사는 명사의 앞에 오는 것이 보통이지만, 다음과 같이 명사의 뒤에 오기도 합니다.

(1) 후위 수식

① -one, -thing, -body, those, all

a. We're looking for **someone reliable** to dogsit when we go on vacation.
(휴가 갈 때 개를 맡길 수 있는 믿을 만한 사람을 찾고 있습니다.)

b. I'm craving **something spicy** for dinner.
(나는 저녁으로 뭔가 매콤한 게 먹고 싶어요.)

cf I'm craving **some spicy** food for dinner.
(나는 저녁으로 매운 음식이 먹고 싶습니다.)

② -able/-ible로 끝나는 형용사

a. My brother made just about every mistake **possible** in his driving test.
(내 남동생은 운전면허 시험에서 가능한 모든 실수를 저질렀습니다.)

b. I've never met a boss so **likable**.
(이렇게 호감이 가는 상사는 처음 봅니다.)

③ 기타

a. The website has videos **both educational and entertaining**.
(웹사이트는 교육적인 비디오와 재미있는 비디오를 모두 가지고 있습니다.)

b. We needed a rope **fifty-five meters long**.
(우리는 55 미터 길이의 밧줄이 필요했습니다.)

c. Have you ever spoken to the woman **upstairs**?
(당신은 윗 층 여자와 이야기 해본 적이 있습니까?)

(2) 전위 수식과 후위 수식에 따른 의미 차이

a. the officer concerned / a concerned parent (관계 공무원 / 걱정하는 부모)

b. the members present / the present members (출석한 회원들 / 현 회원들)

c. stars visible (눈에 보이는 별) / visible stars (가시거리에 있는 별)

TASK 1

Choose the best word or expression to complete each sentence.

afraid	fond of	frightened	alive	like	former	live	total

1. Jim is lucky to be ____________ after his car accident.
2. All of the students seem ____________ the new school principal.
3. The ____________ puppy hid behind a tree during the fireworks display.

FOCUS 2 | Comparison (비교)

1. Comparison of equality (동등 비교)

(1) as~as

as ~ as: ~ 만큼 ~한

as ~ as any+(명사): 누구(어느 것) 못지않게 ~한

as ~ as possible / as ~ as one can: 가능한 ~하게

as ~ as ever: 변함없이 ~한

a. After thirty years, you still look **as beautiful as** the day I married you.
(30년이 지난 후에도 당신은 여전히 우리가 결혼한 그 날처럼 아름답습니다.)

b. Please get here **as soon as possible.**
(가능한 한 빨리 이리로 와주세요.)

(2) 부정문

not as ~ as: ~만큼 ~ 하지 않은

no + 명사 is as ~ as: 어느 무엇도 ~만큼 ~하지 않은

a. Learning the characters is**n't as awful as** I imagined.
(문자를 배우는 것은 내가 상상했던 것만큼 나쁘지 않습니다.)

b. **No** one loved her **as much as** her parents.
(아무도 그녀의 부모님만큼 그녀를 사랑하지 않았습니다.)

(3) 배수비교

a. That restaurant uses imported ingredients because they're about **half as expensive as** domestic ones.
(그 식당은 국산 재료보다 반값이기 때문에 수입 재료를 사용합니다.)

b. Sarah gets paid **three times as much as** Luke does.
(Sarah는 Luke보다 세 배나 많은 월급을 받습니다.)

(4) 관용적 표현

a. How did you stay **as cool as a cucumber** when everyone else was freaking out?
(다들 기겁했는데 당신은 어떻게 그렇게 침착할 수 있었습니까?)

b. Without her glasses, my grandma is **as blind as a bat**.
(안경을 쓰지 않으면, 우리 할머니는 박쥐처럼 장님입니다.)

c. My daughter is **as good as gold**, unlike her brother!
(내 딸은 그녀의 오빠와 달리 얌전합니다!)

2. Comparison of superiority (우등 비교)

(1) 비교급 + than

형용사 원급에 -er를 붙여 비교급을 만들고, 형용사가 y로 끝나는 경우엔 y를 빼고 ier를 쓰며, 2음절 이상의 경우엔 more를 붙입니다.

cheap → cheaper, easy → easier, comfortable → more comfortable

a. Running on a treadmill is **easier than** running outside.
(러닝머신에서 달리는 것이 야외에서 달리는 것보다 쉽습니다.)

b. Although it's **more expensive than** other beef, Hanwoo tastes the best.
(한우고기는 비록 다른 소고기보다 훨씬 비싸지만 맛은 최고입니다.)

c. I hope I can speak **more confidently** when I'm in Seoul.
(제가 서울에 있을 때 더 자신감있게 말할 수 있으면 좋겠습니다.)

(2) more 비교급

2음절의 형용사나 부사의 경우에도, 다음의 경우에는 비교급에 more를 씁니다.

▸ 동일 인물이나 사물의 성질 비교

afraid of, alike, alive, alone, fond of 등

ly가 붙은 부사

a. To tell you the truth, I feel **more thirsty than** hungry.
(사실대로 말하자면 배가 고픈 것보다 목이 더 마릅니다.)

b. After skydiving, Rose felt **more alive than** she had ever felt.
(스카이다이빙 후에, Rose는 그녀가 느꼈던 것보다 더 살아있다고 느꼈습니다.)

c. My dad drives **more slowly than** my mom.
(아버지는 어머니보다 더 천천히 운전합니다.)

cf She felt tired last night, so she went to bed **earlier than** usual.
(그녀는 어젯밤에 피곤해서 평소보다 더 일찍 잠자리에 들었습니다.)

(3) 부정

not은 대부분 비교급 자체를 부정합니다. 열등 비교에는 「less + than」을 씁니다.

a. **Nothing** is **worse than** getting soaked with jeans on.
(청바지가 흠뻑 젖는 것보다 더 나쁜 것은 없습니다.)

b. After traveling, I'm a lot **less fussy** about food **than** I was before.
(여행을 하고 나서 저는 예전보다 음식에 대해 훨씬 덜 까다롭습니다.)

(4) 비교의 차이

a. Bolt was **three seconds faster** in his last Olympic race.
(Bolt는 그의 지난 번 올림픽 경주에서 3초 더 빨랐습니다.)

b. The lunar new year falls **a week later** next year.
(음력설이 내년에는 1주일 더 늦게 옵니다.)

(5) 비교급 강조

비교급을 강조할 때는 much, far, even, still, a lot 등을 비교급 앞에 쓰게 되는데 '훨씬, 더욱' 의 의미를 갖습니다.

a. Learning Korean will be **far easier** when you get to Seoul.

(당신이 서울에 가면 한국어를 배우는 것이 훨씬 쉬워질 것입니다.)

b. My apartment is **a lot smaller than** most of my friends'.

(내 아파트는 대부분의 내 친구들 것 보다 훨씬 더 작습니다.)

c. Flying is actually **much safer than** driving.

(비행기 타는 것이 실제로는 자동차보다 훨씬 더 안전합니다.)

(6) the + 비교급

'두 개중 더 ~한'의 의미로 쓰일 때는 비교급에 the를 붙입니다.

a. Both rings are lovely, but we decided to go with **the more expensive of the two.**

(두 반지 모두 예쁘지만 우리는 둘 중 더 비싼 것을 선택하기로 결정했습니다.)

b. Christina is **the younger of the twins** by about five minutes.

(Christina는 5분 차이로 쌍둥이 중 동생이 됩니다.)

(7) the + 비교급, the + 비교급

'~하면 할수록 더 ~하다'라는 의미로 쓰입니다.

a. **The older** my husband gets, **the less romantic** he becomes.

(제 남편은 나이가 들수록 로맨틱하지 않습니다.)

b. When it comes to chocolate, I say **the more the better.**

(초콜릿에 관해서 저는 더 많을 수록 더 좋다고 생각합니다.)

cf the sooner the better (O)

the smaller the better (O)

the smaller the cheaper (X)

(8) 라틴어 비교

비교대상 앞에 than대신에 to를 씁니다:

superior to(~보다 뛰어나), inferior to(~보다 못한), prior to(~보다 앞선)

a. This brie is **superior to** any cheese I've eaten in my life.

(이 브리 치즈는 내가 살면서 먹어본 어떤 치즈보다도 더 맛이 좋습니다.)

b. **Prior to** freelancing, I worked at an interior design company for three years.

(프리랜서 전에, 저는 인테리어 디자인 회사에서 3년 동안 일했습니다.)

Pop Quiz

Indicate whether the following sentence is correct(O) or incorrect(X).

O X

The more nervous he gets, the fast he talks.

Answer X (→ The more nervous he gets, **the faster** he talks.)
(그가 더 긴장할 수록, 그는 말을 더 빨리 합니다.)

(9) 관용적 표현

no more than (많아야)

no less than (적어도)

no longer (이미 ~ 아니다)

a. I told my brother I'd lend him **no more than** $100 this time.
(나는 동생에게 이번에는 100달러만 빌려주겠다고 말했습니다.)

b. My sister says her engagement ring should be **no less than** two carats.
(내 여동생은 그녀의 약혼반지가 적어도 두 캐럿은 되어야 한다고 말합니다.)

c. Because of the rising house prices, many families can **no longer** afford to live in Seoul.
(집값 상승으로 인해, 많은 가정들은 더 이상 서울에서 살 여유가 없습니다.)

(10) 두 가지 의미

종속절에 나온 명사를 주격으로 보는지, 목적격으로 보는지에 따라 의미가 달라집니다.

a. He loves his cat **more than his children**.
(그는 그의 아이들보다 더 고양이를 좋아합니다.)

cf He loves his cat **more than his children do**.
(그는 아이들이 고양이를 좋아하는 것보다 더 고양이를 좋아합니다.)

3. Superlative (최상급)

(1) the + 최상급

형용사 원급에 est를 붙여 최상급을 나타내고, 형용사가 y로 끝나는 경우엔 y를 빼고 iest 를 쓰며, 2음절 이상의 형용사의 경우엔 most를 붙입니다.

fast – fastest, happy – happiest, intelligent – most intelligent

a. Honorifics are **the hardest part** of studying Korean.
(존댓말은 한국어를 공부하는데 가장 어려운 부분입니다.)

b. If you manage to pass this exam without studying, you're **the luckiest person** in the world.
(만약 당신이 공부하지 않고 이 시험에 합격할 수 있다면, 당신은 세상에서 가장 운이 좋은 사람입니다.)

(2) 최상급 + of all 복수 명사

a. **Of all the diners** in New York, Tom's is definitely **the most famous.**
(뉴욕에 있는 음식점 중 Tom's가 확실히 가장 유명합니다)

b. To me, squats are **the toughest of all exercises.**
(나에게 스쿼트는 모든 운동 중에서 가장 힘든 운동입니다.)

(3) 최상급 표현

the 서수 + 최상급, the 최상급 + 현재완료, one of the 최상급 + 복수명사

a. She is **the second best woman golfer** in the world.
(그녀는 세계 최정상 2위 골프선수입니다.)

b. This is **the worst movie I've ever seen.**
(이 영화는 내가 본 영화 중에 최악입니다.)

c. Oak is **one of the strongest woods.**
(오크나무는 가장 강한 나무 중에 하나 입니다.)

d. There's **nothing better than** a trip to the *jimjilbang* at the end of the weekend.
(주말에 찜질방에 가는 것 보다 더 좋은 것은 없습니다.)

e. I couldn't **be happier** right now.
(저는 지금 이보다 더 행복할 수는 없습니다.)

(4) the를 붙이지 않는 최상급

- 동일물의 속성을 비교
- 부사의 최상급

a. My friend gets **most emotional** after drinking soju.
(내 친구는 소주를 마신 후에 가장 감정적이 됩니다.)

b. Steak tastes **best** when eaten with red wine.
(스테이크는 적포도주와 함께 먹으면 가장 맛이 좋습니다.)

TASK 2

Indicate whether each sentence is grammatical(O) or not(X), then try to rewrite any incorrect sentences correctly.

	O	X
1. Your daughter Melissa is the brighter student in the entire fifth grade.	( )	( )
2. The total on this invoice is five times more than your original estimate.	( )	( )
3. The longer the customers waited, the most angry they became.	( )	( )

FOCUS 3 | Adverbs (부사)

1. 부사의 기능

부사는 동사, 형용사, 다른 부사, 명사, 또는 문장 전체를 수식합니다.

a. Peter waited **patiently** for news of his daughter's birth. (동사 수식)
(Peter는 딸의 출생 소식을 참을성 있게 기다렸습니다.)

b. He's **terribly** upset. (형용사 수식)
(그는 굉장히 화가 나 있습니다.)

c. The students finished the exam **shockingly** fast. (부사 수식)
(학생들은 깜짝 놀랄 정도로 빨리 시험을 마쳤습니다.)

d. **Even** my mom agrees that I should quit my job. (명사 수식)
(심지어 엄마도 내가 직장을 그만둬야 한다는 것에 동의합니다.)

e. **Frankly**, I think you're both being silly. (문장 수식)
(솔직히 저는 당신 둘 모두 어리석다고 생각합니다.)

2. 부사의 위치

(1) 부사는 동사와 목적어 사이에 올 수 없습니다.

a. I booked the flight to Paris **yesterday**. (O)
(저는 어제 파리로 가는 비행기 표를 예매했습니다.)

b. I booked **yesterday** the flight to Paris. (X)

cf 한국어의 경우는 어순이 비교적 자유롭습니다.
1. 나는 **어제** 파리로 가는 비행기표를 예매했습니다.
2. 나는 파리로 가는 비행기표를 **어제** 예매했습니다.
3. **파리 공항편을 나는** 어제 예매했습니다.

(2) 문장 앞/중간/끝에 올 수 있습니다.

a. **Fortunately**, it didn't rain.
(다행히 비가 오지 않았습니다.)

b. I **completely** forgot to bring my charger to work; can I borrow yours?
(충전기를 회사에 가져오는 것을 완전히 잊어버렸습니다. 당신의 충전기를 빌릴 수 있을까요?)

c. The government released a statement **early yesterday**.
(정부는 어제 일찍 성명을 발표했습니다.)

(3) 빈도 부사 (always, usually, often, frequently, sometimes, seldom, hardly, never)

be동사나 조동사 다음, 일반동사 앞에 옵니다.

a. You should **always** take off your makeup before going to bed.
(잠자리에 들기 전에 항상 화장을 지워야 합니다.)

b. We **usually** just cook dinner at home instead of eating out.
(우리는 보통 외식하는 대신에 집에서 저녁을 합니다.)

c. If I keep eating ramen late at night like this, I'll **never** reach my target weight.
(이렇게 밤늦게 라면을 계속 먹으면 목표 몸무게에 절대 닿지 못할 겁니다.)

(4) 부정의 뜻인 hardly, rarely, scarcely, seldom, never 등이 문장 서두에 오면 주어와 조동사가 도치됩니다.

a. **Never have I** stepped on such a slippery banana peel.
(저는 그렇게 미끄러운 바나나 껍질을 밟아본 적이 없습니다.)

b. **Rarely do we** attend fancy masquerade balls like this.
(우리는 이런 화려한 가장 무도회에 참석해 본적이 거의 없습니다.)

c. **Hardly ever did we** hear him raise his voice in anger.
(우리는 그가 화가 나서 목소리를 높이는 것을 거의 들은 적이 없었습니다.)

(5) 초점부사

수식하는 어구 앞에 놓아서, 그 부분에 주목하게 합니다. especially, mainly, even, particularly 등은 좀 더 구체적으로 기술하기 위해 쓰이고, just, only, simply, alone 등은 하나의 사물이나 사람에 국한시키기 위해 쓰입니다.

a. I love the thrill I get from shopping, **especially** when I find a bargain!
(저는 쇼핑에서 얻는 스릴을 좋아합니다, 특히 싼 물건을 찾을 때요!)

b. Gaming is not **just** a hobby; it's a source of income for people who are good at it.
(게임을 하는 것은 단순한 취미가 아닙니다; 게임을 잘하는 사람들에게는 수입원입니다.)

3. 다양한 의미를 갖는 부사

(1) generally

a. Our teacher **generally** doesn't allow us to use our cellphones in class.
(우리 선생님은 보통 수업시간에 우리의 휴대폰을 사용하는 것을 허락하지 않습니다.)

b. If the boss asks where I went, just answer **generally**; he'll get suspicious if you give too many details.
(상사가 제가 어디로 갔는지 물어보면 그냥 대강 대답하세요. 당신이 너무 자세히 말하면 의심스러워 할 겁니다.)

c. **Generally**, I think K-pop music is really catchy.
(일반적으로, 나는 한국 음악이 정말 기억하기 쉽다고 생각합니다.)

(2) badly

a. My new boyfriend just invited me over for dinner! What if he cooks **badly**?
(나의 새 남자친구가 나를 저녁 식사에 초대했습니다! 그가 요리를 잘못하면 어떡하죠?)

b. Your nails are a mess. You need a manicure **badly**.
(당신의 손톱은 엉망입니다. 매니큐어가 너무 필요합니다.)

(3) naturally

a. **Naturally**, parents want their children to get the best education.
(당연히, 부모들은 그들의 아이들이 최고의 교육을 받기를 원합니다.)

b. The ingredients of this serum are all grown **naturally** in Jeju Island.
(이 세럼의 성분은 모두 제주도에서 자생한 것입니다.)

4. 두 가지 형태의 부사

hard / hardly (열심히 / 거의 ~하지 않다), just / justly (단지 / 공정하게), near / nearly (가까이 / 대략), high / highly (높이 / 매우), most / mostly (가장 / 대개), late / lately (늦게 / 최근에)

(1) hard/hardly

a. It seems like you've been studying **hard**!
(공부를 열심히 하고 있는 것 같습니다!)

b. You've **hardly** done anything at all and you still expect us to pay you?
(당신은 거의 아무것도 하지 않았는데 여전히 우리가 돈을 주기를 바랍니까?)

(2) high/highly

a. The helicopter circled **high** overhead, searching for the missing person.
(헬리콥터가 머리 위를 높이 선회하며 실종된 사람을 수색했습니다.)

b. That academy was **highly** recommended to me by a close friend.
(그 학원은 친한 친구가 적극 추천한 것입니다.)

Pop Quiz

Indicate whether the following sentence is correct(O) or incorrect(X).

O X

The eagle flew high with motionless wings.

Answer O

(그 독수리는 날개를 움직이지 않고 높이 날았습니다.)

5. 형용사 vs. 부사

-*ly* 형용사: friendly, lovely, womanly, silly, daily, courtly...

a. My colleagues are all very **friendly** and funny. (O)

(나의 동료들은 모두 친절하고 재미있습니다.

cf He **friendly** agreed to help me. (X)

(그들은 친절하게도 저를 돕기로 동의했습니다.)

TASK 3

Choose the best word to complete the sentence.

1. It's (awful, awfully) hot in here. Is the AC broken?
2. We were (absolute, absolutely) shocked by the news of the accident.
3. I'll try as (hard, hardly) as I can to meet the deadline.

QUICK TIP

1. Joe tried as hardly as he could to make Sue's birthday special. (X)
   → Joe tried as **hard** as he could to make Sue's birthday special. (O)
2. She feels aliver now than ever. (X)
   → She feels **more alive** now than ever. (O)

Translation

1. Joe는 Sue의 생일을 특별하게 만들기 위해 최선을 다했습니다.
2. 그녀는 지금 그 어느 때보다 더 살아 있는 것 같습니다.

TASK 4

Choose the best expression to complete each sentence.

1. The IQ of an octopus is much greater ________ a turtle.
   (1) than (2) than that of

2. According to scientists, dolphins are the second smartest ________.
   (1) alive creatures (2) creatures alive

3. We will try to help you ________ we can.
   (1) as much as (2) as possible as

TASK 5

Indicate whether each sentence is grammatical(O) or not(X). Then rewrite any ungrammatical sentences correctly.

	O	X
1. This ice cream cake is the worse one I have ever eaten.	( )	( )
2. Terrence thinks puppies are very cuter than kittens, but Stephen disagrees.	( )	( )
3. I must admit that your dance skills are far superior than mine.	( )	( )

FINAL CHECK

Choose the best word or phrase to complete each sentence. (1-10)

1. It sounds like you have poor signal; I can ________ hear what you're saying.
   (1) near (2) nearly
   (3) hardly (4) hard

2. The second exam is ________ to be more difficult than the first one.
   (1) like (2) likely
   (3) alike (4) likeliness

3. Jane has three daughters. Of the three girls, Marge is the ________ and looks ________ like her mother.
   (1) older - more (2) older - most
   (3) oldest - more (4) oldest - most

4. Nothing is ________ than a cold beer on a hot day.
   (1) refreshinger (2) refreshing
   (3) most refreshing (4) more refreshing

5. This movie is so well directed. It's one of the ________ movies I've ever seen.
   (1) best (2) better
   (3) well (4) good

6. You could have it cold, but it would taste much ________ if you warmed it up.
   (1) good (2) better
   (3) best (4) the best

7. This phone was almost twice ________ as my old one.
   (1) so expensive (2) as expensive
   (3) as much expensive (4) as more expensive

8. The more he thought about his family, ___________.

(1) more and more he felt homesick

(2) more he felt homesick

(3) the more homesick he felt

(4) the most homesick he felt

9. I love drinking hot chocolate, ___________ when it's snowing outside.

(1) especially

(2) never

(3) hardly

(4) seldom

10. Choose the sentence which is NOT grammatically correct.

(1) The documents are safely locked in my top drawer.

(2) He made a surprisingly quick recovery.

(3) His answer sounded rather cold and brief.

(4) Luckily, the boy wasn't serious injured.

WRAP-UP

1. 형용사의 한정적 용법과 서술적 용법

- I am able to read **simple** sentences now.
  (저는 이제 간단한 문장은 읽을 수 있습니다.)
- The alphabet looks really **difficult**.
  (그 철자는 정말 어려워 보입니다.)

2. 형용사의 전위 수식과 후위 수식

- I'm craving **spicy** food for dinner.
  (나는 저녁으로 매운 음식이 먹고 싶습니다.)
- I'm craving something **spicy** for dinner.
  (나는 저녁으로 뭔가 매콤한 게 먹고 싶습니다.)

3. 비교

- After thirty years, you still look **as beautiful as** the day I married you.
  (30년이 지난 후에도 당신은 여전히 우리가 결혼한 그 날처럼 아름다울 것입니다.)
- Although it's **more expensive than** other beef, Hanwoo tastes the best.
  (한우고기는 비록 다른 소고기보다 훨씬 비싸지만 맛은 최고입니다.)
- Honorifics are **the hardest part** of studying Korean.
  (존댓말이 한국어 학습에서 가장 어려운 부분입니다.)

4. 부사

- It seems like you're studying **hard**.
  (당신은 공부를 열심히 하는 것 같습니다.)
- **Frankly**, I think you're both being silly.
  (솔직히 저는 당신 둘 모두 어리석다고 생각합니다.)

CULTURE CORNER

FRIENDSHIPS

In the West, it's common to have friends who are older or younger than you. Therefore, there is no translation for words such as 선배 and 후배 in English. Often, people do not even know how old their friend is; it's often not discussed since age is not considered to be very important in relationships. The expression 'Age is just a number' sums up how many people feel.

Translation 우정

서양에서, 당신보다 나이가 많거나 어린 친구들이 있는 것은 흔한 일이다. 그래서 영어로는 '선배'와 '후배'와 같은 단어가 번역되어 있지 않다. 사람들은 그들의 친구가 몇 살인지 모르는 경우도 많다. 나이가 관계에서 별로 중요하다고 여겨지지 않기 때문에 종종 논의되지도 않는다. '나이는 단지 숫자에 불과하다'는 표현은 다수의 사람들이 어떻게 느끼는지 설명하고 있다.

Unit

11

Prepositions
(전치사)

INTRODUCTION

Topic

The Packing (짐 싸기)

Objectives

1. Prepositions: time, place, direction (시간, 장소, 방향 전치사)
2. Prepositions: theme, cause, job, etc. (주제, 원인, 직업 등을 나타내는 전치사)
3. Usages of prepositions (전치사 용법)

WARM-UP

The Packing

해석: 316쪽

<Nic is making a checklist of things to pack for the trip.>

Nic I can't believe we're leaving tomorrow! I'm seriously having trouble deciding what to pack in terms of clothes. According to the forecast, it's really hot and humid around this time of year in Seoul.

Mark Yeah, it gets really hot during summer! I would pack a couple of suits for meetings, lighter clothes for the evening, and a waterproof jacket in case of rain; it's usually monsoon season in July, so it gets pretty wet! Honestly, though...the shopping is great in Seoul, so pack light! Just make sure you have the essentials: passport, credit cards, visa documents... Worst case scenario, you can buy the rest over there.

Nic That's good to know, thanks. I'll see at the airport in the morning! I'll text you when I'm en route.

Useful Expressions

pack light 짐을 가볍게 싸다	to take a small amount of luggage when traveling Ex We're only allowed to take 7kg in our luggage, so make sure to **pack light**. (우리는 짐을 7kg만 가지고 들어갈 수 있으니 짐을 가볍게 싸야 합니다.)
essentials 필수품	things that are necessary in a particular situation Ex I'm going camping for the first time this weekend, so I have to buy some **essentials**, like a sleeping bag and flashlight. (나는 이번 주말에 처음으로 캠핑을 가는데, 침낭이나 손전등 같은 필수품을 사야 합니다.)
worst case scenario 최악의 시나리오	the worst possible thing that could happen Ex Since Alex's brain surgery was very risky, his family prepared themselves for the **worst case scenario**. (Alex의 뇌수술이 매우 위험했기 때문에, 그의 가족은 최악의 시나리오에 대비했습니다.)

en route (어디로 가는) 도중에	on the way (on a journey) Ex Would you mind picking up a bottle of wine **en route** to the party? (파티에 가는 길에 와인 한 병 사다 주시겠어요?)

GRAMMAR

FOCUS 1 | Prepositions - time, place, direction (시간, 장소, 방향 전치사)

1. 시간 표시 전치사

(1) 시간: at, on, in

① at은 때의 한 순간이나 시각을 나타냅니다.

a. I try to avoid eating late **at** night.
(나는 밤늦게 먹는 것을 피하려고 노력합니다.)

b. Our flight is **at** ten tomorrow morning.
(우리 비행기는 내일 아침 10시에 있습니다.)

cf 시각; at noon, at midnight,
식사시간: at breakfast, at lunch, at dinner

② on은 날짜, 요일 등 특정한 날을 나타냅니다.

a. The new drama with Park Bo-gum starts **on** Monday next week.
(박보검과 함께 하는 새로운 드라마는 다음 주 월요일에 시작합니다.)

b. His birthday is **on** May 22nd.
(그의 생일은 5월 22일입니다.)

c. **On** an average day, more than 10,000 people visit the palace.
(하루 평균 10,000명 이상의 사람이 이 성에 방문합니다.)

cf 월 만을 이야기 할 때엔 in을 사용하지만 월, 일을 다 말할 경우 on을 사용합니다.
in August, on August 20th, on the 20th of August

③ in은 년, 월, 계절 등 비교적 긴 시간이나 하루 중의 한 부분을 나타냅니다.

a. I'll see you **in** the morning!
(아침에 봅시다!)

b. It's usually monsoon season **in** July in Korea.
(한국은 보통 7월 장마철입니다.)

c. **In** 1443, King Sejong invented Hangul.
(1443년에 세종대왕은 한글을 발명했습니다.)

d. I should be there **in** an hour or two. (= an hour or two from now)
(나는 한 두 시간 후에 거기에 있을 겁니다.)

cf 밤은 at과 사용하는 반면 오전, 오후, 저녁은 in과 함께 사용합니다.
at night, **in** the morning, **in** the afternoon, **in** the evening

cf on time은 '정각에' 라는 뜻이고, in time은 '시간에 늦지 않게, 알맞은 때' 라는 뜻입니다.
- The 9:15 train left **on time**. (9시 15분 기차가 정시에 출발했습니다.)
- I hope the parcel will arrive **in time**. (그 소포가 늦지 않게 도착했으면 좋겠습니다.)

cf **in** summer, **in** the 21st century

(2) 기간: **for, during**

① for는 '~동안' 이라는 시간의 길이를 나타내고, 숫자가 포함된 기간에 자주 사용됩니다.

a. Amy lived in Scotland **for** three years studying English.
(Amy는 3년동안 영어를 공부하며 스코틀랜드에서 살았습니다.)

b. I've been waiting on the delivery **for** over a week now.
(나는 배송을 일주일 넘게 기다렸습니다.)

② during은 특정한 기간을 나타냅니다.

a. Korea gets really hot **during** summer.
(한국은 여름에 정말 덥습니다.)

b. The professors will respond to any emails and comments **during** office hours.
(교수들은 근무 시간 동안 이메일과 의견에 답을 할 것입니다.)

cf during summer vacation/the meeting/the presentation..

cf while (접속사)

(3) 기한: till / until / up to, by

till과 until은 '~까지' 라는 어느 시간까지의 동작이나 상태의 계속을 나타냅니다. by는 '~까지, ~보다 늦지 않게' 라는 뜻으로 동작 또는 상태가 완료되는 시점을 나타냅니다. '~부터 ~까지'라는 뜻으로 from~ to/until/till~ 라는 표현을 쓰기도 합니다. up to는 (특정기준)~까지, 양(quantity)를 나타낼 때 사용합니다.

a. Fred and Jean will be in Seoul **until/till** Friday, so we have to meet up with them by then.
(Fred와 Jean은 금요일까지 서울에 있을 예정이라 우리는 그 때까지 그들을 만나야 합니다.)

cf The teacher told me to sit quietly in the corner **until/till** I was ready to behave myself. (접속사)
(선생님은 나에게 얌전해질 때까지 구석에 조용히 앉아 있으라고 말씀하셨습니다.)

b. The online winter sale will take place **from** December 24th **to** January 30th.
(온라인 겨울 세일은 12월 24일부터 1월 30일까지 열립니다.)

c. Can you get here **by** noon?
(12시까지 여기에 올 수 있습니까?)

cf Can you get here **until** noon? (X)

d. It may take **up to** three weeks to process your application.
(당신의 지원서를 처리하는데 최대 3주가 걸릴 수 있습니다.)

(4) since

'~이래로' 라는 뜻으로 주절에 완료형이 자주 쓰입니다. 물론 주절에 현재형이나 과거형이 올 수도 있습니다.

a. You've been acting moody **since** our argument last week.
(지난 주 우리의 논쟁 이후 당신은 계속 기분이 언짢게 행동하고 있습니다.)

b. We've been best friends **since** high school.
(우리는 고등학교 때부터 가장 친한 친구였습니다.)

cf 접속사: Vanessa's face has been completely numb **since** she left the dentist's office.
(Vanessa의 얼굴은 치과에 다녀오고 난 후부터 완전히 감각이 없어졌습니다.)

2. 장소 표시 전치사

(1) at, on, in

① at: '~에' 라는 뜻으로 비교적 좁은 장소나 지점을 나타냅니다.

② on: '~(위)에' 라는 뜻으로 표면에 접촉된 상태에서의 위를 나타냅니다.

③ in: '~에' 라는 뜻으로 나라, 도시 같은 비교적 넓은 장소나 지역을 나타냅니다.

a. Since the pandemic started, most people have been cooking **at** home instead of eating **at** restaurants.
(세계적 유행병이 시작된 이래로, 대부분의 사람들은 식당에서 먹는 대신에 집에서 요리를 해오고 있습니다.)

b. I'm pretty sure that I lost my wallet somewhere **on** campus
(내가 캠퍼스 어딘가에서 지갑을 잃어버렸다고 확신합니다.)

c. The shopping is great **in** Seoul.
(서울은 쇼핑하기에 아주 좋습니다.)

cf Let's meet **at** the restaurant. / Let's meet **in** the restaurant.
on campus vs. **in** campus
at the school/college/university

Pop Quiz

Indicate whether the following sentence is correct(O) or incorrect (X).

O X
She was born in March 14.

Answer X (→ She was born **on** March 14. / She was born **on** the 14th of March.)
(그녀는 3월 14일에 태어났습니다.)

(2) before, in front of, after, behind, at the back of

'앞에, 뒤에' 라는 의미입니다.

a. Her father had never cried **in front of** her **before** her wedding day.
(그녀의 아버지는 그녀의 결혼식 날 전에 그녀 앞에서 결코 울지 않았습니다.)

b. **After** searching the house all afternoon, I finally found my purse **at the back of** my closet.
(오후 내내 집안을 뒤진 후에, 나는 마침내 내 옷장 뒤에서 지갑을 찾았습니다.)

c. The couple **behind** me at the movie theater kept talking; it was so annoying.
(영화관에서 내 뒤에 있던 커플이 계속 말을 했습니다. 너무 짜증났습니다.)

(3) above, over, below, under

above는 '(전체적으로, 먼 거리) ~보다 위쪽에, (수량 등이) ~을 넘는' 이라는 뜻이고, over는 '(수직으로) ~바로 위에' 라는 뜻입니다. below와 under도 비슷한 관계에 있습니다. 즉, below가 '(먼 거리) ~보다 아래에' 라는 뜻이고, under는 '(수직으로) ~바로 아래에' 라는 뜻입니다.

a. Taking a helicopter **over** the Grand Canyon was the best part of our trip.
(그랜드 캐니언 위로 헬리콥터를 타는 것은 우리의 여행에서 가장 좋은 부분이었습니다.)

b. The man who lives in the apartment **above** my sister's is always playing the drums.
(내 여동생 위층에 사는 남자는 항상 드럼을 칩니다.)

cf above

above all (=before anything else, 무엇보다도)
keep one's head above the water (=to manage to survive financially, 빚을 안지고 살다)

c. If you forget your key, the spare one is **under** the plant pot outside.
(열쇠를 잊어버린 경우, 여분의 열쇠는 밖에 있는 화분 밑에 있습니다.)

d. The room is heated by a series of hot water pipes **below** the floor.
(그 방은 바닥 아래에 깔린 온수관들에 의해서 난방이 됩니다.)

(4) by, beside, near, close to

'곁에, 옆에, 근처에, 가까운 곳에' 라는 의미를 지니고 있습니다.

a. The newlyweds stayed in a lovely resort **by** the sea, **close to** the old city of Hoi An.
(신혼부부는 Hoi An 시와 가까운 한 바닷가 근처의 근사한 곳에서 머물렀습니다.).

b. There's a great little Moroccan restaurant **near** my house.
(우리 집 근처에 작은 모로코 식당이 하나 있습니다.)

c. Who is the man **beside** you in your profile picture?
(너의 프로필 사진에서 너의 옆에 있는 남자는 누구 입니까?)

cf besides는 '~외에도' 하는 뜻으로 이미 알려진 것에 덧붙여 다른 것을 말할 때 쓰입니다.

(5) between, among

between는 '둘 사이'라는 뜻입니다. 따라서 둘을 뜻하는 복수형, 또는 둘을 연결하는 and가 있는 목적어가 뒤 따릅니다. among은 '셋 이상의 사이에' 라는 뜻입니다. 그러나 구어체에서는 셋 이상의 경우에도 확연히 구분할 수 있는 것에는 between을 쓰고, 집단이나 무리를 가리킬 때는 among을 씁니다.

a. The border **between** North **and** South Korea is called the DMZ.
(남한과 북한의 국경은 DMZ라고 불립니다.)

b. **Among** all of the necklaces laid out by the jeweler, one really stood out.
(보석상이 내놓은 모든 목걸이들 중 하나는 정말 눈에 띄었습니다.)

(6) across, along, through

across는 '~의 건너편에' 라는 뜻이고, along은 '~을 따라서' 라는 뜻입니다.
through는 '~을 통과하여, 지나서' 라는 의미입니다.

a. Make sure to convert your currency before you traveling **across** the border.
(국경을 넘어 여행하기 전에 반드시 통화를 변경하세요.)

b. Why don't we stop and eat at one of those little restaurants **along** the river?
(우리 이제 그만 걷고 강변 따라 있는 작은 레스토랑 중 아무데나 가서 뭐 좀 먹는 게 어때요?)

c. Did you know that the River Danube runs **through** ten countries in Europe?
(당신은 다뉴브강이 유럽의 10개국을 지나는 것을 알고 있었습니까?)

3. 방향 표시 전치사

(1) to, for, toward

① to: '~쪽으로' 라는 방향을 나타냅니다.

② for:'~을 향하여' 라는 목적지를 나타냅니다.

③ toward:'~ 쪽으로, ~을 향하여' 라는 운동의 방향을 나타냅니다. '~ 쪽으로' 향하는 것이지 그 지점에 도달 여부와는 관계가 없는 표현입니다.

a. We plan to go down **to** Jeju Island **for** a family wedding in September.
(우린 9월에 있을 가족 결혼식을 위해서 제주도에 갈 계획입니다.)

b. Bob and Sanghee are leaving **for** Europe right after the wedding.
(Bob과 상희는 결혼식을 끝내고서 곧 바로 유럽으로 떠납니다.)

c. If you keep walking **towards** the traffic lights, you'll pass an ATM on your right.
(신호등 쪽으로 계속 걸어가면 너의 오른쪽에 있는 현금 자동 인출기를 지나가게 됩니다.)

(2) onto, into

'~에 , ~로' 라는 이동의 방향을 나타내는 말로, 구어체에서 on과 in으로 대치됩니다.

a. Water was leaking from the roof **onto** the floor below.
(지붕에서 바닥으로 물이 새고 있었습니다.)

b. Can you help me load the bags **into** the car?
(가방을 차에 싣는 것 좀 도와줄 수 있습니까?)

(3) up, down

up '~의 위로', down은 '~아래로' 라는 뜻으로 운동의 방향을 나타냅니다.

a. Make sure to go **up** to the observatory in Lotte World Tower; the views are amazing.
(꼭 롯데월드타워에 있는 전망대로 올라가세요; 경치가 정말 멋집니다.)

cf 형용사, 부사 up

My boss is really **up** today. (기분 좋은)

A stranger came **up** to me. (가까워지는)

I ate **up** the cake. (완전히)

b. I think the restaurant you're looking for is further **down** the road.
(당신이 찾고 있는 식당은 길을 따라 더 내려가야 할 것 같습니다.)

(4) around

around는 '~의 주위에, ~을 둘러싸고 ~의 주위를 돌아' 라는 뜻이고, 시간을 나타내는 말과 함께 쓰일 때는 '~무렵, ~경' 이라는 뜻이 됩니다.

a. I saw loads of people gathered **around** someone earlier on the street taking photos; it must have been a celeb!

(나는 아까 거리에서 사진을 찍기 위해 많은 사람들이 누군가의 주위에 모여 있는 것을 보았습니다. 틀림없이 유명인이었을 것입니다!)

b. It's really hot and humid **around** this time of year in Seoul.

(서울은 이맘때면 정말 덥고 습합니다.)

TASK 1

Choose the most appropriate preposition to complete each sentence.

at	on	since	across	through	in

1. Walking ________ the street when the light is red can get you into trouble.
2. ________ Christmas Day, it is tradition for families to cook a turkey.
3. We're leaving ________ three o'clock sharp, so don't be late.

FOCUS 2 | Prepositions - theme, cause, job, etc. (주제, 원인, 직업, 수단, 양보, 예외, 재료, 대가를 나타내는 전치사)

1. 주제: about, on, of

'~에 관하여' 라는 뜻을 가지고 있습니다. about은 일반적인 주제, on은 전문적인 주제를 말할 때 사용합니다.

a. I keep having the same dream **about** a tsunami. What do you think it means?
(나는 쓰나미에 대한 같은 꿈을 계속 꾸고 있습니다. 그게 무슨 뜻이라고 생각하세요?)

b. What are your views **on** the election results?
(선거 결과에 대한 당신의 견해는 어떻습니까?)

c. I have the best memories **of** my backpacking trip in South America.
(나는 남아메리카에서의 배낭여행에 대한 가장 좋은 기억을 가지고 있습니다.)

cf dream of (바라다), dream about (~에 대한 꿈을 꾸다)

2. 원인: from, through, at, over, for, with

① from: 직접적 원인
② of: 사망이나 병의 원인
③ at : 감정의 원인 '~을 보고서 (듣고서) 기쁘다(슬프다)'
④ over : 감정이나 행위의 원인 '~로 인해서'
⑤ for : 행위의 이유 '~때문에'
⑥ with : 행위의 원인 '~때문에 (추위, 두려움, 무서움, 흥분)'

a. He suffers **from** migraines, so he always carries painkillers.
(그는 편두통을 앓고 있어서 항상 진통제를 가지고 다닙니다.)

b. He died **of** lung cancer.
(그는 폐암으로 죽었습니다.)

c. You could never be a doctor; you faint **at** the very sight of blood.
(당신은 결코 의사가 될 수 없습니다; 당신은 피를 보는 바로 그 순간 기절합니다.)

d. It would be a shame to end a lifelong friendship **over** such a petty disagreement.
(그런 사소한 의견차이로 평생의 우정을 끝내는 것은 부끄러운 일일 것입니다.)

e. I'm so sorry **for** forgetting 6Valentine's Day. How can I make it up to you?
(발렌타인데이를 잊어버려서 정말 미안합니다. 당신께 어떻게 보상해 드릴까요?)

f. Tony is dealing **with** a lot of stress these days.
(Tony는 요즘 많은 스트레스를 받고 있습니다.)

cf 원인이나 이유를 나타내는 전치사구에는 because of, due to, on account of가 있습니다.

I have to go see the dentist **because of** my wisdom tooth.
(나는 사랑니 때문에 치과에 가야 합니다.)

The price of imported goods is likely to increase **due to** fluctuations in the exchange rate.
(수입품 가격은 환율변동으로 인해 오를 것 같습니다.)

3. 직업, 소속: in with, at, of, to

a. My brother works **in** finance, and so does my dad.
(내 남동생은 금융업에 종사하고, 아빠도 금융업에 종사합니다.)

b. He has been **with** the LA Dodgers since 2019.
(그는 2019년부터 LA Dodgers 소속으로 활동했습니다.)

c. Our son was originally **at** LG, but after a few years he was headhunted by a software company in California.
(우리 아들은 원래 LG에 근무했는데 몇 년 후에 캘리포니아에 있는 소프트웨어회사에 스카우트되었습니다.)

d. She has just been announced as the new face **of** Chanel.
(그녀는 방금 샤넬의 새로운 얼굴로 발표되었습니다.)

e. She is the secretary **to** our Dean.
(그녀는 우리 학장의 비서입니다.)

cf work at / in / for

I **work at** Naver. (브랜드, 공간)
I **work in** the marketing department. (부서, 도시)
I **work for** an actress as her beauty stylist. (고용됨)

Pop Quiz

Indicate whether the following sentence is correct(O) or incorrect(X).

O X

David resigned because his health problem.

Answer X (→ David resigned **because of/due to/on account of** his health problem.)

(David는 건강상의 문제로 사직했습니다.)

4. 수단: by, with, through

① by: (수단, 방법) '~으로, 에 의하여'

② with: (도구) '~을 가지고, ~으로'

③ through: (매개, 수단) '을 통하여'

a. The KTX will get you there quickly, but going **by** bus is cheaper.

(KTX를 타면 목적지에 빠르게 도착하지만 버스를 타면 더 저렴합니다.)

b. If you curled your hair **with** tongs, I think it'd look great.

(고데기로 너의 머리를 말면 멋질 것 같습니다.)

c. Mary met her husband **through** a co-worker.

(Mary는 직장동료를 통해 그녀의 남편을 만났습니다.)

5. 양보: in spite of, despite

a. **Despite** the actor's latest scandal, his fans still support him.

(배우의 최근 스캔들에도 불구하고, 그의 팬들은 여전히 그를 지지합니다.)

b. **In spite of** the rain, we still went camping.

(비가 오는데도 불구하고 우리는 여전히 캠핑을 갔습니다.)

6. 예외: except, except for

a. I love pretty much every vegetable, **except** celery.
(나는 셀러리만 제외하고 거의 모든 채소를 좋아합니다.)

b. My vacation was amazing, **except for** the weather.
(내 방학은 날씨만 빼면 정말 멋졌습니다.)

7. 재료: of, from, out of, with

원료를 나타낼 때는 from, 재료를 나타낼 때는 of를 씁니다.
일상체에서는 out of를 쓰기도 합니다.

a. The actress's necklace for the Oscars was made **of** over 600 pearls.
(오스카상을 위한 여배우의 목걸이는 600개가 넘는 진주로 만들어졌습니다.)

b. Wine is made **from** grapes.
(와인은 포도로 만들어집니다.)

c. The investigation revealed that the new skyscraper collapsed in the earthquake because it was built **out of** shoddy materials.
(조사를 통해 밝혀진 바는 새 고층빌딩이 부실공사로 인해 지진으로 붕괴되었다는 것입니다.)

8. 대가: at, for

a. The couple bought an old apartment **at** a cheap price and renovated it.
(부부는 오래된 아파트를 싼값에 사서 개조했습니다.)

b. Rick's grandparents originally paid about $600 **for** the house, but it's worth more than ten times that today.
(Rick의 조부모님은 집을 그 당시 약 600달러에 구매했지만 오늘날에는 약 10배 이상의 가치가 있습니다.)

TASK 2

Indicate whether each sentence is correct(O) or not(X), and rewrite any ungrammatical sentences using the appropriate prepositions.

	O	X
1. My sister has worked at publishing for many years.	( )	( )
2. In spite all our thorough preparations, the party was a total disaster.	( )	( )
3. Professor Biltmore has been asked to give a lecture on time travel.	( )	( )

FOCUS 3 | Usage of prepositions (전치사의 용법)

1. 전치사의 목적어

전치사 뒤에 오는 목적어는 목적격이어야 하며, 전치사의 목적어에는 명사, 대명사, 명사구, 동명사 명사절 등이 옵니다.

a. We're so grateful **for your support** over the last few months.
(우리는 지난 몇 달 동안 보내주신 당신의 성원에 감사드립니다.)

b. My wife and I would like to express our appreciation to you **by treating you to lunch**.
(내 아내와 나는 당신께 점심을 대접하는 것으로 감사의 표시를 하고 싶습니다.)

c. Don't worry **about what they said**.
(그들이 말한 것에 대해서 걱정하지 마세요.)

2. 전치사의 후치

전치사는 목적어가 되는 어구 앞에 놓이지만, wh-의문문, 관계사절에서는 문장 끝에 오기도 합니다.

a. Which terminal are you coming **from**? I'll pick you up.
(어느 터미널에서 오십니까? 제가 당신을 데리러 가겠습니다.)

b. Music is what I live **for**.
(음악은 내가 살아가는 이유입니다.)

3. 전치사의 생략

(1) 전치사는 다음과 같은 말 앞에서는 생략됩니다.

next / last / this / some / every

today / tomorrow / yesterday

home / overseas / upstairs / downstairs

a. Let's camp here tonight and head for the summit **tomorrow**.
(오늘밤은 여기서 야영하고 내일 정상에 갑시다.)

b. The meeting will be held **this afternoon**.
(회의는 오늘 오후에 개최될 것입니다.)

c. I'm going **upstairs** now.
(나는 지금 위층으로 올라갑니다.)

d. Most of our clients are located **overseas**.
(우리 고객의 대부분은 해외에 있습니다.)

e. Sometimes I think about my friends back **home**.
(때때로 나는 고향에 있는 친구들을 생각합니다.)

(2) 다음 구문에서 in은 보통 생략됩니다.

a. I'm seriously **having trouble (in) deciding** what to pack
(나는 무엇을 포장할지 결정하기가 정말 힘듭니다.).

b. If you **have any difficulty (in) finding** my apartment, just call me.
(내 아파트를 찾는 데 어려움이 있으면 나에게 전화하세요.)

Pop Quiz

Indicate whether the following sentence is correct(O) or incorrect(X).

O X

I'm going to home right after class.

Answer X (→ I'm going **home** right after class.)

(나는 수업이 끝나면 바로 집에 갈 겁니다.)

4. 중요 전치사구

of

(1) consist of (구성되다)

Bibimbap **consists of** rice, vegetables, egg, and red pepper paste.

(비빔밥은 밥, 야채, 계란, 고추장으로 구성되어 있습니다.)

cf be composed of

(2) get rid of (~을 제거하다)

I am going to **get rid of** my car.

(나는 내 차를 처분하려고 합니다.)

(3) regardless of (~에 상관없이)

Regardless of the hard work you put into this paper, I'm going to have to give you an F since one section of it was plagiarized.

(자네가 이번 과제를 열심히 한 것과 별개로 일부는 표절했기 때문에 F를 받게 될 걸세.)

(4) at the risk of (~의 위험을 무릅쓰고)

That guy says exactly what he thinks, even **at the risk of** offending people.

(그 남자는 심지어 사람들을 불쾌하게 할 위험을 무릅쓰고 자신의 생각을 정확히 말합니다.)

from

(5) apart from (~와 별도로, except for)

Emily didn't know anyone at the wedding **apart from** the bride.

(Emily는 결혼식장에서 신부를 제외하고는 아는 사람이 없었습니다.)

(6) far from (~에서 멀리/조금도 ...않다.)

Getting accepted into MIT will be **far from** easy, but I'll still apply.

(MIT에 합격하는 것은 결코 쉽지 않을 것이지만, 나는 여전히 지원할 것입니다.)

In

(7) in conclusion (결론적으로)

In conclusion, we would like to thank you all for coming to today's conference.

(결론적으로, 저희는 오늘 회의에 참석해 주신 여러분 모두에게 감사드립니다.)

(8) in the end (마침내)

It was a crazy few weeks, but **in the end**, we met the deadline.

(말도 안 되는 몇 주였지만, 결국 우리는 마감일을 맞췄습니다.)

(9) in case of (~의 경우에는, ~에 대비하여)

Pack a waterproof jacket **in case of** rain.

(비가 올 경우의 방수 재킷을 챙깁니다)

cf Pack a waterproof jacket **in case** it rains.

(비가 올 경우 방수재킷을 챙깁니다.)

(10) succeed in (~에 성공하다)

Did you **succeed in** fixing your laptop?

(당신의 노트북을 고치는 데 성공했나요?)

on

(11) on purpose (고의로)

Cindy arrived late for the date **on purpose** since Michael had kept her waiting last time.

(Cindy는 Michael이 지난번에 그녀를 기다리게 한 이후로 일부러 데이트에 늦게 도착했습니다.)

to

(12) according to (~에 따르면)

According to Sabrina, we have a meeting later.
(Sabrina에 따르면, 우리는 나중에 회의가 있다고 합니다.)

cf in accordance with (~에 따라서, ~에 부합되게)

about

(13) anxious about (~을 걱정하다)

Don't be **anxious about** your job interview; you're going to do great!
(당신의 면접에 대해 걱정하지 마세요. 당신은 아주 잘 할 겁니다!)

cf We are really **anxious for** peace. (~을 갈망하다)

by

(14) by oneself (혼자서) / by nature (선천적으로) / by all means (모든 방법을 다 써서)

I prefer traveling **by myself**; that way, I don't have to plan things around other people.
(나는 혼자 여행하는 것을 더 좋아합니다. 그렇게 하면 나는 다른 사람들을 중심으로 계획을 세울 필요가 없습니다.)

for

(15) for good (영원히)

Ricky plans to go back to the UK **for good** next year.
(Ricky는 내년에 영원히 영국으로 돌아갈 계획입니다.)

TASK 3

Choose the appropriate preposition for each sentence.

1. Please sign the contract (on / in) black pen (among / on) the last page.
2. I don't usually eat breakfast (in / at) the morning, apart (from / of) when I'm on vacation.
3. (In / For) case there's a lot of traffic, go home (by / through) subway at rush hour instead of taking the bus.

QUICK TIP

1. In spite my good intentions, everything went wrong. (X)
   → **In spite of** my good intentions, everything went wrong. (O)
   → **Despite** my good intentions, everything went wrong. (O)
2. I'm going to overseas in this summer. (X)
   → I'm **going overseas** this summer. (O)
3. Many small businesses are experiencing difficulty to secure credit. (X)
   → Many small businesses are experiencing **difficulty (in) securing** credit. (O)

Translation

1. 제 좋은 의도와는 다르게 모든 것이 잘못되었습니다.
2. 저는 이번 여름에 해외로 갈 것입니다.
3. 많은 소규모 사업체들은 대출금을 확보하는데 어려움을 겪고 있습니다.

TASK 4

Choose the best word or phrase to complete each sentence.

1. Laura doesn't really need such a fancy car, but she got it ________ a decent price.
   (1) from (2) by
   (3) at (4) in

2. If you get hungry, feel free to help yourself ________ anything in the fridge.
   (1) to (2) for
   (3) at (4) by

3. Lara was far ________ happy about having to do overtime for the third night in a row.
   (1) of (2) from
   (3) about (4) in

TASK 5

Indicate whether each sentence is correct(O) or not(X), and rewrite any ungrammatical sentences appropriately.

	O	X
1. This child is suffering from a rare disease that makes her allergic to water.	(　)	(　)
2. Mom is scheduled to arrive on 3 this afternoon, and Dad gets here at Friday.	(　)	(　)
3. Believe it or not, your father was known as "Captain Fluffy" since many years.	(　)	(　)

FINAL CHECK

Choose the correct words in the parentheses.

1. The little boy is walking next ________ his mother.
   (1) to　　(2) from
   (3) by　　(4) at

2. I want to eat ice-cream, but I'm ________ a diet.
   (1) in　　(2) on
   (3) for　　(4) to

3. My grandparents live ________ the countryside.
   (1) at　　(2) on
   (3) in　　(4) with

4. Some people choose brand-name products, regardless ________ their price.
   (1) of　　(2) to
   (3) with　　(4) in

5. They will leave ________ Africa next week.
   (1) to　　(2) for
   (3) on　　(4) at

6. Tell me ____________ Thursday whether or not you can come to the meeting.

(1) until (2) to

(3) in (4) by

7. She's very anxious ____________ adjusting to a new life in a foreign country.

(1) with (2) to

(3) in (4) about

8. I couldn't do any work today ____________ the power outage.

(1) because of (2) in spite of

(3) in case of (4) in behalf of

9. You can use the service ____________ a much lower price if you subscribe now.

(1) into (2) at

(3) from (4) in

10. The politician was harshly criticized ____________ using racist speech.

(1) from (2) because

(3) for (4) at

WRAP-UP

1. 시간, 장소, 방향

- We've been best friends **since** high school.
  (우리는 고등학교 때부터 가장 친한 친구였습니다.)

- Since the pandemic started, most people have been cooking **at** home instead of eating **at** restaurants.
  (세계적 유행병이 시작된 이래로, 대부분의 사람들은 식당에서 먹는 대신에 집에서 요리를 해오고 있습니다.)

2. 주제, 원인, 수단, 양보 등

- I keep having a dream **about** a tsunami. What do you think it means?
  (나는 쓰나미에 대한 같은 꿈을 계속 꾸고 있습니다. 그게 무슨 뜻이라고 생각하세요?)

- **Despite** the actor's latest scandal, his fans still support him.
  (배우의 최근 스캔들에도 불구하고, 그의 팬들은 여전히 그를 지지합니다.)

3. 전치사의 용법

- My wife and I would like to express our appreciation to you **by treating you to lunch**.
  (내 아내와 나는 당신께 점심을 대접하는 것으로 감사의 표시를 하고 싶습니다.)

- I'm seriously **having trouble (in) deciding** what to pack.
  (나는 무엇을 포장할지 결정하기가 정말 힘듭니다.)

CULTURE CORNER

Showing Appreciation

The use of 'thank you' is much more common in Western culture than in Korean culture. In the West, it is considered polite to express gratitude for even the smallest of actions; people often say 'thank you' to bus drivers, waiters, and individuals who hold the door open for them. Even within one transaction at a store, a customer will usually say 'thank you' several times, for example, when being given a bag and when receiving a receipt.

(Translation) 감사 표시

'감사합니다'의 사용은 한국 문화보다 서양 문화에서 훨씬 더 흔하다. 서양에서는 아주 작은 행동에도 감사를 표시하는 것은 예의 바른 것으로 여겨진다; 사람들은 종종 버스 운전사, 웨이터, 그리고 그들을 위해 문을 열어주는 사람들에게 '감사합니다'라고 말한다. 상점에서 한 번의 결제를 하는 동안에도, 예를 들어 고객은 대개 가방을 받을 때나 영수증을 받을 때 '감사합니다'라고 여러 번 말할 것이다.

Unit
12

Conjunctions
(접속사)

INTRODUCTION

Topic

The Take-off (이륙)

Objectives

1. Coordinate conjunctions (등위 접속사) – and, but, or, for, so
2. Subordinate conjunctions I (종속 접속사 I) – that, whether, if, when, while, as, before, after, etc.
3. Subordinate conjunctions II (종속 접속사 II) – because, since, if, unless, although, as, etc.

WARM-UP

The Take-off

해석: 320쪽

<Nic and Mark are on the plane ready to take off.>

Nic So how are you feeling?

Mark Great, thanks! We have lots to get done in Korea, but I'm sure it'll be smooth sailing. It's my first time going back to Seoul since I was there as an exchange student, so I'm excited to see whether much has changed! How about you?

Nic Now that the plane is ready to take off, I've got butterflies. I'm excited, though!

Mark By the time we land, it'll be Friday night in Seoul. After we've gotten over our jet lag, what do you feel like doing?

Nic Hmmm you know that I'm such a foodie, so eating all the unique food is top of my bucket list.

Mark Ohhh, for our first meal, we can either have live octopus or pigs' feet, then. I hope you're ready for it! Let the adventure begin!

Useful Expressions

to be smooth sailing 순탄한 것	to be easy and without any problems Ex It was a little tricky setting up the new online system, but it'll **be smooth sailing** now that it's installed. (새로운 온라인 시스템을 설치하는 것은 좀 까다롭긴 했지만, 설치되었으니 순조롭게 진행될 겁니다.)
to have butterflies (in one's stomach) 가슴이 두근거린다	to feel very nervous before doing something Ex I **had butterflies in my stomach** before proposing to my wife, but thankfully she said yes! (나의 아내에게 청혼하기 전에 마음이 두근거렸지만, 고맙게도 그녀는 승낙했습니다!)
jet lag 시차	a sleep problem (usually tiredness) caused by flying across different time zones Ex Studies show that **jet lag** is worse when traveling east than traveling west. (연구는 서쪽으로 여행할 때보다 동쪽으로 여행할 때 시차로 인한 피로가 더 심하다는 것을 보여줍니다.)

top of one's bucket list 버킷리스트 중 첫번째	the thing or activity that someone wishes to do most Ex A: What's **top of your bucket list?** (당신의 버킷 리스트의 첫번째는 뭔가요?) B: That's easy. I really want to go on safari in Kenya. (쉬워요. 케냐에서 사파리를 꼭 가보고 싶습니다.)

GRAMMAR

FOCUS 1 | Coordinate conjunctions (등위 접속사)

1. 접속사 종류

(1) 의미상 종류

A. **등위 접속사**: 단어와 단어, 구와 구, 절과 절을 대등하게 연결하는 접속사 (and, but, or, for 등)

B. **종속 접속사**: 주절과 종속절을 연결하는 접속사 (if, whether, that, because 등)

(2) 형태상 종류

A. **단순 접속사**: and, when, for, if 등

B. **상관 접속사**: either ~ or, both ~ and, not only ~ but also 등

C. **접속사구**: as long as, as soon as, in case 등

(3) 접속사와 전치사

대부분의 종속 접속사는 전치사로도 쓰이는 데, 절의 요소(주어+동사)가 나오면 접속사이고, 명사상당어구가 나오면 전치사입니다.

a. **After** we've gotten over our jet lag, what do you feel like doing? (접속사)
(시차 적응을 하고 나면 뭘 하고 싶으세요?)

b. Why don't we catch a movie **after** dinner tonight? (전치사)
(오늘 밤 저녁 먹고서 밖에 나가 영화 한 편 보는 게 어때요?)

2. 등위 접속사

(1) and

단어, 구, 절 등을 의미상 순접 관계로 연결합니다. '~와', '~그리고'의 의미입니다.

a. I'm ready for a change, **and** I'm ready to have a real relationship.
(난 변할 준비가 됐고 당신과 진정한 관계를 가질 준비도 됐습니다.)

b. Tony Stark is a genius **and** a billionaire philanthropist.
(Tony Stark는 천재에 억만장자 자선가입니다.)

cf The singer **and** actor is famous.
(그 가수겸 배우는 유명합니다.)

The singer **and** the actor are famous.
(그 가수와 그 배우는 유명합니다.)

명령문 다음에 and가 오면, '~해라, 그러면'의 의미입니다.

a. Stick with me **and** everything will be all right.
(내 곁에 있으세요. 그러면 모든 것이 잘 될 겁니다.)

b. Find a job you love, **and** you'll never work a day in your life.
(당신이 사랑하는 직업을 찾으세요, 그러면 평생 하루도 일하지 않을 것입니다.)

(2) or

두 개 이상의 요소 가운데 하나를 선택하는 의미를 갖는 것으로, '혹은', '또는'의 뜻입니다.

a. Are you doing this because you want to, **or** are you doing this for me?
(당신이 원하는 거야? 아니면 나 때문에 그러는 거야?)

cf Is this order for here **or** to go?
(드시고 가시겠어요 아니면 포장해 가시겠어요?)

명령문 다음에 or가 오면, '~해라, 그렇지 않으면'의 의미입니다.

a. Finish your vegetables, **or** you're not going to get dessert.
(채소를 다 먹어라. 그렇지 않으면 디저트를 먹을 수 없을 거야.)

b. We better leave now, **or** we'll be late.
(우리는 지금 출발하는 것이 좋다, 그렇지 않으면 늦을 겁니다.)

(3) but

역접, 즉 의미상의 반대 또는 대조를 나타낼 때 쓰이며, '그러나~', '~지만'의 의미입니다.

a. We have lots to get done in Korea, **but** I'm sure it'll be smooth sailing.
(우리는 한국에서 해야 할 일이 많지만, 나는 순조롭게 될 것이라 확신합니다.)

b. The hairdresser has an available appointment on Sunday **but** not on Monday.
(그 미용사와는 일요일에 예약이 가능하지만 월요일에는 예약을 할 수 없습니다.)

'not that A but (that) B'는 'A 때문이 아니라 B 때문이다' 라는 뜻입니다. but(that)에서 that은 자주 생략됩니다.

a. **Not that** I don't drink coffee, **but** I'm just in the mood for a tea.
(커피를 안 마시는 건 아니지만, 나는 그냥 차를 마시고 싶은 기분입니다.)

b. It's **not that** I don't like you, **but** I'm not looking for a serious relationship right now.
(내가 당신을 좋아하지 않아서가 아니라 지금 당장은 진지한 관계를 원하지 않기 때문입니다.)

cf not that~ (~인 것은 아니다)

(4) for

이유를 나타내는 등위 접속사 for는 because와는 구분해서 사용해야 합니다. because는 종속절이 주절의 직접적인 원인이나, 이유가 될 때 사용할 수 있습니다. 이에 비해 for는 종속절이 주절에 대한 주관적 판단의 근거가 되거나 추가적 설명을 할 때 사용합니다. 또한, for는 문장 맨 앞 자리로 나오지 않습니다.

a. He must be ill, **for** he looks pale.
(창백해 보이는 것을 보니, 그는 아픈 것이 틀림없습니다.)

(5) yet

'그러나, 그럼에도 불구하고'의 뜻으로 but과 비슷하게 쓰입니다.

a. I slept like a baby last night, **yet** I'm still exhausted.
(나는 어젯밤에 갓난애처럼 잤는데, 아직도 지쳤습니다.)

cf Have you finished yet? (벌써)
No, not yet. (아직)

(6) so

'그래서'의 뜻으로 결과를 나타냅니다.

a. All public transportation services were suspended due to the strike, **so** everyone had to either drive or walk to work for the rest of the week.
(모든 대중교통이용이 파업으로 인해 중단되었으니 남은 요일 동안 자가용이나 도보로 출퇴근해야 합니다.)

b. I'm such a foodie, **so** eating all of the unique food in Korea is top of my bucket list.
(나는 정말 미식가라서, 한국의 모든 독특한 음식을 먹는 것이 내 버킷 리스트의 맨 위에 있습니다.)

(7) nor

'~도 또한 아닌'의 뜻으로 nor 다음에 주어와 동사가 도치됩니다.

a. Tom is not an ambitious man, **nor** does he wish to be.
(Tom은 야망 있는 사람이 아니고 그렇게 되길 바라지도 않습니다.)

b. I honestly have no idea why he's been trying to contact me, **nor** do I care.
(솔직히 나는 그 남자가 왜 나한테 연락하려고 했는지 모르겠고 신경도 쓰지 않습니다.)

3. 등위상관접속사

(1) either ~ or

'either A or B'는 'A 혹은 B 둘 중 하나'의 의미로 양자 택일을 나타냅니다.

a. **Either** speak now **or** forever hold your peace.
(지금 말하거나 영원히 침묵을 지키세요.)

b. For our first meal, we can **either** have live octopus **or** pigs' feet.
(첫 식사로 우리는 산낙지나 족발을 먹을 수 있습니다.)

cf I don't like **either** Tom Cruise **or** Brad Pitt.
(나는 톰 크루즈와 브레드 피트를 둘 다 좋아하지 않습니다.)

cf **A:** I don't like Tom
B: I don't like him, **either**. (= Me **neither**. / **Neither** do I.)

(2) neither ~ nor

neither A nor B는 'A도 아니고 B도 아닌'의 의미로 양자 부정을 나타냅니다.

a. I have **neither** my credit card **nor** cash on me right now. Can I transfer the money to you?
(나는 지금 신용카드도 현금도 가지고 있지 않습니다. 제가 당신에게 돈을 송금해도 될까요?)

(3) not only ~ but also

not only A but also B 구문은 'A뿐만 아니라, B도'의 의미로, also는 생략되기도 합니다. 또한 B as well as A와 같은 의미입니다.

a. Kate is **not only** the love of my life, **but also** my best friend.
(Kate는 내 평생 가장 사랑한 사람 일뿐만 아니라 가장 절친한 친구이기도 합니다.)

b. **Not only** do Chris's parents pay for his rent, **but** they **also** still give him an allowance.
(Chris의 부모님은 크리스의 집세를 낼 뿐만 아니라 용돈도 줍니다.)

(4) not ~ but

not A but B는 'A가 아니라 B'라는 의미입니다.

a. We're asking you to lunch **not because** we feel obligated to, **but because** we want to.
(저희가 의무감을 느껴서가 아니고 저희가 원해서 당신에게 점심을 대접하고자 합니다.)

b. It's **not** my father **but** my mother who disapproves of my boyfriend.
(내 남자친구를 못마땅하게 여기는 사람은 아버지가 아니라 어머니입니다.)

Pop Quiz

Indicate whether the following sentence is correct(O) or incorrect(X).

O X

Not I don't like wearing makeup, but I'm just too lazy to apply it.

Answer X (→ Not **that I** don't like wearing makeup, but I'm just too lazy to apply it.)
(제가 화장을 싫어하는 것은 아니지만, 화장을 하기에는 너무 게으릅니다.)

(5) both ~ and

both A and B는 'A와 B 둘 다'의 의미입니다.

a. **Both** balsamic vinegar **and** olive oil taste great with bread.
(발사믹 식초와 올리브 오일 모두 빵과 함께 먹으면 맛이 좋습니다.)

b. Luckily, our boss is **both** laid-back **and** friendly.
(다행히도, 우리 사장님은 느긋하고 친절합니다.)

TASK 1

Choose the most appropriate word(s) to complete each sentence.

and	not	but	or	nor	but also	so

1. We have neither beer ________ wine to offer you, but how about some coffee?
2. Put this sweater on, ________ you'll freeze to death.
3. Bob is not only my manager, ________ my friend.

FOCUS 2 | Subordinate conjunctions I (종속 접속사 I)

1. 명사절을 이끄는 접속사

(1) that

명사절을 이끄는 구실을 합니다. 즉, '~이라는 것'의 의미로 문장에서 주절, 목적절, 보어절을 이끕니다. 목적절을 이끄는 that은 생략할 수 있습니다. the fact, the hope, the proof, the belief, the idea, the news 다음에 오는 that절은 동격의 역할을 합니다.

a. You know (**that**) I'm such a foodie.
(제가 미식가인 거 아시잖아요.)

b. **That** pollution is getting worse each year is very worrying.
(= **It** is very worrying **that** pollution is getting worse each year.)
(오염이 매년 점점 더 심해지고 있다는 것은 매우 걱정스러운 일입니다.)

c. They are concerned about **the fact that** the family is losing its traditional roles.
(그들은 가족이 전통적인 역할을 잃고 있다는 사실을 염려합니다.)

(2) whether, if

'~인지, 아닌지'의 의미로, 문장 내에서 명사절을 이끕니다. if가 이끄는 명사절은 문장 내에서 목적어의 역할만을 합니다. whether가 이끄는 절만이 바로 뒤에 or not이 따라올 수 있습니다.

cf whether or not (O)
If or not (X)

cf whether + to부정사 (O)
If + to부정사 (X)

a. I'm excited to see **whether** much has changed.
(많은 것이 바뀌었는지 궁금합니다.)

b **Whether** she has a car or not is not important.
(그녀가 차를 소유하고 있는지 아닌지는 중요하지 않습니다.)

c. Tom is still deciding **if** he should sell his apartment or not.
(Tom 여전히 그의 아파트를 팔지 말지 결정하는 중입니다.)

cf I don't know **whether or not** he will come. (o)
I don't know **if or not** he will come. (X)

cf I haven't decided **whether to go** or stay. (o)
I haven't decided **if to go** or stay (X)

(3) 종속 의문절

의문사가 명사절을 유도할 수 있습니다. 의문사가 이끄는 종속절은 「의문사 + 주어 + 동사」의 순이 됩니다.

a. Can you speak up? I can barely understand **what you are saying.**
(좀 크게 말해 줄래요? 뭐라고 말하는지 거의 못 알아듣겠어요.)

b. An official investigation has begun to determine **how** and **where the fire began.**
(불이 어디서 어떻게 시작됐는지 공식적인 조사가 시작되었습니다.)

c. It's still unclear **which candidate will win.**
(어느 후보가 우승할 지 아직도 확실하지 않습니다.)

2. 시간 부사절 접속사

(1) when

시간을 나타내는 대표적인 종속 접속사로, '~할 때' 라는 의미입니다.

a. Tina was a real tomboy **when** she was younger.
(Tina는 어렸을 때 정말 말괄량이였습니다.)

cf 명사절 vs. 부사절

I don't know **when my uncle will come.**

I may not be here **when my uncle comes.**

(2) while, as

while과 as가 이끄는 부사절은 주절과 시간이 동시적입니다. 다만, while은 부사절의 시간 폭이 상대적으로 넓어서, '~하는 동안'의 의미이고, as는 '하는 순간, 동시에'의 의미입니다.

a. If you eat these cookies **while** they're hot, they'll taste even better.
(이 쿠키를 뜨거울 때 먹으면 훨씬 더 맛있을 겁니다.)

b. How many times have I told you not to talk **while** you are eating?!
(입안에 음식이 있을 때 말하지 말라고 내가 몇 번이나 말했니?)

c. He was leaving the office **as** I was arriving.
(내가 도착하고 있을 때 그는 퇴근하고 있었습니다.)

(3) before, after

a. **Before** going to college, I took a year out to travel the world.
(대학에 가기 전에, 나는 세계를 여행하기 위해 1년을 휴학했습니다.)

b. The product was recalled **after** several consumers reported injuries.
(일부 고객들이 피해를 제보한 후 그 제품은 회수되었습니다.)

(4) till/until

'~까지'의 의미로, till과 until의 의미는 같으나, until이 더 자주 사용됩니다.

a. Keep practicing **until** you feel more confident!
(더 자신감이 생길 때까지 계속 연습하세요!)

b. Let's shop **till** we drop!
(지쳐 쓰러질 때까지 쇼핑해보자!)

(5) since

(과거의 어떤 시점부터 지금까지)란 뜻을 나타내기 때문에 since절에서 과거 시제가 쓰이는 경우 주절은 계속을 나타내는 현재완료 진행형이 많이 쓰입니다.

a. It's my first time going back to Seoul **since** I was an exchange student.
(나는 교환학생 이후 처음으로 서울로 돌아갑니다.)

b. I've been playing golf **since** I was old enough to walk.
(나는 걷기에 충분한 나이부터 골프를 치고 있습니다.)

cf Owen has had a huge crush on Carrie **since** junior high school. (전치사)
(Owen은 중학교 때부터 Carrie를 짝사랑해왔습니다.)

(6) by the time

'~할 때쯤'이라는 의미로 미래를 나타낼 때와 과거를 나타낼 때 모두 쓸 수 있습니다.

a. **By the time** we land, it'll be Friday night in Seoul.
(우리가 도착할 때쯤이면 서울은 금요일 밤이 될 것입니다.)

b. This building will be the second tallest in the world **by the time** it's completed.
(이 건물은 완공될 즈음이면 세계에서 두 번째로 높은 건물일 것입니다.)

Pop Quiz

Indicate whether the following sentence is correct(O) or incorrect(X).

O X

I've been in love with you while I first met eyes with you.

Answer X (→ I've been in love with you **since** I first met eyes with you.)
(당신과 처음 눈을 마주친 이후로 계속 사랑하고 있습니다.)

(7) **as soon as, hardly~when, scarcely~when, no sooner~than**

'~하자마자, ~하다' 라는 뜻입니다.

a. **As soon as** the plastic surgeon is finished with you, you'll look like a new person!

(성형외과 의사가 당신을 끝내자마자, 당신은 새로운 사람처럼 보일 거예요!)

b. The firefighters had **hardly** slept a wink **when** the alert siren went off again.

(경보 사이렌이 다시 울렸을 때 소방관들은 거의 한숨도 자지 못했습니다.)

TASK 2

Choose the correct conjunction from the box to complete each sentence.

whether	than	which	that	since	before	as

1. If you don't tell us __________ of the two you prefer, we won't know what to buy.
2. Sonia doesn't know __________ she has time to have dinner with us on Friday.
3. What troubles your mother the most is __________ you didn't even think to call her.

FOCUS 3 | Subordinate conjunctions II (종속 접속사 II)

1. 이유, 원인

(1) **because**

종속절이 주절에 대한 직접적인 이유와 원인을 나타내며, 주로 종속절이 주절 뒤에 많이 쓰입니다. not because A, but because B는 'A 때문이 아니라 B 때문이다' 라는 뜻입니다. 또한 It is because ~ that~ 의 강조구문에 쓸 수 있습니다.

a. **Because** the lead singer came down with the flu, the concert was cancelled.

(리드 싱어가 독감에 걸려서 콘서트는 취소되었습니다.)

b. I think Apple products are so popular **not because** they are on the cutting edge of technology, **but because** they are designed so well.

(Apple사 제품은 최첨단 기술 때문이 아니라 디자인을 무척 잘하기 때문에 매우 인기가 있는 것 같습니다.)

cf because of (전치사구)

(2) since, as

because보다는 종속절과 주절의 인과관계가 약할 때 사용합니다. 즉, 종속절이 주절에 대한 간접적인 이유와 원인이 될 때 사용합니다.

a. **Since** Cole and Lisa were making so much money at that time, they decided to buy a vacation home.
(Cole과 Lisa는 그 때 돈을 엄청 많이 벌어서 그들은 별장을 한 채 사기로 했습니다.)

b. We should probably buy our tickets in advance **as** the movie is likely to sell out.
(영화가 매진될 것 같기 때문에 우리는 아마도 미리 표를 사야 합니다.)

(3) now (that)

'이제 ~했으니까'의 의미로 주절의 간접적인 이유를 나타냅니다.

a. **Now that** the plane is ready to take off, I've got butterflies.
(이제 비행기가 이륙할 준비가 되었으니, 마음이 설렙니다.)

b. Maybe we can catch up for dinner soon **now that** you're feeling better.
(이제 좀 나아지셨으니 저녁이나 같이 합시다.)

(4) seeing that, considering that

'~을 고려하면, ~을 감안하면'의 의미입니다.

a. **Considering that** you've been so busy at work lately, won't your boss give you a day off soon?
(요즘 당신이 회사일로 너무 바쁜 걸 감안한다면 사장님께서 곧 하루 휴가를 주지 않을까요?)

b. His English is not bad, **seeing that** he has only studied it for a year.
(그가 영어를 공부한지 1년 밖에 되지 않았다는 것을 감안하면, 그가 영어 실력이 아주 나쁜 것 만도 아닙니다.)

2. 조건

(1) if

조건을 나타내는 가장 일반적인 접속사로, '만약 ~하면'의 의미입니다.

a. If I don't get a promotion soon, I'm going to look for another job.
(만약 내가 곧 승진하지 못하면, 다른 직장을 구할 겁니다.)

b. You can close the window if you're cold.
(추우면 창문을 닫아도 됩니다.)

(2) unless

'~한 조건을 제외하면'의 의미이거나, 경고의 의미로 '~하지 않으면'의 의미로 쓰입니다. unless는 가정법에서는 쓰이지 않습니다.

a. Unless I am mistaken, we were in the same class in high school, right?
(내가 틀리지 않는 한, 우리는 고등학교에서 같은 반이었습니다, 맞나요?)

b. Dad told me not to use this credit card unless there was an emergency.
(아빠는 긴급 상황이 아니면 이 신용카드를 사용하지 말라고 말했습니다.)

(3) in case (that), provided/providing (that), suppose/supposing (that), given (that), on the condition (that)

a. Provided that all goes according to plan, we'll have signed the contract by this time tomorrow.
(모든 것이 계획대로 진행된다면, 우리는 내일 이 시간까지 계약서에 서명할 것입니다.)

b. On the condition that you lend me your dress tonight, I'll do your makeup for you.
(오늘 밤 당신이 나에게 당신의 드레스를 빌려준다는 조건으로, 내가 당신을 위해 당신의 화장을 해주겠습니다.)

c. Buy insurance in case you have an accident.
(사고를 당할 경우를 대비해서 보험에 가입하십시오.)

cf Call 9-1-1 in case of an emergency. (전치사구)
(긴급상황이 발생하면 911로 전화하세요.)

cf just in case (만약을 대비해서)

d. Suppose your father knew you were dating a gangster, what would he do?
(만약 당신의 아버지가 당신이 깡패와 데이트하고 있다는 것을 알았다면, 그는 어떻게 할까요?)

e. Given that only ten people attended this year's reunion, I don't think we'll be having one next year.
(올해 친목회에 단지 열명만 참석한 것을 고려하면, 우리가 내년에 친목회를 할 수 있을 것 같지 않습니다.)

cf **Given** the chance, I'd do it all over again.
(기회가 된다면 처음부터 다시 하고 싶습니다.)

3. 목적

(1) so that, in order to

'~하기 위해서'의 의미입니다.

a. Please put your phone on silent **so that** you don't disturb other people.
(다른 사람을 방해하지 않도록 전화기를 무음으로 해 주세요.)

b. Social distancing was enforced **in order to** minimize the spread of the infection.
(감염의 확산을 최소화하기 위해 사회적 거리 두기가 시행되었습니다.)

4. 결과

(1) so~that

a. I was **so** tired **that** I fell asleep with my phone in my hand.
(나는 너무 피곤해서 핸드폰을 손에 들고 잠이 들었습니다.)

(2) such~ that

a. It was **such** a cold day **that** I couldn't feel my toes.
(너무 추운 날이어서 나는 내 발가락이 느껴지지 않았습니다.)

5. 양보

(1) though, although

'비록 ~하더라도, 비록 ~하지만'의 의미입니다. 두 가지는 의미 차이 없이 쓰입니다. Though가 Although보다 약간 더 informal (비격식체) 문장에서 쓰는 경향이 있습니다.

a. **Although** a graduate degree is a great asset, it can't guarantee you a high-paying job.
(비록 석사 학위는 시장성이 높은 자산이지만, 이것이 당신에게 높은 급여를 주는 직업을 보장해 줄 수 없습니다.)

b. **Though** Emma wants to buy a car, she just can't afford it right now.
(Emma는 차를 사고 싶어하지만 지금 당장은 살 여유가 없습니다.)

cf though (부사)
That shirt is too expensive. It's pretty, **though**.
(저 셔츠는 너무 비쌉니다. 그래도 예쁘기는 합니다.)

cf even though (좀 더 강한 대조)

cf despite, in spite of (전치사, 전치사구)

(2) even if, even though

if와 though 앞에 even이 붙어서 강조의 의미가 있습니다.
'심지어 ~하더라도, ~한데도'의 의미입니다. even if는 가정의 의미를 가집니다.

a. **Even though** he was apparently late, he stopped by the café for his coffee.
(그는 분명히 늦었음에도 불구하고, 그는 커피를 사기 위해서 카페에 들렀습니다.)

b. **Even if** I ate cup ramen every day for the rest of the year, I still wouldn't have enough money to buy that bag.
(비록 내가 남은 일년 동안 매일 컵라면을 먹었다고 해도, 나는 여전히 그 가방을 살 충분한 돈이 없을 겁니다.)

(3) while, whereas

'~그런데, ~한데, ~한데 반해서'의 의미입니다.

a. Mike likes coffee, **while** Marie prefers tea.
(Mike는 커피를 좋아하는 반면 Marie는 차를 좋아합니다.)

b. **Whereas** Hanoi has four distinct seasons, people down in Ho Chi Minh enjoy warm weather all year round.
(하노이에는 뚜렷한 사계절이 있는 반면, 호치민에 사는 사람들은 일년 내내 따뜻한 계절을 즐깁니다.)

(4) as

'~이기는 하지만', '~이라고는 하나'의 의미입니다.

a. Ridiculous **as** it sounds, I have a feeling I'm going to be a billionaire some day.
(말도 안 되는 소리처럼 들리겠지만, 나는 언젠가 억만장자가 될 것 같은 느낌이 듭니다.)

b. Poor **as** he was, Richard was determined to support his new wife no matter what it took.
(Richard는 가난하긴 하지만, 어떤 희생이 있더라도 새 아내를 지원하기로 마음먹었습니다.)

6. 양태

(1) as

'~과 같이', '~대로'의 의미입니다.

a. **As** I've told you before, you're just not my type.
(내가 전에도 말했듯이, 당신은 내 타입이 아닙니다.)

b. **As far as** I know, Jacob majored in biology, so he might be able to help you.
(내가 알기로는 Jacob이 생물학을 전공했으니까 그가 당신을 도와줄 수 있을 겁니다.)

cf 접속사 as (같은 시간, 동등함)

You will get used to it **as** time goes by. (~함에 따라서)

I love you **as** you are. (~인 그대로)

Pop Quiz

Indicate whether the following sentence is correct(O) or incorrect(X).

O X

Since I took a nap, I still feel tired.

Answer X (→ **Although/Though/Even though** I took a nap, I still feel tired.)
(낮잠을 잤는데도 나는 여전히 피곤합니다.)

TASK 3

Choose the most appropriate conjunction to complete each sentence.

1. A hedgehog grows spikes (for, so that) it can protect itself from danger.
2. There's a chance we'll have left for the movie (until, by the time) you get home.
3. (Unless, If) we leave immediately, we're going to miss your sister's performance.

QUICK TIP

1. It was raining cats and dogs during they arrived at the foot of the mountain. (X)
   → It was raining cats and dogs **when** they arrived at the foot of the mountain. (O)
2. As I have spoken on the phone with Mr. Kang several times, I have never met him in person. (X)
   → **Although/Though/Even though** I have spoken on the phone with Mr. Kang several times, I have never met him in person. (O)
3. Despite the low salary, George took the job as a junior reporter such that he could gain valuable experience. (X)
   → Despite the low salary, George took the job as a junior reporter **so that** he could gain valuable experience. (O)

Translation

1. 그들이 산 기슭에 도착했을 때, 비가 억수로 쏟아지고 있었습니다.
2. 나는 전화로 강씨와 여러 번 통화를 했지만 그를 직접 만난 적은 없습니다.
3. 낮은 급료에도 불구하고 George는 귀중한 경험을 쌓기 위해 수습 기자로 취직했습니다.

TASK 4

Choose the most appropriate word(s) to complete each sentence.

1. Lenny is in prison ________ he committed a crime.

   (1) while (2) when
   (3) because (4) if

2. An emergency faculty meeting has been called ________ the problem of bullying can be seriously addressed.

   (1) such (2) so that
   (3) because of (4) in order to

3. ________ the plane touches down, I will text you.

   (1) As soon as (2) Hardly
   (3) No sooner (4) Not sooner than

TASK 5

Replace any inappropriately used conjunctions with appropriate ones.

1. You are welcome to bring neither a bottle of wine nor a dessert to the party, but no gifts, please.
2. When I was younger, I truly believed while the tooth fairy existed.
3. Since Banksy's artwork is so well-known, his identity is still a mystery.

FINAL CHECK

Choose the appropriate conjunction to complete each sentence.

1. He resigned from his position ________ the salary was too low.

   (1) but (2) because
   (3) if (4) what

2. ________ you get up early, you will be late for school.

   (1) As (2) Because
   (3) If (4) Unless

3. I wondered __________ he would ever finish it in time.

(1) that (2) if

(3) because (4) although

4. __________ we consider buying a house in this area, we'd better find out more about the schools for our children.

(1) Although (2) During

(3) Before (4) For

5. Wait a second. __________ I finish this book, we can go to lunch. There's just one page left.

(1) As soon as (2) As far as

(3) In time (4) Now that

6. There's a possibility __________ my flight will be delayed because of bad weather, in which case I'll call you.

(1) that (2) about

(3) what (4) whether

7. My doctor says I need to watch my cholesterol, __________ I'm only thirty-five.

(1) because (2) as long as

(3) even though (4) in case

8. I put the ice cream into the freezer __________ it wouldn't melt.

(1) although (2) if

(3) unless (4) so that

9. __________ I've hit thirty, I suddenly have so many wrinkles.

(1) Now that (2) As if

(3) As soon as (4) Though

10. I know it isn't likely, but let's close the windows __________ it rains.

(1) although (2) in case

(3) because (4) whereas

WRAP-UP

1. 등위 접속사

- and, but, or, for, so, nor, yet
- either~or, neither~nor, not only~but also, not~but, both~and

- I'm ready for a change, **and** I'm ready to have a real relationship.
  (난 변할 준비가 됐고 당신과 진정한 관계를 가질 준비도 됐습니다.)

- **Either** speak now **or** forever hold your peace.
  (지금 말하거나 영원히 침묵을 지키세요.)

2. 종속 접속사

- 명사절: that, whether, if
- 부사절:

  시간: when, while, as, before, after until, since, by the time

  이유: because, since, as, now (that)

  조건: if, unless, provided (that), in case (that)

  목적: so that

  결과: so~that, such that

  양보: though, although, even though, even if, while, whereas, as

  양태: as

- You know (**that**) I'm such a foodie.
  (제가 미식가인 거 아시잖아요.)

- Can you speak up? I can barely understand **what you are saying**.
  (좀 크게 말해 줄래요? 뭐라고 말하는지 거의 못 알아듣겠어요.)

- **If** I don't get a promotion soon, I'm going to look for another job.
  (만약 내가 곧 승진하지 못하면, 다른 직장을 구할 겁니다.)

- **Because** the lead singer came down with the flu, the concert was cancelled.
  (리드 싱어가 독감에 걸려서 콘서트는 취소되었습니다.)

CULTURE CORNER

FOOD CULTURE

In Korea, food culture is very important, and it is believed that "food is the best medicine". For example, many people eat *죽*(porridge) when they have digestive issues, eat *해장국*(hangover soup) after drinking alcohol, and take *홍삼*(ginseng) for low energy levels. Instead, in the West, the common belief is that "sleep is the best medicine". When someone is feeling sick, they usually just try to get more rest.

Translation 음식 문화

한국에서, 음식 문화는 매우 중요하며, "음식은 최고의 약"이라고 믿어진다. 예를 들어, 많은 사람들이 소화장애가 있을 때 죽을 먹고, 술을 마신 후에 해장국을 먹고, 떨어진 에너지를 위해 홍삼을 복용한다. 대신에 서양에서는 "잠이 가장 좋은 약"이라는 것이 일반적인 믿음이다. 누군가가 아프다고 느낄 때, 그들은 보통 더 휴식을 취하려고 노력한다.

Unit

13

Review
(8 - 12과 복습)

Unit 8

Participles (분사)

Topic The Overseas Office (해외 지사)

Objectives 1. Present participle / Past participle (현재분사 / 과거분사)

2. Participle construction (분사 구문)

1. 현재분사와 과거분사

- You two have so many **running** jokes that it's hard to keep up.
(당신 둘은 농담을 너무 많이 해서 따라잡기가 어렵습니다.)

- The **frightened** kids screamed in the haunted house.
(겁먹은 아이들은 귀신의 집에서 소리를 질렀습니다.)

- Perhaps we should be **considering** a different sales strategy.
(아마 우리는 다른 판매 전략을 생각해보아야 할 것 같습니다.)

- I'm really not **impressed** with his work ethic.
(저는 그의 직업윤리에 정말 감명받지는 않았습니다.)

2. 분사구문

- **Having worked** all day long, I was hoping to go home to a peaceful house.
(하루 종일 일을 했으므로, 저는 평화로운 집으로 돌아가고 싶었습니다.)

- A few words of encouragement, **spoken** at the right time, can go a long way.
(제 때에 사용된다면 몇 마디 격려의 말이 많은 도움이 될 수 있습니다.)

3. 독립분사구문

- **Speaking of** handsome actors, do you follow Ryan Reynolds on Instagram?
(잘생긴 배우 얘기가 나와서 말인데, 인스타그램에서 Ryan Reynolds를 팔로우하나요?)

Quiz Show

5 questions

Complete the following questions with the appropriate participle.

1. What's one ________ fact that students may not know about you?

   (a) interested (b) interesting
   (c) interest (d) interestingly

2. When you feel ________, how do you unwind?

   (a) stressful (b) stressing
   (c) stressed (d) stresses

3. What's the most ________ film you've ever seen?

   (a) moving (b) moved
   (c) movement (d) move

4. ________ Korean, what would you say is the most difficult part of the language?

   (a) Having studied (b) Have studied
   (c) Having studying (d) Have study

5. ________ that money wasn't an obstacle, what would your dream vacation be?

   (a) Compared (b) Given
   (c) Judging (d) Supposing

Review Questions

Choose the word or phrase that best completes each sentence.

1. ________ for the operation, I got very nervous and agitated.
   (a) Waited (b) Waiting
   (c) Had waited (d) Having been waited

2. Did you see the woman ________ caricatures in the park?
   (a) drawing (b) to draw
   (c) drawn (d) drew

3. Today's lunch special is oven-baked salmon ________ on a bed of mashed potatoes.
   (a) serve (b) served
   (c) to serve (d) serving

4. ________ Europe, have you ever been to Prague? I hear it's beautiful.
   (a) Given that (b) Provided that
   (c) Speaking of (d) Granting that

5. The book I'm reading right now is ________; I can't put it down.
   (a) fascinate (b) fascinates
   (c) fascinated (d) fascinating

6. ________ aced the course last year, I can give you some study tips.
   (a) Been (b) Having been
   (c) Having (d) Been having

7. ________, people have been following the government guidelines since the pandemic started.
   (a) Provided that (b) Compared with
   (c) Speaking of (d) Generally speaking

8. The atmosphere in the stadium was ________ at the start of the match.
   (a) to excite (b) excite
   (c) excited (d) exciting

9. That homeless guy ________ next to the dumpster is an undercover cop.

(a) standing
(b) to stand
(c) stood
(d) stand

10. ________ with other restaurants in the area, this one is really good value for money.

(a) Comparing
(b) Compared
(c) Compare
(d) Comparison

Unit 9

Relatives (관계사)

Topic The Break-up (헤어짐)

Objectives
1. Relative pronouns (관계대명사)
2. Usages of relative pronouns (관계대명사 용법)
   Nonrestrictive usage / Ellipsis of relative pronouns / Quasi-relative pronouns (비제한적(계속적) 용법 / 관계대명사의 생략 / 유사 관계대명사)
3. Relative adverbs (관계부사)

1. 관계대명사

who, whose, who, which
what (=the thing which, all that)
복합관계대명사: whoever, whomever, whichever, whatever

- He's the one **who** insisted on staying together.
  (그가 바로 함께 지내자고 고집한 사람입니다.

- That's the guy **whose** dog is always barking late at night.
  (저 사람이 바로 항상 밤늦게 짖는 개를 기르고 있는 그 남자입니다.)

- This trip could be just **what** you need.
  (이번 여행이 당신에게 필요한 것일 수도 있습니다.)

- Order **whatever** you want.
  (당신이 원하는 것을 주문하세요.)

2. 관계대명사 용법: 비제한적 용법 / 관계대명사의 생략 / 유사관계대명사

- Tom's sister **who** lives in Seattle is a mathematician, while his sister **who** lives in Portland is a baker.
  (시애틀에 사는 Tom의 누나는 수학자이고 포틀랜드에 사는 누나는 제빵사입니다.)

- Noah's sister, **who** lives in Chicago, is the only girl in the family.
  (Noah의 여동생은 시카고에 살고 있는데 외동딸입니다.)

3. 관계부사

when, where, why, how
복합관계부사: whenever, wherever, however

- This is the town **where** my father grew up.
  (이 마을은 저희 아버지가 성장한 곳입니다.)

- **Whenever** you need a sympathetic ear, I'm here.
  (당신이 공감해줄 사람이 필요할 때마다, 저는 여기 있습니다.)

Quiz Show

5 questions

Complete each sentence with the appropriate relative pronoun, and guess whether the statement is true or false.

1. France is the country ________ French fries were invented.
   (a) that (b) where
   (c) when (d) which

2. The Queen of England, ________ lives in Buckingham Palace, is called Elizabeth.
   (a) who (b) whom
   (c) that (d) whose

3. 2004 was the year ________ the World Cup was held in Korea.
   (a) whenever (b) where
   (c) when (d) what

4. Honey is the only food ________ never goes bad.
   (a) who (b) what
   (c) whatever (d) that

5. The reason ________ Koreans use metal chopsticks nowadays is to detect poison in food.
   (a) why (b) for
   (c) whichever (d) how

Review Questions

Choose the word or phrase that best completes each sentence.

1. The city implemented a new recycling policy ________ is part of a plan to reduce waste.

   (a) which (b) where

   (c) whose (d) when

2. ________ flight you decide to take, I can pick you up at the airport.

   (a) However (b) Whenever

   (c) Whoever (d) Whichever

3. This plant should be kept beside a window ________ there is sunlight.

   (a) where (b) which

   (c) how (d) what

4. That is not ________ I meant to say.

   (a) which (b) whatever

   (c) what (d) that

5. She is the person to ________ most students turn for advice.

   (a) whomever (b) which

   (c) whoever (d) whom

6. The Louvre, ________ collection of art includes the Mona Lisa, is in Paris.

   (a) who (b) whose

   (c) whom (d) which

7. The film is completely different from the book ________ it is based.

   (a) which (b) on which

   (c) whichever (d) that

8. She is the model ________ face has been on the most Vogue covers ever.

   (a) whose (b) which

   (c) that (d) whatever

9. The plantain, __________ is sometimes confused with the banana, is widely eaten in tropical regions.

(a) what
(b) who
(c) that
(d) which

10. Do you remember the summer ________ we went to Busan together?

(a) what
(b) where
(c) when
(d) which

Unit **10**

Adjectives and Adverbs (형용사와 부사)

Topic The Korean Study (한국어 공부)

Objectives
1. Usages of adjectives (형용사 용법)
2. Comparison (비교)
3. Usages of adverbs (부사 용법)

1. 형용사의 한정적 용법과 서술적 용법

- I am able to read **simple** sentences now.
  (저는 이제 간단한 문장은 읽을 수 있습니다.)

- The alphabet looks really **difficult**.
  (그 철자는 정말 어려워 보입니다.)

2. 형용사의 전위 수식과 후위 수식

- I'm craving **spicy** food for dinner.
  (나는 저녁으로 매운 음식이 먹고 싶습니다.)

- I'm craving something **spicy** for dinner.
  (나는 저녁으로 뭔가 매콤한 게 먹고 싶습니다.)

3. 비교

- After thirty years, you still look **as beautiful as** the day I married you.
  (30년이 지난 후에도 당신은 여전히 우리가 결혼한 그 날처럼 아름다울 것입니다.)

- Although it's **more expensive than** other beef, Hanwoo tastes the best.
  (한우고기는 비록 다른 소고기보다 훨씬 비싸지만 맛은 최고입니다.)

- Honorifics are **the hardest part** of studying Korean.
  (존댓말이 한국어 학습에서 가장 어려운 부분입니다.)

4. 부사

- It seems like you're studying **hard**.
  (당신은 공부를 열심히 하는 것 같습니다.)

- **Frankly**, I think you're both being silly.
  (솔직히 저는 당신 둘 모두 어리석다고 생각합니다.)

Quiz Show

5 questions

Watch the following clip from 'Friends', and complete each blank with the adjective or adverb you hear.

Friends - HD - Ross's Teeth - YouTube (00:02-1:36)

Ross	What's up? (Smiling)
Chandler	You know...Oh My God.
Monica	What happened to your teeth?!
Ross	I whitened them.
Chandler	(Sarcastically) Really?
Ross	Yeah. What do you think?
Monica	Well, I think I shouldn't look (1) ____________ at them.
Ross	Come on, seriously.
Monica	Ross, they're really, really, really white.
Chandler	Yeah. What was wrong with your old...human teeth?
Ross	Ahhh...I-I did leave the gel on a little (2) ____________ than it said to.
Monica	How much longer?
Ross	A-a day.
Monica	Ross, you know that tonight is your date with Hilary?
Ross	I know. That's why I did it. Come on, are they really (3) ____________ bad?
Chandler	No, no no no. You'll be fine. (Turning to Monica) Hilary's blind, right?
Monica	She will be after tonight.
Chandler	Yeah. (Rachel walks in.)
Ross	Oh, hey, hey Rach, do you notice anything....
Rachel	Yeah. Your teeth? I saw them from outside.
Monica	OK, maybe this will make your teeth look (4) ____________. Nope. OK, so colors that don't work are blue, yellow, green, red, black, white, orange, and purple.
Ross	I don't know what I'm gonna do. The date starts in like an hour.
Monica	Ross, maybe if your skin was (5) ____________, your teeth wouldn't look so bright.
Ross	Oh, great! (Sarcastically) So all I need to do is get some new skin. Thank you.
Monica	I'm just saying...if we put just a little bit of makeup on you...

Review Questions

Choose the word or phrase that t best completes each sentence.

1. Temperatures are __________ around this time of the year.
   (a) the coldest
   (b) coldest
   (c) colder than
   (d) more cold

2. Have you been watching any good dramas __________?
   (a) later
   (b) latest
   (c) lately
   (d) last

3. It seems that Edna is getting better at her job. These days, she makes __________ mistakes.
   (a) fewer
   (b) not much
   (c) a little
   (d) least

4. The rain started when we arrived at the theater, and it was __________ pouring when we left.
   (a) yet
   (b) ever
   (c) already
   (d) still

5. Drive __________ today; the roads are probably __________ after last night's snow.
   (a) careful – dangerously
   (b) careful – danger
   (c) carefully – dangerous
   (d) carefully – dangerously

6. Most of the union members are __________ in favor of contract renegotiation.
   (a) strong
   (b) strength
   (c) stronger
   (d) strongly

7. Have you seen the __________ news about the election?
   (a) later
   (b) latest
   (c) later
   (d) lately

8. They say that nothing is __________ as your health.
   (a) as important
   (b) the most important
   (c) more important
   (d) of importance

9. Dental treatment is ________ in the US than in Korea.

(a) expensive
(b) more expensive
(c) much expensive
(d) the most expensive

10. Wow! That was ________ movie I've seen in a long time.

(a) scary
(b) more scary
(c) the scariest
(d) the most scarier

Unit **11**

Prepositions (전치사)

Topic The Packing (짐싸기)

Objectives 1. Prepositions: time, place, direction (시간, 장소, 방향 전치사)

2. Prepositions: theme, cause, job, etc. (주제, 원인, 직업 등을 나타내는 전치사)

3. Usages of prepositions (전치사 용법)

1. 시간, 장소, 방향

시간: at, on, in for, during, until, by, since

장소: at, on, in, before, after, above, over, by, near

방향: to, for, toward, up, down, around

- We've been best friends **since** high school.
  (우리는 고등학교 때부터 가장 친한 친구였습니다.)

- Since the pandemic started, most people have been cooking **at** home instead of eating **at** restaurants.
  (세계적 유행병이 시작된 이래로, 대부분의 사람들은 식당에서 먹는 대신에 집에서 요리를 해오고 있습니다.)

2. 주제, 원인, 수단, 양보 등

주제: about, on of

원인: from, at, over, for, with

직업, 소속: in, with, at, of, to

수단: by, with, through

양보: in spite of, despite

재료: of, from, with

대가: at, for

- I keep having a dream **about** a tsunami. What do you think it means?
  (나는 쓰나미에 대한 같은 꿈을 계속 꾸고 있습니다. 그게 무슨 뜻이라고 생각하세요?)

- **Despite** the actor's latest scandal, his fans still support him.
  (배우의 최근 스캔들에도 불구하고, 그의 팬들은 여전히 그를 지지합니다.)

3. 전치사의 용법

- My wife and I would like to express our appreciation to you **by treating you to lunch.**
  (내 아내와 나는 당신께 점심을 대접하는 것으로 감사의 표시를 하고 싶습니다.)

- I'm seriously **having trouble (in) deciding** what to pack.
  (나는 무엇을 포장할지 결정하기가 정말 힘듭니다.)

Quiz Show

5 questions

Complete each of the expressions with the appropriate preposition.

1. Learn to walk ________ you run.
   (a) after (b) before
   (c) by (d) up to

2. When ________ Rome, do as the Romans do.
   (a) at (b) through
   (c) beside (d) in

3. Never put off ________ tomorrow what you can do today.
   (a) until (b) due to
   (c) during (d) since

4. Hope ________ the best, but prepare ________ the worst.
   (a) with (b) about
   (c) for (d) among

5. Money doesn't grow ________ trees.
   (a) on (b) above
   (c) toward (d) around

Review Questions

Choose the word or phrase that best completes each sentence.

1. Baristas typically place a tip jar ________ the counter for customers to toss their spare change into.

   (a) above (b) in
   (c) on (d) over

2. She watched ________ envy as her rival was awarded the first prize at the beauty pageant.

   (a) to (b) with
   (c) by (d) for

3. I've been living on my own ________ I started college.

   (a) during (b) up to
   (c) until (d) since

4. That sort of thing only happens ________ the movies.

   (a) by (b) in
   (c) till (d) on

5. I'm reading a book ________ how to get rich in 90 days or less.

   (a) at (b) for
   (c) about (d) in

6. That was quite a surprise ________ the end of the film.

   (a) on (b) by
   (c) at (d) in

7. Several celebrities were ________ those protesting in front of city hall yesterday.

   (a) among (b) across
   (c) toward (d) at

8. I'm having some trouble deciding ________ the cheesecake and the apple tart.

(a) over (b) through

(c) among (d) between

9. The peak of Mt. Halla is 1,950 meters ________ sea level.

(a) below (b) above

(c) in (d) on

10. Angela has been working at this company ________ six years.

(a) for (b) within

(c) in (d) since

Unit 12

Conjunctions (접속사)

Topic The Take-off (이륙)

Objectives 1. Coordinate conjunctions (등위 접속사) – and, but, or, for, so

2. Subordinate conjunctions I (종속 접속사 I) – that, whether, if, when, while, as, before, after, etc.

3. Subordinate conjunctions II (종속 접속사 II) – because, since, if, unless, although, as, etc.

1. 등위 접속사

▸ and, but, or, for, so, nor, yet

▸ either~or, neither~nor, not only~but also, not~but, both~and

- I'm ready for a change, **and** I'm ready to have a real relationship.
  (난 변할 준비가 됐고 당신과 진정한 관계를 가질 준비도 됐습니다.)

- **Either** speak now **or** forever hold your peace.
  (지금 말하거나 영원히 침묵을 지키세요.)

2. 종속 접속사

▸ 명사절: that, whether, if

▸ 부사절:

시간: when, while, as, before, after until, since, by the time

이유; because, since, as, now (that)

조건: if, unless, provided (that), in case (that)

목적: so that

결과: so~that, such that

양보: though, although, even though, even if, while, whereas, as

양태: as

- You know (**that**) I'm such a foodie.
  (제가 미식가인 거 아시잖아요.)

- Can you speak up? I can barely understand **what you are saying**.
  (좀 크게 말해 줄래요? 뭐라고 말하는지 거의 못 알아듣겠어요.)

- **If** I don't get a promotion soon, I'm going to look for another job.
  (만약 내가 곧 승진하지 못하면, 다른 직장을 구할 겁니다.)

- **Because** the lead singer came down with the flu, the concert was cancelled.
  (리드 싱어가 독감에 걸려서 콘서트는 취소되었습니다.)

Quiz Show

5 questions

Complete the famous quotes with the appropriate conjunction.

1. "Your time is limited, ________ don't waste it living someone else's life." – Steve Jobs

(a) or (b) so
(c) but (d) because

2. "I've learned ________ people will forget what you said, people will forget what you did, but people will never forget how you made them feel." – Maya Angelou

(a) if (b) that
(c) which (d) whereas

3. "________ you judge people, you have no time to love them." – Mother Teresa

(a) Whether (b) Unless
(c) If (d) As

4. "________ to be irreplaceable, one must always be different." – Coco Chanel

(a) In order (b) So that
(c) Though (d) Even if

5. "It does not matter how slowly you go ________ you do not stop." – Confucius

(a) by the time (b) now that
(c) in case (d) as long as

Review Questions

Choose the word or phrase that best completes each sentence.

1. I don't have time to read the whole thing, ________ I'll skim through and pick out the important details.

   (a) but (b) nor
   (c) or (d) for

2. Invest in your education now, ________ your efforts will be rewarded later.

   (a) yet (b) and
   (c) but (d) or

3. No sooner had she graduated ________ she was headhunted for a job at her dream company.

   (a) that (b) as
   (c) than (d) after

4. We better run to the board gate, ________ we might miss our flight.

   (a) and (b) or
   (c) if (d) that

5. I'm going to ask my doctor ________ he thinks acupuncture really works.

   (a) that (b) what
   (c) while (d) whether

6. ________ we arrived at the hospital, my sister was already in labor.

   (a) That (b) Since
   (c) When (d) Whether

7. I'm afraid we'll have to close down the store ________ business improves.

   (a) while (b) since
   (c) that (d) unless

8. I could barely sleep last night ________ I was so anxious about my exam.

(a) because (b) while

(c) when (d) till

9. Sam and Erica really want to get a dog ________ they've got a garden.

(a) in case (b) whereas

(c) now that (d) even though

10. Newspapers not only offer insight into world events, ________ are also a great way to improve your vocabulary.

(a) and (b) neither

(c) or (d) but

MEMO

Task Answers

Unit 1

Tenses

WARM-UP

Translation **신입 사원**

<Mark와 Nic이 직원실에서 서로 마주친다.>

Mark 오, 안녕! 네가 신참인가 봐!

Nic 만나서 반가워! 난 Nicola야, 하지만 Nic이라고 불러줘. 사실 나는 저번 주에 시작했는데, 사무실 근처에서 널 못 본 것 같아.

Mark 사실 난 지난 몇 주 동안 휴가를 다녀왔어. 그나저나 난 Mark야. 지금까지 일은 어떤 거 같아요?

Nic 좋아. 아직 요령을 터득하고 있지만, 분명 쉬워질 거야! 나는 대학을 갓 졸업하고, 샌프란에서 막 이곳으로 이사 왔기 때문에 아직 모든 것에 적응하고 있어. 그동안 좀 벅찼어!

Mark 와, 큰 변화구나! 나는 여행을 다녀와서 놓친 것을 따라잡기 위해 오늘 밤 사무실에 있는 모든 사람과 술자리를 준비하고 있었어! 7시에 모퉁이 근처에 있는 술집에 갈 것 같아. 너도 올래?

Nic 좋은 생각이야! 이따가 거래처랑 미팅이 있는데 7시까지는 확실히 끝날 거야. 초대해줘서 고마워!

Mark 천만에! 나중에 봐.

TASK 1

Answers

1. got
2. will get
3. gets

Translation

1. 어젯밤 John에게서 그의 생일파티에 관한 문자를 받았습니다.
2. 다음 주말에, 나는 내 아파트에 쓸 새 가구를 살 것입니다.
3. 그는 영화관에 갈 때마다 팝콘을 삽니다.

TASK 2

Answers

1. O
2. X (→ We **left** for the airport last night. / We're leaving for the airport **tonight**.)
3. X (→ She **will be waiting** for you when you get home this evening.)

Translation

1. 나는 온종일 더블 초콜릿 케이크가 먹고 싶었습니다.
2. 우리는 오늘 밤에 공항으로 떠날 것입니다.
3. 당신이 오늘 저녁 집에 도착하면 그녀가 당신을 기다리고 있을 것입니다.

TASK 3

Answers

1. has known her since childhood.
2. I have lived here for several years. / Yes, I have been living here for several years.
3. I have never been there before.

Translation

1. 그가 Carol을 안 지가 얼마나 되었습니까?
   그는 어릴 때부터 그녀를 알고 지냈습니다.
2. 지금 서울에 살고 계신가요?
   네, 저는 여기에서 수년간 살았습니다.
3. 하와이에 가보신 적이 있으신가요?
   아니요, 한 번도 가본 적이 없습니다.

TASK 4

Answers

1. had started
2. have been eating
3. will have stopped

Translation

1. 차가 너무 막혀서, 우리가 도착했을 땐 영화가 시작한 후였습니다.
2. 이탈리아 사람들은 마르코 폴로가 중국에서 돌아온 후부터 파스타를 먹어 왔습니다.
3. 내가 퇴근할 때쯤에는 비가 그쳤으면 좋겠다.

TASK 5

Answers

1. Jiyoung broke his ankle while he was playing in the match on Saturday.
2. I have been dating my girlfriend for two years.
3. If the Lions win again tomorrow, they will have secured a chance to play in the finals.

Translation

1. 지영이는 토요일에 경기에서 뛰던 중 발목이 부러졌습니다.
2. 나는 내 여자친구와 2년째 데이트하고 있습니다.
3. 만약 내일 라이온즈팀이 이긴다면, 그들은 결승전에 갈 기회를 손에 쥐게 될 것입니다.

FINAL CHECK

Answers

1. (4)	2. (1)	3. (4)	4. (3)	5. (3)
6. (4)	7. (4)	8. (2)	9. (1)	10. (2)

Translation & explanation

1. Translation 나는 5년간 그 회사에서 일해 왔습니다.
   Explanation 과거 5년 동안 일을 했었고 현재에도 일하고 있음을 나타내는 문장이므로 현재완료 진행형인 have been을 써야 합니다.
2. Translation Bob은 내일 베트남으로 2주간의 휴가를 떠납니다.
   Explanation 내일 베트남을 간다는 이미 예정하고 있는 가까운 일에 대해서 말하는 것임으로 현재진행형으로 미래를 표현하는 것입니다.
3. Translation 선아는 긴장하면 그녀의 코를 긁습니다.
   Explanation 긴장할 때마다 코를 긁는 현재의 습관을 설명하는 문장이므로 단순 현재 시제를 써야 합니다.

4. Translation 경찰이 도둑을 잡았을 때, 그는 이미 돈을 써버렸습니다.
   Explanation 도둑을 잡았을 시점인 과거보다 더 이전에 돈을 썼다는 것을 나타내는 문장이므로 과거완료인 had spent를 써야 합니다. 또한, 부사인 already는 동사 사이에는 올 수 없고 주로 조동사 뒤에 옵니다.
5. Translation 내일 오후 4시에 나는 친구들과 축구를 하고 있을 것입니다.
   Explanation 내일 오후 4시라는 미래 시점에서 진행되는 사건이므로 미래진행형을 써야 합니다.
6. Translation Brown씨는 고위 사령부로 옮기기 전에 해병대에서 4년간 복무했습니다.
   Explanation 과거에 고위 사령부로 옮긴 시점보다 그 이전에 더 이전인 해병대에서 복무했던 특정 과거 시점을 말하는 것임으로 과거완료인 had served를 써야 합니다.
7. Translation Honda씨는 그가 은퇴할 때쯤엔 30년간 근무해 온 것이 됩니다.
   Explanation 30년 후인 미래 시점에서 완료한다고 표현하는 문장이므로 미래완료인 will have worked를 써야 합니다.
8. Translation 내가 어렸을 때, 조부모님께서는 매주 토요일마다 나를 찾아오셨습니다.
   Explanation 어렸을 때의 과거의 습관, 동작을 설명하는 문장이므로 단순 과거 시제를 써야 합니다.
9. Translation 만약 내일 날씨가 화창하다면, 우리는 등산을 하러 갈 것입니다.
   Explanation 시간, 조건을 나타내는 부사절에서는 미래를 표현할 때 현재 시제를 인 is를 써야 합니다.
10. Translation Joey는 나와 가장 친한 친구입니다. 우리는 고등학교 때부터 서로 알고 지내왔습니다.
   Explanation 과거 고등학교 때부터 알고 지내기 시작해 계속해서 친구인 상태이므로 현재완료인 have known을 써야 합니다.

Unit 2 Verbs

WARM-UP

Translation **퇴근 후 술자리**

<Nic과 Mark는 막 술집에서 술을 샀다.>

Nic 건배! 그리고 초대해줘서 고마워! 다른 사람들은 어디 있지?

Mark 나중에 온다고 했어. 뭔가 바쁜 것 같았어.

Nic 응, 마케팅팀에 엄청난 마감일이 다가오고 있다고 들었어. 그래서 방금 휴가에서 돌아왔다고 했지? 어땠어?!

Mark 정말 놀라웠어. 하와이에 가서 해변에 있는 리조트에 머물며 매일 아침 서핑을 하고 저녁에는 현지인들과 어울렸다. 일주일 전에 여자친구와 헤어져서, 꼭 필요한 것이었어. 난 새로운 사람이 된 기분이야!

Nic 와우. 이별 소식을 듣게 되어 유감이야. 너의 휴가가 완벽한 시기에 온 것 같네.

Mark 당연하지! 너는 어때? 만나는 사람 있어?

Nic 음..…

TASK 1

Answers

1. eat
2. prepare
3. celebrate

Translation

1. 나는 8시 이후에는 먹지 않으려고 노력합니다. / 뭔가 따뜻한 것을 먹는 게 어때요?
2. 저는 준비할 시간이 없었습니다. / 당신은 우리 회의를 위해 발표를 준비해야 합니다.
3. 우리는 밤새 축하하러 나갈 것입니다. / 당신의 나라에서는 사람들이 새해를 어떻게 축하합니까?

TASK 2

Answers

1. urged
2. explained to
3. reached

Translation

1. 그의 장모님은 그에게 매일 인삼 젤리를 먹으라고 권하셨습니다.
2. Julia는 우리에게 그녀의 유명한 카레 치킨 수프를 만드는 방법을 설명해줬습니다.
3. 교통체증에도 불구하고 저는 제 시간에 출근했습니다.

TASK 3

Answers

1. O
2. X (→ The government is working hard to **raise** the standard of living.)
3. X (→ He **laid** the money on the counter and quickly left the shop.)

Translation

1. 원하시는 곳에 편하게 앉으세요.
2. 정부는 생활 수준 향상을 위해 노력하고 있습니다.
3. 그는 계산대에 돈을 놓은 후 재빨리 가게를 떠났습니다.

TASK 4

Answers

1. looks
2. seems
3. smells

Translation

1. 그녀가 그 옷을 입으니 정말 예뻐 보입니다. 그러나 그 옷을 만져보면 약간 까끌까끌합니다.
2. 그녀는 내게 매우 멋진 여자로 보입니다.
3. 그런 종류의 두부는 정말 냄새가 지독하지만, 매우 맛있습니다.

TASK 5

Answers

1. (2)
2. (3)
3. (1)

Translation

1. Elly의 가족은 그녀의 아들이 그녀와 전혀 닮지 않아서 실망했습니다.

2. 부정할 생각도 하지 마. 네가 통에서 쿠키를 꺼내먹는 걸 봤어!

3. 그래, 그래, 아가야. 편히 앉아서 끔찍했던 하루에 대해 이야기해 보렴.

FINAL CHECK

Answers

1. (1)	2. (4)	3. (2)	4. (3)	5. (3)
6. (4)	7. (2)	8. (1)	9. (1)	10. (2)

Translation & explanation

1. Translation 우리가 떠날 때쯤, 그 젊은이는 우리가 그 상품을 사게 했습니다.

 Explanation make, have, let, help 등의 사역동사 뒤에는 목적어 다음에 목적보어로 동사원형(능동)이나 -ed형(수동)이 오기 때문에 동사원형인 buy가 와야 합니다.

2. Translation 그들은 아이들에게 서로 떨어져 있으라고 말했습니다.

 Explanation 요청, 바램, 설득, 허용 등을 나타내는 ask, beg, request, require, want, expect, encourage, persuade, force, urge, tell, order, allow, advise 등의 동사 뒤에는 목적어 다음에 to부정사가 목적보어로 오기 때문에 목적어인 children과 to부정사인 to stay로부터 tell의 과거형인 told가 정답입니다.

3. Translation 이것은 제가 예전에 언급했던 회사입니다.

 Explanation the company that I mentioned라는 구문으로 ~을 언급하다 라는 mention은 전치사 없이 바로 목적어를 취할 수 있습니다. go to ~에 가다, refer to ~에 대해서 언급하다, apply for ~에 지원하다

4. Translation 우리가 시장에 들어섰을 때 나는 뭔가 달콤한 냄새를 맡았습니다.

 Explanation enter은 '~에 들어가다'라고 할 때 전치사가 필요 없는 타동사이므로 뒤에 to가 필요하지 않습니다.

5. Translation Susie는 두 잘생긴 남자들 사이에 앉았습니다.

 Explanation '앉혀졌다'라는 수동태의 형태로 seated를 쓰는 것이 맞습니다.

6. Translation 저는 제 아이들이 그렇게 행동하도록 허락할 수 없습니다.

 Explanation 요청, 바람, 설득, 허용 등을 나타내는 ask, beg, request, require, want, expect, encourage, persuade, force, urge, tell, order, allow, advise, 등의 동사 뒤에는 목적어 다음에 to부정사가 목적보어로 오기 때문에 「allow + 목적어」 다음에 to부정사인 to behave가 옵니다.

7. Translation 그녀는 누군가 그녀의 이름을 부르는 것을 들었습니다.

 Explanation see, watch, look at, feel, hear, notice 등의 지각동사 뒤에는 목적어 다음에 목적보어로 동사

원형(능동)이나 ~ing형(능동 진행)이 옵니다. 그리고 목적어와 목적보어가 수동의 의미일 때는 -ed 형을 씁니다.

8. Translation 그에게 도표를 보여드렸나요?

Explanation ~에게 ~을 보여주다 라는 의미의 수여동사인 show가 와야 합니다. 현재완료 시제이므로 shown이 정답입니다.

9. Translation 왜 당신이 저에게 진실을 말해주지 않았는지에 대해서 저에게 설명하실 필요는 없습니다.

Explanation explain, introduce, suggest, propose, mention, say, announce, describe 등은 수여동사가 아니므로, '~에게'라는 의미의 사람 앞에 전치사 to를 써야 하므로 to me를 써야 합니다.

10. Translation 그녀는 다음 주에 사업상 떠나 있을 것이라고 말했습니다/대답했습니다.

Explanation tell은 뒤에 바로 '~에게'라는 의미의 목적어가 와야 합니다. 즉, She told me that…. 이렇게 씁니다. Tell 다음에 바로 that으로 시작하는 목적절이 올 수 없습니다.

Unit 3 Auxiliary Verbs

WARM-UP

Translation **숙취**

<Nic은 사무실에 도착해서 Mark가 책상 위에 비스듬히 누워 있는 것을 알아차린다.>

Nic 좋은 아침이야! 좀 어때?

Mark 좋지 않아. 어젯밤에 그 마지막 술을 마시면 진짜 안 되는 거였어.

Nic 오, 안돼! 내가 가져다줄 수 있는 게 없을까? 진통제? 커피?

Mark 난 사실 커피 한 잔 마시고 싶어, 고마워. Chad와 10시에 약속이 있는데, 내 책상 위에 기절할 것 같아.

Nic 진한 블랙커피 한 잔이 다 됐습니다.

<Nic이 Mark에게 커피를 건넨다.>

Mark 그래서 어젯밤 다른 사람들이 왔을 때 우리는 네 남자 친구 문제에 대해 이야기하고 있었어. 다음에 대화를 계속할 수 있을까?

Nic 좋은 생각이야. 어쨌든, 나는 오늘 일을 시작해야 해. 숙취가 지나갔으면 좋겠어! 미팅에 행운을 빈다!

Mark 고마워, Nic.

TASK 1

Answers

1. Would
2. may
3. were able to

Translation

1. 당신의 차를 치워 주실 수 있을까요?
2. 당신은 당신이 이길 수 없다는 것을 알고 있습니다. 당신은 지금 포기하시는 편이 낫습니다.
3. 열심히 작업해주신 덕분에 우리는 마감일 전에 프로젝트를 끝낼 수 있었습니다.

TASK 2

Answers

1. must
2. shall
3. leave

Translation

1. Tim은 그 프로젝트의 마감일을 맞추기 위해서 밤을 꼬박 새웠습니다. 그는 틀림없이 지금 무척 피곤할 겁니다.
2. 이제 그만하고 저녁 식사 전에 한 잔씩 하는 게 어떨까요?
3. 부모님들은 아이들을 혼자 내버려 두면 안 됩니다.

TASK 3

Answers

1. X (→ Amanda and Jeff **should** be here by now; they **must** have hit some traffic.)
2. X (→ You **should** have brought the keys with you. What were you thinking?)
3. O

Translation

1. Amanda와 Jeff는 지금쯤 여기에 왔어야 합니다. 교통 정체에 걸렸던 것이 분명합니다.

2. 당신은 열쇠들을 가져왔어야만 했어요. 무슨 생각을 하고 있었어요?
3. 저는 그의 공적을 깎아내리고 싶지는 않습니다. 그러나 내 도움이 없었다면 그는 그것을 해내지 못했을 겁니다.

TASK 4

Answers

1. (3)
2. (2)
3. (2)

Translation

1. A: 특별히 요청하실 것이 있나요?
   B: 네, 저는 "Yesterday Once More"을 듣고 싶습니다.
2. A: 이 일에 대해서 당신을 믿어도 될지 확신이 서지 않습니다.
   B: 제가 그 일을 해낼 수 있습니다. 약속드립니다.
3. A: 여보, 제 빨간 스웨터를 어디서 본 적이 있나요?
   B: 아니요, 하지만 그건 세탁소에 있을지도 모르겠습니다.

TASK 5

Answers

1. X (→ Jeff **lived** in New York for three years before coming back to London.)
2. X (→ Well, it looks like we've finished everything, so you **can** all go home now.
3. X (→ Janet **should** have set the alarm for six o'clock, but she forgot. So she overslept this morning.)

Translation

1. Jeff는 런던으로 돌아오기 전에 3년간 뉴욕에 살았습니다.
2. 음, 우리가 모든 일을 마친 것 같아 보이니 당신들 모두 이제 집에 갈 수 있습니다.
3. Janet은 알람을 6시에 맞췄어야 했지만 깜빡했습니다. 그래서 그녀는 아침에 늦잠을 잤습니다.

FINAL CHECK

Answers

1. (3)	**2.** (3)	**3.** (2)	**4.** (1)	**5.** (2)
6. (4)	**7.** (1)	**8.** (3)	**9.** (2)	**10.** (4)

Translation & explanation

1. **Translation** A: 저는 시험 준비를 하느라 밤새 깨어있었습니다.
B: 당신은 분명히 무척 피곤하겠군요.

Explanation 강한 추측을 말하는 것이므로 must를 써야 합니다.

2. **Translation** 직원들은 새로운 조건을 받아들여야 하며 그렇지 않으면 해고될 것입니다.

Explanation '~해야만 하다'라는 강한 의무를 나타내는 must가 와야 합니다. 그런데 조동사 will 다음에 다른 조동사가 올 수 없으므로 비슷한 의미가 있는 have to를 사용합니다. will have to: ~해야만 할 것이다.

3. **Translation** 그녀가 자신의 결정이 갖는 의미를 이해하는 것이 중요합니다.

Explanation should는 important와 같이 중요성과 관련된 형용사 다음에 오는 that 절에서 사용되는데 생략도 가능합니다. 여기에서는 should가 생략된 상태이기 때문에 that 절 뒤에 오는 동사 'understand'가 원형으로 쓰였습니다.

4. **Translation** 모든 문서를 5월 1일 이전에 제출하셔야 합니다.

Explanation 빈칸 뒤에 to부정사가 오므로 빈칸에 조동사는 올 수 없습니다. '~할 필요가 있다'라는 의미인 need를 쓰는 것이 맞습니다.

5. **Translation** 그는 예전에 선생님이었지만 지금은 소프트웨어 회사에서 일합니다.

Explanation 과거의 어떤 기간의 상태 또는 현재와 대비되는 과거의 상태를 말하는 used to를 써야 합니다.

6. **Translation** 그는 Karl보다 나이가 더 많아 보이지만 30살이 넘었을 리는 없습니다. 그는 John의 남동생이니까요.

Explanation 확신하고 말하는 것이므로 '~일리가 없다'라는 의미의 강한 부정을 표현하는 can't가 와야 합니다.

7. **Translation** 커피를 더 드시겠습니까?

Explanation 커피를 권하며 상대방의 의향을 묻는 문장이므로 공손한 표현인 would를 써야 합니다. would like to~: ~하고 싶다

8. **Translation** 나는 그에게 그것을 팔라고 여러 번 설득해 보았지만 실패했습니다. 그는 마음을 바꾸려 하지 않았습니다.

Explanation '~하려 하지 않았다'라는 의지나 고집을 표현하는 wouldn't가 와야 합니다.

9. **Translation** Paul이 늦습니다. 그는 아마도 오늘 다 같이 등산하기로 한 것을 잊어버린 것 같습니다. 제 생각에 어제 그에게 전화해서 상기시켜줬어야 했던 것 같습니다.
Explanation 전화를 했어야 한다는 표현으로 과거에 일어나지 않은 일에 대한 유감을 나타낸 「should have + p.p.」를 쓰는 것이 맞습니다.

10. **Translation** 당신은 오래 기다려야 할 수도 있습니다. 집에 돌아가셨다가 내일 다시 오시는 편이 좋겠습니다.
Explanation 빈칸 뒤 as well이 있으므로 '~하는 게 낫다'라는 관용적 표현인 might as well을 써야 합니다.

Unit 4 Infinitives and Gerunds

WARM-UP

Translation 승진

<Mark가 대표님 방으로 들어간다.>

Chad Mark! 저는 당신이 다시 사무실로 돌아와서 기쁩니다. 앉으세요!

Mark 감사합니다! 돌아오니 좋습니다! 요즘 일은 어떻습니까?

Chad 바로 본론으로 들어갈게요. 올해는 매출이 좋았고, 소셜미디어 마케팅 부서 확대를 잠시 고민 중이에요. 그동안 잘해왔고, 당신은 타고난 리더인 듯해요. 승진을 제안하고 싶어요.

Mark 와! 뭐라고 말해야 할지 모르겠어요! 이렇게 좋은 소식을 받을 줄은 몰랐어요!

Chad 당연히 일하는 시간이 더 늘어나긴 하겠지만 우린 적절한 보상을 줄 준비가 되어있어. 아직 당신의 계약 조건에 대해 논의해야 할 필요가 있지만, 우리는 당신이 여기 있는 것에 정말 감사하고, 우리 마케팅을 다음 단계로 이끌 수 있는 완벽한 사람이라고 생각해요.

Mark 정말 고맙습니다! 이 결정을 후회하지 않을 겁니다!

TASK 1

Answers

1. to see
2. to give

3. to play

Translation

1. Grey 박사는 오늘 환자를 진료할 시간이 전혀 없습니다.
2. 우리는 정말 그녀에게 다시 한번 오디션을 볼 기회를 주고 싶지만, 그건 공정하지 않을 것입니다.
3. 모든 사람이 그가 농구를 하기에는 키가 작다고 말했지만, 그는 그들이 틀렸다는 것을 증명했습니다.

TASK 2

Answers

1. O
2. X (→ During his college years Robert grew quite **fond of** sailing.)
3. X (→ We are truly looking **forward to** meeting you again.)

Translation

1. 이미 엎어진 물이니 그냥 잊어버리세요.
2. 대학 시절 Robert는 요트 타는 것에 꽤 흥미를 느끼게 되었습니다.
3. 저희는 진심으로 당신을 다시 뵙기를 고대하고 있습니다.

TASK 3

Answers

1. doing
2. living
3. to buy

Translation

1. 당신이 옳다고 생각하는 무언가를 한 것은 절대 후회하지 마세요.
2. 자기야, 당신이 내 곁에 없는 순간을 상상할 수도 없어.
3. 다음번에 상점에 들르게 되면 우유를 사 오는 것을 잊지 마세요.

TASK 4

Answers

1. biting
2. to come
3. cleaning

Translation

1. 무엇을 하든지 손톱을 물어뜯는 것을 멈출 수가 없습니다.
2. 몇 시간 동안 그 문제에 대해 논의를 한 후, 저희는 마침내 해결책을 마련할 수 있었습니다.
3. 우리는 석유 유출 정화 작업을 연기해서는 안 됩니다. 그것은 긴급한 일입니다.

TASK 5

Answers

1. X (→ Judging from your expression, you seem **to agree** with me.)
2. X (→ Would you mind **turning** off that phone and **listening** to what I'm saying?)
3. O

Translation

1. 당신의 반응으로 미루어 보건대 당신은 제 말에 동의하시는 것 같습니다.
2. 그 전화를 끊고 제가 드리는 말씀을 들어 주시겠습니까?
3. 제 생각에 마침내 그들이 계약서에 서명하도록 설득한 것 같으니 그들의 마음을 바꿀 만한 것은 아무것도 하지 마세요.

FINAL CHECK

Answers

1. (4)	**2.** (3)	**3.** (2)	**4.** (3)	**5.** (1)
6. (1)	**7.** (2)	**8.** (4)	**9.** (4)	**10.** (1)

Translation & explanation

1. Translation Linda는 자신이 그 일자리를 얻지 못했다는 사실을 깨닫고 실망했습니다.

Explanation to부정사의 부사적 용법으로 형용사를 disappointed 뒤에서 꾸며줍니다.

2. Translation 사장님은 회사 운영하는 것을 포기했습니다.

Explanation give up은 동명사를 목적어로 취하는 동사이므로 뒤에 「동사 + ing」로 써서 꾸며줘야 합니다.

3. Translation 저는 많은 사람 앞에서 이야기하는 것에 익숙하지 않습니다. 저는 항상 긴장합니다.

Explanation 동명사의 '~에 익숙하다'라는 관용적 표현으로 'be used to~' 뒤에 동사원형이 아니라 「동사 + ing」 형태인 동명사가 와야 합니다.

4. Translation 오늘 오후에는 무엇을 할 예정이세요? 저와 함께 쇼핑하러 가는 건 어떠세요?

Explanation 동명사의 '~이 어때요?'라는 관용적 표현으로 'What would you say to~' 뒤에 동사원형이 아니라 「동사 + ing」 형태인 동명사가 와야 합니다.

5. Translation 저 대신 저 상자를 꺼내주실 수 있겠어요? 맨 위쪽 선반에 있는 것입니다.

Explanation to부정사의 부사적 용법으로 형용사 tall을 뒤에서 수식해서 '~할 정도로 ~하다'라는 의미로 쓰입니다.

6. Translation 저는 일을 끝나고 집에 오는 길에 맥주를 좀 사려고 가게에 들렸습니다.

Explanation to부정사의 부사적 용법으로 목적어로 쓰여 동사 stop을 뒤에서 꾸며줍니다. Stop은 동명사, to부정사 모두 목적어로 취하는 동사이지만 '~사기 위해서'라는 표현이 되기 위해서 「to + 동사원형」이 와야 합니다.

7. Translation 쓰레기 차가 좁은 골목을 통과하는 것은 어려웠습니다.

Explanation to부정사의 명사적 용법으로 문장에서 진목적어로 쓰였습니다. 동사의 성질을 가지고 문장에서 명사의 역할을 하기 위해서는 「to + 동사원형」이 와야 합니다.

8. Translation 저와 제 친구가 함께 앉을 수 있도록 자리를 바꿔주실 수 있을까요?

Explanation mind는 동명사를 목적어로 취하는 동사이므로 뒤에 「동사 + ing」로 써서 꾸며줘야 합니다.

9. Translation 그들은 눈 속을 걷는 데 어려움을 겪었습니다.

Explanation 동명사의 '~하는 데 어려움을 겪다?'라는 관용적 표현으로 'had difficulty~' 뒤에 동사원형이 아니라 「동사 + ing」 형태인 동명사가 와야 합니다.

10. Translation 저는 가능하면 엘리베이터 사용하는 것을 피하려고 합니다.

Explanation try는 to부정사를 목적어로 취하는 동사이므로 뒤에 「to + 동사원형」으로 써야 하고 avoid는 동명사를 목적어로 취하는 동사이므로 뒤에 동명사 using으로 써야 합니다.

Unit 5 Subjunctive Mood

WARM-UP

Translation 좋은 소식

<Mark는 얼굴에 함박웃음을 지으면서 Chad의 사무실에서 나온다.>

Nic 이봐! 회의에서 살아남았나 봐! 어떻게 됐는데?

Mark 사실은 놀라워! 올해의 소셜미디어 캠페인이 정말 시작되었기 때문에, Chad는 그 부서를 확장하기를 원해. 그리고 그가 누구에게 책임자 자리를 맡으라고 물어봤는지 알아 맞혀볼래?

Nic 우와! 축하해! 그래서 네가 지휘를 하게 되는 거야?

Mark 아마 그럴 거야!

Nic 잘돼서 나도 정말 기뻐! 그동안 열심히 일해 왔고, 정말 그럴 자격이 있는 것 같아.

Mark 고마워, Nic. 그래도 당분간은 혼자만 알고 있어!

Nic 내가 너라면, 모두에게 말하고 있을 거야!

Mark 아직 계약서의 세부적인 사항을 검토해야 해. 그렇지 않으면, 나도 그럴 거야!

Nic 아! 알겠어. 입 꼭 다물고 있을게!

TASK 1

Answers

1. could have been
2. had had
3. wish

Translation

1. 저의 딸은 전문적인 바이올리니스트가 될 수도 있었지만, 고등학교 때 연주를 그만두었습니다.
2. 만약 우리에게 시간이 좀 더 있었다면 우리는 더 나은 해결책을 찾을 수 있었을 겁니다.
3. 만약 당신에게 3가지 소원이 있다면 당신은 어떤 소원을 빌 것입니까?

TASK 2

Answers

1. X (→ If we had lost this appeal, what **would have happened** to our client? / If we **lose** this appeal, what will happen to our client?)
2. O
3. X (→ If I **were** you, I would save my money instead of buying that yacht.)

Translation

1. 만약 우리가 이번 항소에서 졌다면 우리 고객에게 무슨 일이 일어났겠습니까? / 만약 우리가 이번 항소에서 진다면 우리 고객에게 무슨 일이 일어나겠습니까?
2. 만약 대신, 당신이 이 문제를 저에게 가져왔다면 좋았을 뻔했습니다.
3. 내가 당신이라면 요트를 사는 대신에 돈을 모을 것입니다.

TASK 3

Answers

1. had purchased
2. were
3. Had you checked

Translation

1. 우리가 지난달에 그 아파트를 구입했다면 좋았을 텐데.
2. 왜 당신은 항상 당신의 남동생에게 남에게 이야기하는 것처럼 말합니까?
3. 일정을 확인해봤다면 당신은 시험 날짜가 변경된 것을 알았을 것입니다.

TASK 4

Answers

1. (4)
2. (1)
3. (4)

Translation

1. 야구경기가 그렇게 지루할 줄 알았다면 경기장에 가지 않았을 겁니다.
2. 만약 우리가 또다시 고객을 놓친다면 우리는 모두 곤경에 처하게 될 것입니다.
3. Janet에게 기회만 있다면 그녀는 좋은 관리자가 될 겁니다.

TASK 5

Answers

1. X (→ **Had** she been driving fast at that time, she would have been more seriously injured.
2. X (→ If only that new S-series were not so expensive, I **would** buy it.)
3. O

Translation

1. 만약 그때 그녀가 더 빨리 차를 몰았다면, 그녀는 더 심각한 부상을 입었을 겁니다.
2. 만약 새로운 S 시리즈가 그렇게 비싸지 않다면 나는 그것을 살 것입니다.
3. 맞아요, 그리고 저는 황금알을 낳는 거위가 있었으면 좋겠지만 우리는 모든 걸 가질 순 없습니다.

FINAL CHECK

Answers

1. (2)	**2.** (1)	**3.** (4)	**4.** (2)	**5.** (3)
6. (1)	**7.** (4)	**8.** (1)	**9.** (3)	**10.** (1)

Translation & explanation

1. **Translation** 복권에 당첨되면 대출금을 갚을 것이다.
   Explanation 복권에 당첨된다는 실현 가능성이 적은 순수 가정을 나타내므로 가정법 과거를 써야 하며, if절에서 과거형 동사 won을 써야 합니다.
2. **Translation** 이제 네가 TV를 끌 시간이다.
   Explanation 「It's time + 가정법과거」 구문은 '진작에 ~했어야 하는데 하지 않았다. ~할 시간이다'란 의미로 과거동사인 turned를 씁니다.
3. **Translation** 물이 없다면 생명은 존재하지 않을 겁니다.
   Explanation 조건절 처음에 were가 나오는 것은 if가 생략되고 「동사 + 주어」의 도치 구문이 만들어졌다.

4. Translation 만약 사용자 계약이 바뀐다면 모든 구독자는 이메일을 통해 통지받을 것입니다.
Explanation 계약이 바뀔 수도 있다는 실현 가능성 있는 조건을 나타내므로 if절에 현재형 동사를 사용합니다.

5. Translation 그 꽃이 잘 자랐을 수도 있는데 내가 물을 주지 않았습니다.
Explanation 꽃이 잘 자랐을 수도 있다는 과거의 사실과 반대되는 상황을 가정하는 가정법 과거완료이므로 과거분사인 could have grown을 써야 합니다.

6. Translation 궁전 안으로 들어가니 마치 시간을 거슬러 올라간 듯한 느낌이 들었습니다.
Explanation 궁전 안으로 들어갔을 때 과거로 돌아간 듯했다는 의미이므로 사실에 반대되는 상태를 나타내는 as if 가정법 구문을 씁니다.

7. Translation 만약 당신이 오는 것을 내가 알았더라면 맥주를 더 준비했을 것입니다.
Explanation 과거 사실에 반대되는 상황을 가정법 과거완료이므로 「had + 과거분사」 형태인 had known을 써야 합니다.

8. Translation 그녀는 내가 헬스장의 요가수업을 등록하도록 추천하였습니다.
Explanation 요구, 간청, 주장, 권고 등을 나타내는 술어동사의 that에는 should가 생략되어 있으므로 동사 원형이 정답입니다.

9. Translation 내가 당신이라면 나는 그 낡은 차를 버릴 것입니다.
Explanation 현재 상황을 얘기하지만 실제로 일어날 확률이 거의 없는 상상이므로 가정법 과거를 써야 합니다. 그러므로 If I were을 사용해야 합니다.

10. Translation 내가 필요한 부품을 당신이 구하게 되면 나에게 알려주세요.
Explanation 미래 일에 대한 가정을 나타낼 때 불가능한 일의 경우에는 if절에서 were to를 쓰시만. 약간의 가능성이 있을 때는 should를 씁니다. 그리고 if를 생략할 경우 주어와 동사가 도치됩니다.

Unit 6 The Passive Voice

WARM-UP

Translation **발표**

Chad 모두들 모이세요! 중요한 발표가 있습니다! <Chad가 말을 잠시 멈춘다.> 다들 아시는 것처럼 올해 매출이 두 배로 늘었고, 드디어 아시아 시장에 진출하였습니다. 많은 것들이 우리의 새로운 페이스북 캠페인에 달려 있습니다. 최근에, 우리는 팀을 확장하기로 결정되었습니다! 물론 더 큰 부서는 이끌 사람이 필요하다는 것을 의미하죠. 이분은 첫날부터 정말 열정이 넘쳤는데, 여러분 모두 그를 무척 좋아한다는 말을 들었습니다. 개인적으로, 저는 그의 직업윤리에 놀랐습니다. 저는 Mark가 소셜미디어 마케팅 책임자로 승진했다는 것을 발표하게 되어 기쁩니다. 그에게 큰 박수 부탁해요!

Mark <Mark는 Chad와 악수한다.> 감사합니다, 여러분! 이런 기회를 얻게 되어 영광입니다. 나누고 싶은 또 다른 중요한 소식도 있습니다

TASK 1

Answers

1. be solved
2. is not sold
3. were told

Translation

1. 이런 종류의 문제는 우리가 함께 노력할 경우에만 해결할 수 있습니다.
2. 미국산 소고기는 이 가게에서 팔지 않습니다.
3. 우리는 비자가 자동으로 갱신될 것이라고 들었습니다.

TASK 2

Answers

1. X (→ It **is expected that you submit** your final paper by Monday. / **You are expected to submit** your final paper by Monday.)
2. X (→ All library books **must be returned** by the end of the semester.)
3. O

Translation

1. 월요일까지 마지막 논문이 제출되어야 합니다.
2. 모든 도서관 책은 학기 말까지 반납되어야 합니다.
3. 그 청소년 중 어느 누구도 그 술집에 들어갈 수 없었습니다.

TASK 3

Answers

1. to
2. at
3. with

Translation

1. 햇볕에 너무 오래 노출되어 그녀의 피부는 빨갛게 되었습니다.
2. 전국의 사회학자들은 연구 결과에 놀랐습니다.
3. Cassandra가 가장 좋아하는 한국 과자는 팥으로 채워진 빵이다.

TASK 4

Answers

1. (4)
2. (4)
3. (4)

Translation

1. 이번에는 정말 기한 내에 프로젝트를 끝낼 겁니다. 진심이에요!
2. 파티 손님들은 저녁 8~9시 사이에 도착할 것으로 예상됩니다.
3. 우리 교수님의 초기 논문 중 세 개가 그 저널에 실렸습니다.

TASK 5

Answers

1. X (→ The kids in my family **resemble** my father, not my mother.)
2. O
3. X (→ Any non-union employees involved **in/with** the strike will be fired.)

Translation

1. 우리 집 형제들은 어머니가 아니라 아버지를 닮았습니다.

2. 모든 관리자는 그 회의에 참석해야 합니다.
3. 이번 파업에 관련된 비조합노동자들은 해고될 것입니다.

FINAL CHECK

Answers

1. (3)	2. (2)	3. (1)	4. (2)	5. (3)
6. (1)	7. (4)	8. (3)	9. (3)	10. (4)

Translation & explanation

1. Translation 그는 같은 고향 출신의 여자와 결혼했습니다.
   Explanation '~와 결혼하다'라는 의미로 get married to를 씁니다. 또는 marry 다음에 바로 목적어를(~와) 씁니다.
2. Translation 모든 지원자는 이름과 주소를 양식에 기입해야 합니다.
   Explanation 조동사 should 다음에 수동의 의미로 be p.p. 형태가 와야 한다. 조동사 다음에는 be동사의 원형인 be가 와야 합니다.
3. Translation 어제 그녀에게 무슨 일이 있었는지 아세요?
   Explanation happen은 '~이 일어나다'라는 의미의 자동사로 수동태로 쓰지 않습니다.
4. Translation 나는 할머니 댁에 있었을 때 보살핌을 잘 받았습니다.
   Explanation 할머니에게 보살핌을 받았다는 의미이므로 수동태를 써야 합니다.
5. Translation 제 생각엔 당신의 자동차의 브레이크를 검사받아야 할 것 같습니다.
   Explanation '~을 살피다'라는 의미로 'look at'이 쓰인다. 이 문장에서는 to부정사 뒤에서 수동태로 써야 하므로 「be + p.p.」가 와야 하므로 be looked at이 되어야 합니다.
6. Translation 올해 지출이 5% 이상 늘어날 것으로 예상됩니다.
   Explanation '~라고 예상된다'라는 수동의 의미로 'be expected to' 형태가 옵니다. Increase는 '증가하다'라는 의미로 자동사로 쓰인 것입니다. 능동태 문장: The expected spending to increase by more than five percent this year.
7. Translation 공항이 현재 시공되고 있고 내년에 완성될 것입니다.
   Explanation 진형형 수동태이므로 「be being + p.p.」 형태로 써야 합니다.
8. Translation 그는 채식 요리사로 살고 있습니다. 그는 요리 블로거로 유명합니다.
   Explanation make one's living은 '생계를 꾸리다'라는 의미입니다. 요리사로 생계를 꾸리고 있으므로 as가 와야 합니다. 또한 be known for~는 '~으로 유명하다'라는 의미입니다.

9. Translation 박물관은 호텔 근처에 위치해 있습니다.

Explanation '~에 위치해 있다'라는 의미로 수동태인 be located를 써야 합니다.

10. Translation 기차가 연착되었습니다. 예정시각보다 20분 늦게 도착했습니다.

Explanation '연착되다'라는 의미로 수동태인 be delayed를 써야 합니다. 또한 arrive는 '도착하다'라는 의미의 자동사입니다.

Unit 7 Review / Quiz Show and Review Answers

Unit 1 Tenses

Quiz Show — 5 Questions

Answers

1. (b) / John Lennon
2. (a) / Mark Twain
3. (a) / Martin Luther King
4. (d) / Henry David Thoreau
5. (c) / Marilyn Monroe

Translation & explanation

1. Translation "인생이란 다른 계획을 세우느라 바쁠 때 일어나는 일입니다."

Explanation 현재 사실을 말하는 것이므로 현재 시제로 써야 합니다. be busy ~ing는 '~하느라' 바쁘다'라는 의미입니다.

2. Translation "지금으로부터 20년 후, 여러분은 여러분이 한 일들보다 여러분이 하지 않은 일 때문에 더 실망하게 될 것입니다."

Explanation 미래 시제를 나타내므로 will 뒤에 동사원형인 be를 써야 합니다.

3. Translation "언젠가 어린 흑인 소년 소녀들이 어린 백인 소년 소녀들과 손을 잡고 있는 꿈을 가지고 있습니다."

Explanation 미래 시점의 진행되는 일을 나타내므로 「will + be ~ing」의 형태로 미래진행형을 씁니다.

4. Translation "성공은 보통 너무 바빠서 찾을 수 없는 사람들에게 찾아옵니다."

Explanation 일반적인 사실을 나타내므로 단순 현재 시제를 써야 합니다.

5. Translation "제가 어렸을 때 아무도 예쁘다고 하지 않았습니다. 모든 어린 소녀들은 예쁘지 않더라도 예쁘다는 말을 들어야 합니다."

Explanation 과거의 일을 나타내므로 단순 과거형을 씁니다.

Review Questions

Answers

1. (a)	**2.** (b)	**3.** (d)	**4.** (d)	**5.** (c)
6. (c)	**7.** (b)	**8.** (a)	**9.** (d)	**10.** (c)

Translation & explanation

1. Translation Tom과 Cass는 이미 내년에 결혼식을 위해 장소를 예약했습니다.

Explanation 이미 일어난 일을 나타내므로 단순 과거형을 씁니다.

2. Translation 그녀의 연설은 수년에 걸쳐 수백만의 사람들에게 영감을 주고 있습니다.

Explanation 현재완료 계속의 용법으로 과거에 일어난 사건이 현재까지 영향을 미치고 있음을 나타냅니다.

3. Translation 다음 주 목요일, 우리는 새로운 의장을 뽑을 것입니다.

Explanation 미래 시점의 일을 나타내므로 단순 미래형을 써야 합니다.

4. Translation 여름 내내 비가 내립니다. 언제 끝날까요?!

Explanation 여름 내내(all summer)라는 표현이 있으므로 현재완료 시제를 써야 합니다. 특히 현재완료 진행 시제는 과거에 시작한 동작이 현재까지 계속되고 있다는 의미를 강조할 때 씁니다. 「have/has + been + -ing」

5. Translation 만약 당신이 지금 출발하면 마지막 기차를 탈 수 있을 겁니다.

Explanation 시간이나 조건의 부사절에서는 미래를 표현할 때, 미래를 나타내는 동사 대신 현재형으로 씁니다.

6. Translation 새로운 경제 정책은 전국 수백만 명의 사람들에게 영향을 미칩니다.

Explanation 일반적인 사실을 나타내므로 단순 현재 시제를 써야 합니다.

7. Translation 그녀가 다음 달에 경주를 다시 방문하게 된다면 경주에 세 번 간 적이 있게 됩니다.

Explanation '다음 달'이라는 미래의 어느 시점에서 완료되기 때문에 미래완료를 사용합니다.

8. Translation 저는 이미 그 영화를 백만 번 보았습니다. 다른 것 좀 봅시다.

Explanation '이미 ~했다'라는 경험이나 완료를 나타내므로 현재완료인 「have + p.p.」 형태가 와야 합니다.

9. Translation 우리는 20분 전에 착륙해서 짐을 기다리고 있습니다.

Explanation 20분 전에 도착했다는 사실은 과거를 나타내므로 단순 과거형을 씁니다.

10. Translation Sam은 어젯밤 축구 피날레 동안 아기처럼 울고 있었습니다! 남자들은 어떻게 축구에 대해 그렇게 감정적으로 되나요?

Explanation 과거 특정 시점에서(피날레를 할 때) 일어나는 동작이므로 과거진행형을 씁니다.

Unit 2 Verbs

Quiz Show
5 Questions

Answers

1. (a) / 'Braveheart'
2. (b) / 'Casablanca'
3. (b) / 'As Good as It Gets'
4. (b) / 'Notting Hill'
5. (a) / 'Finding Nemo'

Translation & explanation

1. **Translation** "그들은 우리의 목숨을 앗아갈지 모르지만, 우리의 자유를 빼앗지는 않을 겁니다!"
   Explanation take는 '~을 가져가다'라는 타동사입니다. 여기서 목적어는 'our lives' 입니다.
2. **Translation** "전 세계 모든 마을의 모든 싸구려 술집 중에서, 그녀는 내 것으로 걸어 들어옵니다."
   Explanation walk 뒤에 목적어가 없으므로 자동사입니다
3. **Translation** "너는 내가 더 나은 사람이 되고 싶어지도록 만듭니다."
   Explanation make는 사역동사로 「make + 목적어 + 원형부정사(~에게 ~을 시키다)」 형식으로 써야 하므로 want 앞에 to가 없어야 합니다. ("You make me want to be a better man.")
4. **Translation** "저는 한 소년 앞에 서서 그에게 사랑해달라고 부탁하는 소녀일 뿐입니다."
   Explanation 「ask + 목적어 + to부정사」 순서로 써야 하므로 to를 삭제합니다. ("I'm just a girl, standing in front of a boy, asking him to love her.")
5. **Translation** "널 보고 집에 왔어."
   Explanation '~을 보다'는 전치사 at을 써야 합니다.

Review Questions

Answers

1. (b)	**2.** (a)	**3.** (c)	**4.** (a)	**5.** (a)
6. (d)	**7.** (c)	**8.** (d)	**9.** (d)	**10.** (a)

Translation & explanation

1. Translation 나는 당신이 당신 차의 브레이크를 점검할 필요가 있다고 생각합니다.
   Explanation have는 사역동사로 「have + 목적어 + 원형부정사(~에게 ~을 시키다)」를 취하지만, 여기서는 목적어인 the brakes in your car가 사람이 아닌 사물이므로 수동의 의미를 나타내기 위해 목적보어로 과거분사를 씁니다.
2. Translation Mary는 입사 면접 준비를 위해 갓 다린 양복을 침대에 놓았습니다.
   Explanation 다음 동사들의 쓰임을 잘 기억해 두시기 바랍니다. 여기서는 '~을 놓다'라는 의미의 타동사 lay의 과거형이 와야 합니다.
   lie: ~에 놓여있다, 눕다 (vi) lie - lay - lain
   lie: 거짓말하다 (vi) lie - lied - lied
   lay: ~을 놓다 (vt) lay - laid - laid
3. Translation 어렸을 때 어머니가 요리하시는 걸 여러 번 봤는데, 어떻게 만드는지 기억이 나질 않습니다.
   Explanation watch는 지각동사로 「목적어 + 목적보어」의 관계가 능동이면 목적보어 자리에 동사원형이 옵니다. 목적어가 '~하고 있는' 진행의 뜻을 강조하고자 하는 경우에는, 동사원형 대신에 현재분사(~ing)가 옵니다.
4. Translation 그녀는 어머니를 전혀 닮지 않았습니다.
   Explanation resemble (~와 닮다)는 자동사로 착각하기 쉬운 타동사입니다. 전치사가 필요 없이 바로 목적보어가 따라옵니다.
5. Translation 당신은 지갑을 두고 왔으면서 왜 진작 내가 점심을 못 사게 했어요?
   Explanation let은 사역동사로 「목적어 + 목적보어」를 취합니다. 목적어와 목적보어가 능동의 관계이면 목적보어 자리에 동사원형을 쓰고, 수동의 관계이면 과거분사형을 씁니다.
6. Translation 우리 부모님은 항상 나에게 의사가 되라고 격려하셨지만, 나는 학교에서 과학을 싫어했어요!
   Explanation encourage 다음에 목적어와 목적보어가 올 때 목적보어 자리에 to부정사를 써야 합니다.
7. Translation 만약 어쨌든 편의점을 지나갈 예정이라면 제게 우유를 사다 줄 수 있을까요?
   Explanation Get, buy, make 등의 동사는 '~에게'라는 말이 뒤에 올 때 for가 옵니다. 나를 위해 사주는 것이므로 for me를 씁니다.
8. Translation 예복의 모양이 당신에게 잘 어울리지만 저는 당신에게 분홍색이 잘 어울린다고 생각하지 않습니다.
   Explanation '당신에게 잘 맞는다'라는 표현에서 suit you 다음에 부사 well이 와야 한다 (suit you well). 그리고 '~하게 보이다'라는 의미의 look 다음에는 형용사 good이 와야 합니다 (look good on you).
9. Translation 만약 당신이 다른 사람의 의견을 원한다면 보내기 전에 당신의 지원서를 내게 보여줘도 됩니다.
   Explanation show는 수여동사이기 때문에 다음에는 '~에게, ~을'이라는 의미로 두 개의 목적어가 나올 수 있습니다. Say, write, explain은 4형식 동사[수여동사]가 아니므로 정답이 되지 못합니다.
10. Translation 매니저들은 Eric의 안 좋은 태도에 대해 토론했고, 그 결과 그는 해고되었습니다.

Explanation discuss는 '~에 대해서 토론하다'라는 의미의 타동사이므로 about과 함께 쓰지 않습니다. '~한 결과를 도출하다'라는 뜻의 숙어 표현으로는 result in을 씁니다. 반대로 '~에서 결과가 나오다' 라고 할 때는 'result from'이라고 합니다.

Unit 3 Auxiliary Verbs

Quiz Show — 5 Questions

Answers

1. (c)
2. (d)
3. (a)
4. (a)
5. (b)

Translation & explanation

1. **Translation** 유리집에 사는 사람들은 돌을 던져서는 안 됩니다.
   Explanation '~하면 안 된다'라는 약한 권유나 충고의 의미를 나타내는 부정문 shouldn't가 옵니다.
2. **Translation** 모든 좋은 일은 끝에 와야 한다.
   Explanation 강제적인 명령이나 강한 권유의 의미가 있는 must가 옵니다.
3. **Translation** 너무 무리하지 마세요.
   Explanation 현재 시제를 썼으므로 '할 수 있다'라는 의미인 can이 옵니다.
4. **Translation** 불을 가지고 놀면 화상을 입을 것입니다.
   Explanation 미래를 표현하므로 will이 와야 합니다. If가 들어간 조건절에서는 미래를 나타낼 때도 현재 동사를 씁니다.
5. **Translation** 궁한 마당에 뭘 고를 수 없습니다.
   Explanation '~할 수 없다'라는 의미인 can't가 옵니다.

Review Questions

Answers

1. (a) 2. (c) 3. (a) 4. (d) 5. (b)

6. (d) 7. (d) 8. (c) 9. (b) 10. (a)

Translation & explanation

1. Translation A: 제가 산 귀걸이가 마음에 안 들면 말만 하세요. 제가 돌려주겠습니다.
B: 저는 정말 마음에 듭니다. 맹세합니다.
Explanation 동사의 뜻을 강조하기 위해서 동사 앞에 do를 넣습니다.

2. Translation A: 내일 수업 가세요?
B: 아마 빠질 것 같아요.
Explanation 불확실한 추측으로 might가 쓰입니다.

3. Translation A: 여기 좀 도와주실래요?
B: 제가 할 수 있는 일이면 도와드리겠지만 마감일을 맞추려고 서두르고 있습니다.
Explanation 가정법 과거는 현재 상황에 대한 가정을 나타내며, 조건절에서 「if + 주어 + 조동사 과거형」이 나옵니다.

4. Translation A: 전 일주일 넘게 감기에 걸려있어요.
B: 꼭 검진을 받아보세요.
Explanation 의무를 나타내는 should가 옵니다. 참고로 must는 강제적인 명령이나 강한 권유의 의미가 있고, should나 ought to는 그보다 약한 권유나 충고의 의미가 있습니다.

5. Translation A: 이 수업을 시작하기 전에는 일본어를 한마디도 몰랐습니다!
B: 음, '안녕하세요'와 '감사합니다 '는 말할 수 있는데, 그게 다입니다.
Explanation can의 과거형으로 과거에 '~할 수 있었다'라는 능력을 나타냅니다.

6. Translation 당신은 정말 머리를 좀 더 올려야 합니다. 그래야 멋져 보입니다!
Explanation 내용상 약한 의무를 나타내는 should가 정답입니다.

7. Translation 만약 Fred가 파티에 대해 나에게 좀 더 일찍 말했더라면, 나는 갈 수 있었을지도 모릅니다.
Explanation 가정법과거완료 문장이므로 조동사 과거형이 정답입니다. Might는 추측을 나타냅니다.

8. Translation 당신 턱수염이 너무 커졌어요. 새 일을 시작하기 전에 면도해야 합니다.
Explanation 해석상 새로운 일을 하기 전에 면도해야 한다는 의미이므로 need가 와야 합니다. 밑줄 뒤에 to가 있으므로 다른 조동사는 올 수 없습니다.

9. Translation Lissette는 유창하게 스페인어를 할 뿐만 아니라 이탈리아어도 조금 할 수 있습니다.
Explanation 할 수 있다는 의미이므로 can이 오고 앞에서 현재 시제를 사용했으므로 뒤에도 현재로 씁니다.

10. Translation 우리는 주말마다 영화를 보러 가곤 했는데 요즘은 볼 만한 것이 전혀 없습니다.
Explanation '~하곤 했다'라는 의미로 과거의 반복된 일을 나타내는 used to가 와야 합니다.

Unit 4 Infinitives and Gerunds

Quiz Show

5 Questions

Answers

(1) to help

(2) spending

(3) to stay

(4) to get

(5) to make

Translation

열여덟 때부터 퀸카였던 그녀는, 정작 자기 자신을 사랑하지 못했어
그는 그런 그녀를 늘 도와줬지만, 그녀의 곁엔 항상 다른 누군가가 있었지
셀 수 없는 거리를 차로 달려, 결국 너의 문앞에 와 있어
수도 없이 품에 안았지만, 갈수록 너를 더 찾게 돼
매일이라도 상관없을 것 같아
비가 쏟아지는 어느 좁은 골목에서
슬픈 미소를 띈 한 여자를 찾아
그녀에게 잠깐 쉴 곳이 되어줄 수 있다면
그렇게 사랑을 해줄 거야
그렇게 사랑을 해줄 거야

내 창문과 문을 두드려 나를 불러 줘, 네가 얼마나 아름다운 사람인지 알려주고 싶어
나도 늘 내게 자신이 없었다는 걸 알아, 하지만 이제 그런 건 상관없어
늘 무지개와 나비 가득한 꽃밭일 순 없지만, 결국 타협을 통해 우리는 살아가는 거야
내 마음과 문은 늘 너에게 열려 있어, 원할 때 언제든지 와도 좋아
매일이라도 상관없을 것 같아
비가 쏟아지는 어느 좁은 골목에서
슬픈 미소를 띈 한 여자를 찾아

그녀에게 잠깐 쉴 곳이 되어줄 수 있다면
그렇게 사랑을 해줄 거야
그렇게 사랑을 해줄 거야
네가 숨어버리고 싶을 때 마다, 혼자 차 안에 있는 걸 알아
진짜의 네 모습을 보여주는 그 모든 것들도 다
너의 안녕이란 말은 진심이 아니란 것도 알아
결국 다시 돌아와 무너지는 너를 잡아 달라는 애원일 뿐

내 창문과 문을 두드려 나를 불러 줘, 네가 얼마나 아름다운 사람인지 알려주고 싶어
매일이라도 상관없을 것 같아
비가 쏟아지는 어느 좁은 골목에서
슬픈 미소를 띈 한 여자를 찾아
그녀에게 잠깐 쉴 곳이 되어줄 수 있다면
그렇게 사랑을 해줄 거야
그렇게 사랑을 해줄 거야

예, 예
매일이라도 상관없을 것 같아 (오, 오)
비가 쏟아지는 어느 좁은 골목에서
(작별 인사하는 것을 제발 그렇게 어렵게 하지 말아요)

Review Questions

Answers

1. (a)	**2.** (b)	**3.** (c)	**4.** (a)	**5.** (d)
6. (b)	**7.** (a)	**8.** (d)	**9.** (b)	**10.** (d)

Translation & explanation

1. Translation 우리는 이 고통이 지속되는 것을 허락하지 말아야 한다.
Explanation refuse는 to부정사를 목적어로 취하는 동사입니다.

2. Translation The Bill and Melinda Gates Foundation에서는 개발도상국에서 발생하는 질병들을 근절시키는 것을 목표로 하고 있습니다.
Explanation aim은 to부정사를 목적어로 취하는 동사입니다

3. Translation 저는 일기를 쓰지 않습니다.

Explanation 전치사(of)의 목적어로 ~ing 형태의 동명사가 쓰여야 합니다. be in the habit of~는 '~하는 버릇이 있다'라는 의미입니다.

4. Translation 오늘 아침 전 당신에게 계속 전화를 걸었습니다. 하지만 전화하고 있었나 봐요.

Explanation keep은 enjoy, admit, consider, finish 등과 함께 동명사를 목적어로 취하는 동사입니다. 「try + to부정사」는 '~하려고 노력하다'라는 의미입니다

5. Translation 이 시술의 목적은 잔주름과 주름을 제거하는 것입니다.

Explanation to부정사가 be 동사 다음에 보충 설명을 하는 보어로 쓰인 것입니다.

6. Translation 어렸을 때 첼로를 정말 배우고 싶었지만, 부모님은 수업을 부담할 여유가 없었어요.

Explanation want 다음에는 to부정사가 목적어로 옵니다.

7. Translation 저 대신 이 꽃병을 맨 위 선반에 올려주실 수 있을까요?

Explanation 「Would you mind + ~ing?」 ' ~해주시겠어요?, ~ 부탁드립니다'의 뜻으로 명령이나 부탁을 나타내는 상당히 공손한 표현입니다. 원래 뜻은 '~하면 꺼리시겠습니까?'의 의미로 대답은 부정으로 해야 괜찮다는 뜻이 됩니다.

8. Translation 정말로 내가 실수를 할 때마다 하나하나 모두 지적할 필요는 없습니다.

Explanation point out은 '지적하다'라는 의미의 동사구이고 '~할 필요가 있다'라고 할 때 need 다음에 to부정사를 씁니다.

9. Translation 인도 카레를 요리하는 것은 꽤 간단하지만, 올바른 향신료를 필요로 합니다.

Explanation 카레를 요리하는 '것'이라는 명사적 의미를 나타내므로 to부정사의 명사적 용법으로 to cook를 씁니다. 문장 앞에 나온 it은 가주어이고, to부정사 이하가 진주어입니다.

10. Translation 마인 크래프트를 시작하기 전에 숙제를 반드시 끝내도록 하십시오.

Explanation 「finish + ~ing」 '~하는 것을 끝마치다'라는 뜻입니다.

Unit 5 Subjunctive Moods

Quiz Show

5 Questions

Answers

1. (d)
2. (c)
3. (a)
4. (d)
5. (c)

Translation & explanation

1. **Translation** 만약 제가 복권에 당첨된다면, 저는 고급 요트를 살 겁니다.
   Explanation 주절이 「would + 동사원형」이므로 가정법 과거완료 구문입니다. 동사는 과거형을 써야 합니다.
2. **Translation** 만약 당신이 남은 평생 단 하나의 음식만 먹을 수 있다면, 그것은 무엇일까요?
   Explanation 가정법 과거로 현재의 사실과 반대되는 상황을 가정합니다. If 절에서 동사 과거형이 옵니다.
3. **Translation** 만약 제가 한국으로 이주하지 않았다면, 저는 그렇게 대단한 한국 드라마 팬이 되지 않았을 겁니다.
   Explanation 가정법 과거완료 구문입니다. 「If + 주어 + had + p.p., 주어 + would/should/could/might + have + p.p.」 과거의 사실과 반대되는 상황을 가정하거나, 과거에 있었던 일을 부정하거나, 또는 없었던 일에 대한 유감 혹은 소망을 나타냅니다.
4. **Translation** 발이 작았으면 좋겠는데, 제 사이즈로는 신발을 찾기가 너무 어렵습니다.
   Explanation 「I wish + 가정법 과거」는 바라는 시점에서, 현실과 반대의 상황을 가정하여 이루어질 가능성이 없는 소망을 표현합니다. 그러므로 과거형인 had를 써야 합니다.
5. **Translation** 휴가에 해외여행을 갈 때는 보험을 드는 것이 중요합니다.
   Explanation it은 가주어이고 that절이 진주어입니다. 주절에서 important, natural, essential 등의 형용사가 나올 때 that 절에서는 동사원형이 와야 합니다.

Review Questions

Answers

1. (d)	**2.** (a)	**3.** (a)	**4.** (c)	**5.** (a)
6. (b)	**7.** (d)	**8.** (d)	**9.** (b)	**10.** (b)

Translation & explanation

1. **Translation** 내가 몇 센티미터만 더 컸다면 농구부에서 제명당하지 않았을 것입니다.
   Explanation 가정법 과거완료 구문입니다. 「If + 주어 + had + p.p., 주어 + would/should/could/might + have + p.p.」 이 문장은 if절에서 if가 생략되고, 「동사 + 주어」로 도치된 것입니다.
2. **Translation** 난 내가 새로운 사람들을 만날 때 더 자신감을 가지길 소망합니다.
   Explanation 「I wish + 가정법 과거」는 바라는 시점에서, 현실과 반대의 상황을 가정하여 이루어질 가능성이 없는 소망을 표현합니다.
3. **Translation** 당신이 런던행 비행기 표를 6월에 예약한다면, 7월에 가는 것보다 더 저렴할 것입니다.
   Explanation If절에 were to가 쓰이면 미래에 실현하기 어려운 것을 나타냅니다. 즉, '그럴 리는 없겠지만, 혹시라도 ~한다면'이라는 뜻입니다. 주절에는 「will/would/should/may/might + 동사원형」이 옵니다.
4. **Translation** 사람들이 좀 더 빨리 흡연의 위험성에 대해 알았더라면 많은 목숨을 구할 수 있었을 겁니다.

Explanation 가정법 과거완료로 과거의 사실과 반대되는 상황을 가정하거나, 과거에 있었던 일을 부정하거나, 또는 없었던 일에 대한 유감 혹은 소망을 나타냅니다.

「If + 주어+ had + p.p., 주어+ would/should/could/might + have + p.p.」

5. Translation 30일간의 체험 기간 동안 구독을 취소하시면 모든 금액이 환불될 겁니다.

Explanation 가정법 미래는 앞으로 일어날 가능성이 희박한 일을 나타낼 때 쓰입니다.

「If + 주어 + should/were to/happen to + 동사원형, 주어 + will/ would/should/could/might/may/must + 동사원형」

6. Translation 교수님께서는 우리가 영문법을 공부하는 데 더 많은 시간을 투자하도록 충고하셨습니다.

Explanation 제안, 요구의 동사 order, command, recommend 등의 다음에 오는 종속절에서는 (should) 동사원형이 옵니다.

7. Translation 내가 당신이라면 그만두기 전에 다시 한번 생각해 볼 겁니다.

Explanation 가정법 과거 문장으로 주절에 「would + 동사원형」이 나옵니다.

8. Translation 당신이 지도를 가져오는 걸 기억했더라면 우리는 지금 길을 잃지 않을 겁니다.

Explanation if가 생략된 도치 문장으로, 과거에 일어난 사건이 현재까지 영향을 미칠 때 가정법 과거완료와 가정법 과거의 혼합가정구문을 사용합니다. 「If + 주어 + had + p.p., 주어 + would/should/could/might + 동사원형」이 나옵니다.

9. Translation 사장님이 곧 도착하지 않으면 회의를 연기해야 할 겁니다.

Explanation 직설법의 조건문입니다. if절에서 현재형 동사가 쓰이고, 실현 가능성이 있는 조건을 나타냅니다.

10. Translation 잠잘 시간입니다.

Explanation 「It's time + 가정법 과거」 구문은 '~할 시간이다, (마땅히 ~할 때가 되었는데, 안 하고 있을 때) 이제 ~하여야지'란 의미입니다.

Unit 6 The Passive Voice

Quiz Show 5 Questions

Answers

1. (d)
2. (b)
3. (a)
4. (d)
5. (c)

Translation & explanation

1. **Translation** 작년에 개봉한 영화 세 편의 이름을 말하세요.
   Explanation 개봉된 것이므로 수동태로 써야 하고, last year가 있으므로 과거형이 와야 합니다.
2. **Translation** 스위스에서 공식적으로 사용되는 네 개 언어는 무엇입니까?
   Explanation 수동태 문장은 「be + p.p.」에서 be동사의 현재형인 are를 쓴 후 과거분사를 쓰면 됩니다.
3. **Translation** 다음 번 월드컵이 열리는 나라의 이름을 말하세요.
   Explanation 미래시점을 나타내는 조동사 will이 들어가 있는 문장의 수동태는 「will be + p.p.」 형태입니다.
4. **Translation** 어떤 가수가 RM으로 더 잘 알려져 있나요?
   Explanation 수동태 문장은 「be + p.p.」 형태로 문장에서 be동사가 is이므로 과거분사를 써야 하고 자격이나 신분을 나타내는 전치사 as를 써야 합니다.
5. **Translation** 실제로 결혼한 한 영화 속 커플의 이름을 말하세요.
   Explanation 동작을 강조할 경우 「get/become/grow + p.p.」를 씁니다. marry 동사는 뒤에 전치사 with가 오지 못하고 be married 또는 get married처럼 수동형태로 쓰입니다. 결혼했다는 과거의 상태를 나타내므로 과거형 got을 써야 합니다.

Review Questions

Answers

1. (c)	**2.** (c)	**3.** (b)	**4.** (b)	**5.** (b)
6. (a)	**7.** (d)	**8.** (c)	**9.** (a)	**10.** (d)

Translation & explanation

1. **Translation** 지역 선수권 대회에서 우리 팀이 우승했습니다.
   Explanation 수동태 문장은 「be + p.p.」 형태로 능동태 문장에서 동사가 won으로 과거이므로, 수동태도 be동사의 과거형인 was를 쓴 후 과거분사를 쓰면 됩니다.
2. **Translation** 산들이 눈으로 덮여 있습니다.
   Explanation 능동태 문장이 현재형이므로 수동태 문장은 「be + p.p.」에서 be동사의 현재형인 are를 쓴 후 과거분사를 쓰면 됩니다.
3. **Translation** 그는 자기의 여행에 관해 책을 한 권 쓰고 있습니다.
   Explanation 능동태 문장이 현재진행형이므로 수동태도 현재진행 수동태로 바꾸어 주면 됩니다. 진행형 수동태는 「be being + p.p.」 형태로 만들어집니다.
4. **Translation** 어떤 출판업자들은 미래에 서점이 완전히 사라질 거라고 염려합니다.
   Explanation disappear는 '사라지다'라는 의미로 자동사입니다. 자동사는 수동태로 쓰지 않습니다.

5. **Translation** 팬들은 그 축구선수가 곧 은퇴할 것이라고 의심하고 있습니다.

Explanation 목적어가 that절인 문장의 수동태의 경우, 1) 가주어 it를 쓰거나, 2) that 절 속의 주어를 수동태 주어로 합니다. 이때 that 절은 주어가 없으므로 구(to부정사)로 고칩니다. that절을 목적어로 취하는 동사에는 say, know, believe, expect, think, hope, feel, fear, consider, find, intend, suppose, suspect 등이 있습니다. 이 문장에서는 능동태에서 is retiring진행이므로 to be -ing 형태로 쓰였습니다.

6. **Translation** 물은 수소와 산소로 구성되어 있습니다.

Explanation be composed of (~로 구성되다)

7. **Translation** 우리는 초대받지 않았기 때문에 파티에 가지 않았습니다.

Explanation 초대를 받지 않은 것이므로 수동태로 씁니다. 시제가 과거이므로 「were + not + p.p.」 형태로 쓰면 됩니다.

8. **Translation** 나는 그에게 그의 아버지가 병원에 실려 갔다고 말했습니다.

Explanation 완료형 수동태는 「have/had been + p.p.」 형태입니다.

9. **Translation** 그 회의는 오늘 오후에 열릴 겁니다.

Explanation 조동사 will이 들어가 있는 문장의 수동태는 「will be + p.p.」 형태입니다.

10. **Translation** Jim은 선생님이 어머니를 부르기 전에 많은 경고를 받았습니다.

Explanation 완료형 수동태는 「have/had been + p.p.」 형태입니다.

Unit 8 Participles

WARM-UP

Translation **해외 지사**

Mark 올해 큰 성공을 거둔 점을 고려해서, 우리는 해외 지사를 열기로 결정했어요. 그리고 한국이 미국 이외의 지역에서 가장 큰 시장이기 때문에, 서울은 더 이상 생각할 필요도 없어요.

Chad 맞아요. 지금 당장 일을 시작하고 싶어요. Mark는 다음 달에 인사부의 Erica와 함께 그곳으로 갈 거예요. 물론, 그들은 모든 것을 준비하는 데 도움이 필요할 거예요. 그들과 합류하려면 적어도 한 명은 필요해요. 분명히, 이것은 흥미로운 기회입니다. 하지만 여러분 중 몇몇이 가족을 가지고 있다는 사실을 고려하면, 저는 이것이 어려울 수도 있다는 것을 이해해요. 관심 있는 사람이 있으면 가능한 한 빨리 알려 주세요.

Mark 그리고 제가 한국학을 전공해서 그 나라에 대해서 많이 알고 있습니다. 저와 잘 해나갈 수 있을 거예요! 약속할 게요!

TASK 1

Answers

1. renewing
2. surprised
3. using

Translation

1. 운전면허를 갱신할 운전자들은 3번 창구에 줄을 서야 합니다.
2. 모든 사람이 그 최고경영자의 사퇴 소식에 놀랐습니다.
3. 마스터카드를 쓰는 고객들은 모든 구매에 10%를 할인받을 수 있습니다.

TASK 2

Answers

1. treated rudely
2. Having gotten a raise
3. Waiting for his date to arrive

Translation

1. 무례한 대접을 받은 일부 고객들은 팁 주는 것을 거부했습니다.
2. Alicia는 임금이 인상되었기 때문에 집의 계약금을 지불하기로 결정했습니다.
3. 그의 데이트 상대가 도착하기를 기다리고 있을 때, Paul은 재치 있는 말 몇 가지를 생각했습니다.

TASK 3

Answers

1. Compared
2. approaching
3. Supposing

Translation

1. 그의 전처와 비교했을 때, 이 사람은 정말 다정한 사람입니다.
2. 크리스마스가 다가오면, 백화점들은 꾸미기 시작합니다.
3. 당신이 3가지 소원을 빌 수 있다고 가정하면 어떤 소원을 빌겠습니까?

TASK 4

Answers

1. (1)
2. (2)
3. (3)

Translation

1. 오랜 여행으로 지친 소년은 잠이 들었습니다.
2. 지난 해 세 번의 패배를 경험한 우리 팀은 이번에는 승리할 것을 굳게 다짐했습니다.
3. 더 이상 논의할 것이 없는 파트너들은 회의를 중단하고 집으로 돌아갔습니다.

TASK 5

Answers

1. surrounding → surrounded
2. whistled → whistling
3. bored → boring

Translation

1. 경찰에 둘러싸인 범인은 마침내 총을 내려놓고 항복했습니다.

2. 제가 아까 화장실에서 휘파람으로 국가 부는 것을 들었는데 당신이었습니까?
3. 다른 모든 이들은 공연이 재미있었다고 생각했지만 저는 그것이 지루했다고 생각했습니다.

FINAL CHECK

Answers

1. (3)	**2.** (4)	**3.** (1)	**4.** (2)	**5.** (1)
6. (2)	**7.** (3)	**8.** (4)	**9.** (2)	**10.** (1)

Translation & explanation

1. Translation 저는 그 영화 중 어느 것도 보는 것에 관심이 없습니다. 둘 다 똑같이 지루하게 들립니다.
Explanation 현재분사 ~ing형은 능동 의미를 나타내고, 과거분사 p.p.형태는 수동의 의미를 갖게 됩니다.

2. Translation 전 세계 주요 도시들과 비교해보았을 때 서울은 비교적 안전한 도시입니다.
Explanation 비인칭 독립분사구문: Compared with~ (~과 비교하면)

3. Translation 만약 당신이 눈가리개를 하고 펩시와 코카콜라를 맛본다면, 당신은 차이점을 구별할 수 있을까요?
Explanation '눈가리개를 하고' 라는 의미로 능동을 표현하는 ~ing 형이 와야 합니다.

4. Translation 일본 문화에 대해 잘 알지 못해서, 그녀는 출장을 가기 전에 몇 가지 조사를 했습니다.
Explanation 이유를 나타내는 분사구문입니다. 부정을 나타내는 not 은 분사구문 앞에 써야 합니다.

5. Translation 그가 그 직장에 다닌 지 얼마 되지 않았다는 것을 고려하면, 지금까지는 아주 잘하고 있습니다.
Explanation 비인칭 독립분사구문: Considering ~ (~을 고려하면, ~치고는)

6. Translation 그는 보통 늦게 들어와서 우리를 기다리게 만듭니다. 그런 행동은 아주 성가십니다.
Explanation 「keep + 목적어 + ~ing」(~를 계속 ~하게 하다), annoying (~를 화나게 하는, 짜증스러운)

7. Translation 아스피린은 과도한 양을 복용할 경우 위험할 수 있습니다.
Explanation '약을 과하게 복용하다(약이 과하게 복용되다)'라는 의미로 수동을 표현하는 과거분사형을 써야 합니다.

8. Translation 저는 상사와 인사부장에게 저의 건강상의 문제를 알렸습니다.
Explanation 사역동사 make의 목적보어로는 동사원형과 과거분사가 사용되는데, 목적어와 목적보어가 수동관계일 경우엔 과거분사를 사용합니다. 이 문장에서는 '건강상의 문제가 ~에게 알려지다' 라는 의미가 됩니다.

9. Translation Angie는 이미 두 번 거절당했기 때문에 다시 시도하기가 망설여졌습니다.
Explanation 「having + p.p.」의 형태를 취하는 완료분사구문은 주절의 시제보다 앞선 시제를 나타내게 된다. 이 때 수동완료 분사구문 이므로 「having + been + p.p.」 형태를 써야 합니다.

10. Translation 비행기가 이륙해버려서 그들은 새 티켓을 살 수밖에 없었습니다.

Explanation 독립분사 구문으로 분사구문의 의미상 주어와 주절의 주어가 일치하지 않은 경우에는 분사 앞에 주어를 써 주어야 합니다.

Unit 9 Relatives

WARM-UP

Translation **헤어짐**

<Mark & Nic은 점심을 먹으러 식당에 있다.>

Mark 오늘 점심은 내가 살게! 네가 자진해서 서울에 와서 우리를 돕다니 정말 다행이야. 다시 한번 고마워! 한국 얘기가 나와서 말인데, 네 남자친구는 그 소식을 어떻게 받아들였어?

Nic 예상대로, 그는 그렇게 행복해하지 않았어. 사실, 우리는 크게 싸워서 헤어졌어. 내가 샌프란시스코에서 이곳으로 이사왔을 때 그가 먼저 같이 지내자고 고집했어. 나는 연인 관계가 잘 되도록 모든 것을 했지만, 무엇이든 일어날 일은 일어나게 되어 있는 것 같아.

Mark 유감이야, Nic. 공감해줄 사람이 필요하면 언제든지 내가 여기 있을게. 그리고 서울보다 독신으로 살기에 더 나쁜 곳도 있어! 이번 여행이 네게 필요한 것일 수도 있어!

TASK 1

Answers

1. whom
2. for
3. who

Translation

1. 우리는 당신이 들어본 적 있을 유명 인사와 아주 즐거운 만남을 가졌습니다.
2. 제가 한 일은 변명의 여지가 없지만, 여전히 저는 죄송한 마음입니다.

3. 지난달에 해고된 그 남자는 오늘 아침에 그 건물에 들어가려고 했습니다.

TASK 2

Answers

1. O
2. X (→ My uncle Barry, **who** claimed he would stay single forever, is getting married.)
3. X (→ This is the apartment **in which the president lived / where the president lived / (which the president lived in)** when he was a law student.)

Translation

1. 지난 밤 파티에서 만난 그 남자는 굉장히 잘생겼습니다.
2. 영원히 독신으로 지낼 거라고 말했던 Barry 삼촌이 결혼합니다.
3. 이 아파트는 대통령이 법대 학생이었을 때 살았던 곳입니다.

TASK 3

Answers

1. however
2. why
3. where

Translation

1. 당신이 아무리 바쁘더라도 매 주 어머니께 전화를 드려야 합니다.
2. 당신이 왜 저녁 식사하러 오지 않았는지 우리에게 말한다면, 나는 당신을 용서하는 것을 고려해 볼지도 모릅니다.
3. Kennedy가 총을 맞은 장소는 바로 이 길 아래에 있습니다.

TASK 4

Answers

1. (1)

2. (2)

3. (3)

Translation

1. 우리와 이야기를 한 경찰은 우리가 예상한 것 보다 훨씬 친절했습니다.

1. 내가 아무리 공부해도 이번 시험을 통과할 수 있을 것 같지 않습니다.

3. 저 흰색 포르셰 스포츠카가 내가 원하는 차입니다.

TASK 5

Answers

1. where → when

2. which → where

3. what → who or that / whom → who or that

Translation

1. 나는 그를 처음 만났던 날을 항상 기억할 것입니다.

2. 당신은 여기 주변에서 우리가 맛있는 햄버거를 먹을 수 있는 괜찮은 식당을 알고 있습니까?

3. 낙관론자들은 사물의 긍정적인 면을 보는 사람들인 반면 비관론자들은 사물의 현실적인 면을 보는 사람들입니다.

FINAL CHECK

Answers

1. (2)	2. (1)	3. (3)	4. (2)	5. (1)
6. (3)	7. (4)	8. (1)	9. (4)	10. (2)

Translation & explanation

1. Translation Jane은 그녀가 태어난 마을을 떠난 적이 없습니다.

   Explanation 그녀가 그 마을에서 태어난 것이므로 관계부사 where을 씁니다.

2. Translation 내 아들은 기회가 있을 때마다 농구를 합니다.

   Explanation 관계부사에 ever가 결합된 형태인 복합관계부사 whenever (= at any time when)을 써야 합니다.

3. **Translation** 이름이 불리지 않은 학생이 있습니까?
Explanation 선행사가 관계대명사의 주어인 명사를 소유할 때는 소유격 관계대명사 whose를 씁니다. 선행사가 사람이나 사물일 때 모두 소유격 관계대명사는 whose를 씁니다.

4. **Translation** 당신의 신발은 저와 크기가 같습니다.
Explanation the same size as~ 는 '~와 같은 크기' 라는 의미가 됩니다.

5. **Translation** 나는 봉급 인상을 받지는 못했지만 그것이 내가 일을 그만둔 이유는 아닙니다.
Explanation the reason 다음에 관계사 why나 that을 씁니다.

6. **Translation** 당신이 어느 전공을 선택하시든, 틀림없이 성공하실 겁니다.
Explanation 복합관계대명사의 형용사적 용법으로 명사 앞에서 쓰여서 명사를 수식하는 데, 「whichever + 명사」는 정해진 것 중에서의 선택을 의미합니다.

7. **Translation** 우리와 이야기 한 비서는 아주 친절했습니다.
Explanation 관계대명사가 관계사절에서 타동사나 전치사의 목적어의 역할을 할 때는 생략이 가능합니다.

8. **Translation** 아무리 화가 나더라도 목소리를 높이면 안됩니다.
Explanation 복합관계부사는 양보의 의미를 지닌 부사절을 이끌기도 합니다. (~하든지 간에). 뒤에 형용사 angry가 나오므로 however (= no matter how)를 사용합니다.

9. **Translation** 우리는 해산물 국수를 잘하는 작은 식당에서 점심을 먹었습니다.
Explanation '그 식당의 전문음식'이라는 의미이므로 소유격 관계대명사 whose를 쓴다.

10. **Translation** 그녀는 채식주의자이고 이로 인해 당신은 그녀가 고기를 주문하는 것을 보지 못할 것입니다.
Explanation 관계대명사 계속적 용법이고, 앞 문장 전체를 받는 which를 써야 합니다.

Unit 10 Adjectives and Adverbs

WARM-UP

Translation **한국어 공부**

<Mark는 Nic가 한국어 교재에 둘러싸여 있음을 발견한다.>

Mark 한국어는 어때? 열심히 공부한 듯하네!

Nic 음, 알파벳은 정말 어려워 보이지만, 한글을 배우는 것은 내가 상상했던 것만큼 나쁘지 않아! 나는 이제 간단한 문장을 읽을 수 있어. 존댓말이 가장 어려운 부분인데··· 아, 그리고 발음! 분명히 형편없이 들릴 거야.

Mark 이해해. 서울에 가서 한국어에 몰입하면 훨씬 더 쉬울 거야!

Nic 물론이지. 내가 거기 있을 때 더 자신 있게 말할 수 있었으면 좋겠어! 나는 한국 드라마 시리즈를 정주행했어! 나는 드라마가 훌륭한 듣기 연습이라고 스스로 그런 척하고 있지만, 대부분 영어 자막에 집중하고 있어!

Mark 응, 그런 일은 쉽게 일어날 수 있어. 음, 언제든지 좋을 때 나랑 연습해!

TASK 1

Answers

1. alive
2. fond of
3. frightened

Translation

1. Jim은 그의 자동차 사고 후에 살아있다는 게 행운입니다.
2. 모든 학생들은 새로운 교장 선생님을 좋아하는 것처럼 보입니다.
3. 겁먹은 강아지가 불꽃놀이 하는 동안 나무 뒤에 숨었습니다.

TASK 2

Answers

1. X (→ Your daughter Melissa is the **brightest** student in the entire fifth grade.
2. O
3. X (→ The longer the customers waited, the **angrier** they became.)

Translation

1. 당신의 딸 Melissa는 5학년 전체에서 가장 똑똑한 학생입니다.
2. 이 청구서의 총 금액은 당신의 본래 견적보다 5배나 더 많습니다.
3. 고객들은 오래 기다릴수록 더 많이 화를 냈습니다.

TASK 3

Answers

1. awfully
2. absolutely
3. hard

Translation

1. 여기는 끔찍이 덥습니다. 에어컨이 고장 났나요?
2. 우리는 사고 소식에 완전히 충격을 받았습니다.
3. 저는 기한에 맞추기 위해 최선을 다해 노력하겠습니다.

TASK 4

Answers

1. (2)
2. (2)
3. (1)

Translation

1. 문어의 IQ는 거북이보다 훨씬 더 높습니다.
2. 과학자들에 따르면, 돌고래는 살아있는 것 중 두 번째로 똑똑한 생물이라고 합니다.
3. 우리는 가능한 많이 당신을 도우려고 노력할 것입니다.

TASK 5

Answers

1. X (→ This ice cream cake is the **worst** one I have ever eaten.)
2. X (→ Terrence thinks puppies are **much/far/even/a lot** cuter than kittens, but Stephen disagrees.)
3. X (→ I must admit that your dance skills are far superior **to** mine.)

Translation

1. 이 아이스크림 케익은 제가 먹어본 것 중 최악입니다.

2. Terrence는 새끼 강아지가 새끼 고양이보다 훨씬 귀엽다고 생각하지만 Stephen은 이에 동의하지 않습니다.

3. 나는 당신의 춤 실력이 나보다 훨씬 뛰어나다는 사실을 인정해야만 하겠습니다.

FINAL CHECK

Answers

1. (3)	**2.** (2)	**3.** (4)	**4.** (4)	**5.** (1)
6. (2)	**7.** (2)	**8.** (3)	**9.** (1)	**10.** (4)

Translation & explanation

1. **Translation** 신호가 좋지 못한 것 같은데, 당신이 무슨 말하는지 잘 안 들립니다.

Explanation '신호가 좋지 않아 잘 들리지 않는다'는 의미이기 때문에 '거의 ~가 아닌' 이라는 의미의 부사 hardly가 와야 합니다.

2. **Translation** 두 번째 시험은 첫 번째보다 더 어려울 것 같습니다.

Explanation be동사 다음에 '~할 것 같다'라는 의미로 형용사 likely가 옵니다.

3. **Translation** Jane은 딸이 세 명 있습니다. 세 명 중 Marge가 첫째이고 가장 엄마를 많이 닮았습니다.

Explanation of all 복수 명사 뒤에 최상급을 써야함으로 oldest와 most가 와야 합니다.

4. **Translation** 더운 날의 차가운 맥주만큼 상쾌한 것은 없습니다.

Explanation 비교급과 같이 쓰는 than이 있고 부정어와 함께 비교급을 쓰면 최상급을 의미하기 때문에 more refreshing을 써야 합니다.

5. **Translation** 이 영화는 정말 잘 연출되었습니다. 내가 본 최고의 영화 중에 하나입니다.

Explanation '가장 ~ 한 것'이라는 최상급의 의미로 best를 써야 합니다.

6. **Translation** 당신은 그것을 차갑게 먹어도 되지만 데우면 맛이 더 좋아질 것입니다.

Explanation much는 비교급을 강조하여서 '훨씬, 더욱'의 의미로 쓰입니다. 그러므로 much와 함께 쓸 수 있는 better을 씁니다.

7. **Translation** 이 전화기는 내 예전 전화기보다 거의 두 배나 비쌌습니다.

Explanation 배수비교를 할 때는 배수 뒤에 as 형용사 as를 써야 합니다.

8. **Translation** 그가 더 많이 가족을 생각할 수록 더 많이 고향이 그리워졌습니다.

Explanation '~하면 할수록 더 ~하다'는 의미로 the 비교급, the 비교급 형태로 써야 합니다.

9. **Translation** 난 특히 밖에 눈이 올 때 핫초코 마시는 걸 좋아합니다.

Explanation 수식하는 어구 앞에 놓아서 주목하게 하는 초점부사 especially를 씁니다.

10. **Translation** 문법적으로 맞지 않는 문장을 고르시오

(1) 그 서류들은 내 맨 위 서랍에 안전하게 잠겨 있습니다.

(2) 그는 놀랍도록 빠른 회복을 보였습니다.

(3) 그의 대답은 다소 짧고 차갑게 들렸습니다.

(4) 운 좋게도 소년은 심각하게 부상을 입지는 않았습니다.

Explanation 형용사 serious는 뒤의 오는 injured를 꾸밀 수 없습니다. 부사형태인 seriously가 와야 합니다.

Unit 11 Prepositions

WARM-UP

Translation **짐 싸기**

<Nic 은 여행을 위해 짐을 쌀 물건들의 체크리스트를 만들고 있다.>

Nic 우리가 내일 떠난다니 믿을 수가 없어! 옷 관련해서 뭐를 싸야 할지 결정하기가 정말 힘들어. 일기예보에 따르면, 서울은 일년 중 이맘때가 정말 덥고 습하다고 하네.

Mark 그래, 여름에는 정말 더워! 회의용으로 정장 몇 벌, 저녁에 입을 가벼운 옷, 그리고 비가 올 경우의 방수 재킷을 챙길 거야. 보통 7월은 장마철이라 꽤 젖어! 하지만 솔직히 말해서, 서울에서는 쇼핑하기가 아주 좋으니까, 짐을 가볍게 싸도록 해! 여권, 신용카드, 비자 서류 등 필수품이 있는 지만 확인해. 최악의 경우, 나머지는 가서 살 수 있을 거야.

Nic 다행이네, 고마워. 아침에 공항에서 봐! 내가 가는 길에 문자 보낼게.

TASK 1

Answers

1. across
2. On
3. at

Translation

1. 빨간 불이 켜졌을 때 길을 건너는 것은 당신을 곤경에 빠뜨릴 수 있습니다.
2. 크리스마스에, 가족들이 칠면조를 요리하는 것은 전통입니다.
3. 우리는 3시 정각에 떠날 거예요, 그러니 늦지 마세요.

TASK 2

Answers

1. X (→ My sister has worked **in** publishing for many years.)
2. X (→ In spite **of** all our thorough preparations, the party was a total disaster.)
3. O

Translation

1. 내 여동생은 수년 동안 출판계에서 일해 왔습니다.
2. 철저히 준비했음에도 불구하고 파티는 완전 엉망이었습니다.
3. Biltmore 교수는 시간여행에 대한 강연을 해달라고 요청받아왔습니다.

TASK 3

Answers

1. in / on
2. in / from
3. In / by

Translation

1. 마지막 페이지에 검정색 펜으로 계약서에 서명해 주세요.
2. 나는 휴가 때 말고는 아침에는 보통 아침을 안 먹습니다.
3. 차가 많이 막힐 경우에는 버스를 타지 말고 출퇴근 시간에 지하철을 타고 집에 가세요.

TASK 4

Answers

1. (3)
2. (1)
3. (2)

Translation

1. Laura는 그런 고급승용차가 필요하지 않지만 괜찮은 가격에 구매했습니다.
2. 출출하면 냉장고에서 아무거나 꺼내 드셔도 됩니다.
3. Lara는 3일 연속으로 야근을 해야 하는 것에 대해 전혀 행복하지 않았습니다.

TASK 5

Answers

1. O
2. X (→ Mom is scheduled to arrive **at** 3 this afternoon, and Dad gets here **on** Friday.)
3. X (→ Believe it or not, your father was known as "Captain Fluffy" **for** many years.)

Translation

1. 이 아이는 물에 알레르기를 일으키는 희귀병을 앓고 있습니다.
2. 엄마는 오늘 오후 3시에 도착하기로 되어 있는데 아빠는 금요일에 도착합니다.
3. 믿거나 말거나 당신의 아버지는 수년간 Fluffy 대장으로 알려져 있었습니다.

FINAL CHECK

Answers

1. (1)	**2.** (2)	**3.** (3)	**4.** (1)	**5.** (2)
6. (4)	**7.** (4)	**8.** (1)	**9.** (2)	**10.** (3)

Translation & explanation

1. Translation 남자아이는 엄마 옆에서 걷고 있습니다.

   Explanation 방향 표시 전치사로 to는 '~쪽으로' 라는 방향을 나타냅니다. next to는 '바로 옆에' 라는 뜻입니다.

2. Translation 아이스크림이 먹고 싶지만 저는 지금 다이어트 중이예요.

Explanation 전치사 on은 진행중인 상태를 나타내며, on diet는 '다이어트 중'이라는 의미입니다.

3. Translation 나의 조부모님은 시골에서 사십니다.

Explanation 장소 표시 전치사 in은 '~에' 라는 뜻으로 나라, 도시 같은 비교적 넓은 장소나 지역을 나타냅니다.

4. Translation 어떤 사람들은 가격에 상관없이 유명 브랜드의 제품을 선택합니다.

Explanation 중요 전치사구 regardless of는 '~에 상관없이'라는 뜻입니다.

5. Translation 그들은 다음주에 아프리카로 떠날 예정입니다.

Explanation 방향 표시 전치사 for은 '~을 향하여' 라는 목적지를 나타냅니다.

6. Translation 회의 참석 여부를 목요일까지 저에게 알려주세요.

Explanation 기한 전치사 by는 '~까지, ~보다 늦지 않게'라는 뜻으로 동작 또는 상태가 완료되는 시점을 나타냅니다.

7. Translation 그녀는 외국에서 새로운 삶에 적응하는 것에 매우 걱정하고 있습니다.

Explanation 주제를 나타내는 전치사 about는 '~에 관하여' 라는 뜻을 가지고 있습니다. 또한 중요 전치사구인 anxious about는 '~을 걱정하다'라는 의미입니다.

8. Translation 정전 때문에 오늘은 일을 하나도 할 수 없었습니다.

Explanation 원인이나 이유를 나타내는 전치사구 because of가 있습니다.

9. Translation 지금 정기 구독하시면 훨씬 저렴한 가격에 서비스를 이용하실 수 있습니다.

Explanation 대가를 의미하는 전치사 at을 써야합니다.

10. Translation 그 정치인은 인종차별적 연설을 이용한 것에 대해 강도 높은 비난을 받았습니다.

Explanation 전치사 for은 행위의 이유 '~때문에' 라는 의미입니다.

Unit 12

Conjunctions

WARM-UP

Translation **이륙**

<Nic과 Mark는 이륙할 준비를 하는 비행기에 타고 있다.>

Nic 기분이 어때?

Mark 좋아, 고마워! 우리는 한국에서 해야 할 일이 많지만, 나는 순조롭게 될 거라 확신해. 교환학생으로 서울에 왔던 이후로 처음으로 서울에 돌아가는 건데, 많이 달라졌는지 궁금해! 너는 어때?

Nic 이제 비행기가 이륙할 준비가 되었으니, 나는 마음이 두근거려. 그래도 신나!

Mark 우리가 도착할 때쯤이면, 서울은 금요일 밤이 될 거야. 시차 적응이 된 후에, 뭘 하고 싶어?

Nic 음, 너도 내가 정말 미식가라는 걸 알고 있지. 그래서 모든 독특한 음식을 먹는 것이 내 버킷 리스트 중 맨 위에 있어.

Mark 오, 첫 식사로, 산낙지 또는 족발을 먹을 수 있어. 준비가 되었기를 바라! 모험을 시작하자!

TASK 1

Answers

1. nor
2. or
3. but also

Translation

1. 우리는 당신에게 제공할 맥주나 와인이 없습니다. 커피 좀 드시겠어요?
2. 이 스웨터를 입으세요. 그렇지 않으면 얼어 죽을 겁니다.
3. Bob은 저의 매니저일 뿐만 아니라 제 친구입니다.

TASK 2

Answers

1. which
2. whether
3. that

Translation

1. 만약 당신이 둘 중에 어떤 것이 더 마음에 드는지 말하지 않는다면 우리는 무엇을 사야 할지 모릅니다.
2. Sonia는 금요일에 우리와 저녁식사를 함께 할 시간이 있는지 확신할 수가 없습니다.
3. 당신의 어머니를 가장 불편하게 하는 것은 당신이 그녀에게 전화를 할 생각조차 하지 않는다는 것입니다.

TASK 3

Answers

1. so that
2. by the time
3. Unless

Translation

1. 고슴도치는 위험으로부터 자신을 보호할 수 있도록 가시를 키웁니다.
2. 네가 집에 도착할 때쯤 우린 영화를 보러 외출했을 수도 있어.
3. 지금 출발하지 않으면 네 여동생의 공연을 놓치게 될 거야.

TASK 4

Answers

1. (3)
2. (2)
3. (1)

Translation

1. Lenny는 죄를 지었기 때문에 감옥에 수감 중입니다.

2. 집단 괴롭힘 문제를 심각하게 다루기 위해 급히 교직원 회의가 마련되었습니다.
3. 비행기가 착륙하자마자 문자 보낼게요.

TASK 5

Answers

1. You are welcome to bring **either** a bottle of wine **or** a dessert to the party, but no gifts, please.
2. When I was younger, I truly believed **that** the tooth fairy existed.
3. **Since** Banksy's artwork is so well-known, his identity is still a mystery.

Translation

1. 파티에 와인 한 병이나 디저트를 가지고 오시는 건 환영합니다, 하지만 선물은 받지 않습니다.
2. 내가 어렸을 때, 나는 이의 요정이 존재한다고 진심으로 믿었습니다.
3. Banksy의 예술작품은 잘 알려져 있지만, 그의 정체성은 여전히 수수께끼입니다.

FINAL CHECK

Answers

1. (2)	2. (4)	3. (2)	4. (3)	5. (1)
6. (1)	7. (3)	8. (4)	9. (1)	10. (2)

Translation & explanation

1. Translation 그는 봉급이 너무 낮다고 생각해서 자리에서 물러났습니다.
   Explanation 종속 접속사 because는 종속절이 주절에 대한 직접적인 이유와 원인을 나타내며, 주로 종속절이 주절 뒤에 많이 쓰입니다.
2. Translation 일찍 일어나지 않으면 학교에 늦을 겁니다.
   Explanation 종속 접속사 unless는 '~한 조건을 제외하면'의 의미이거나, 경고의 의미로 '~하지 않으면'의 의미로 쓰입니다. unless는 가정법에서는 쓰이지 않습니다.
3. Translation 그가 제 때 마칠 수가 있을지 모르겠습니다.
   Explanation 종속 접속사 if는 조건을 나타내는 가장 일반적인 접속사로, '만약 ~하면'의 의미입니다.
4. Translation 이 지역에 집을 살까 고민하기 전에 우리 아이들 학교에 대해서 더 알아봐야 합니다.
   Explanation 시간 부사절 접속사 before은 종속절에 쓰이며 '~전에' 의미로 시간을 나타냅니다.

5. **Translation** 잠깐만 기다려요, 이 책 다 읽고 바로 점심 먹으러 갑시다, 이제 딱 한 페이지 남았어요.
   Explanation as soon as 는 '~하자 마자' 라는 의미입니다.
6. **Translation** 기상 악화로 제 비행기의 이착륙이 지연될 수 있습니다. 그렇게 되면 연락 드릴게요.
   Explanation the fact, the possibility, the hope, the news 다음에 오는 that은 동격절을 있는 접속사로 쓰인 것입니다.
7. **Translation** 나는 35살 밖에 안되었지만, 내 주치의는 콜레스테롤 수치를 체크해야 한다고 말합니다.
   Explanation 종속 접속사 though 앞에 even이 붙어서 강조의 의미가 있습니다. '심지어 ~하더라도, ~한데도'의 의미입니다.
8. **Translation** 나는 아이스크림이 녹지 않도록 냉장고에 넣었습니다.
   Explanation 종속 접속사 so~that은 목적으로 쓰여 '~하기 위해서'의 의미입니다.
9. **Translation** 서른을 넘었더니 갑자기 주름이 너무 많아졌습니다.
   Explanation 종속 접속사 now (that)은 '이제 ~했으니까'의 의미로 주절의 간접적인 이유를 나타냅니다.
10. **Translation** 비가 올 것 같지 않지만, 비가 올 경우에 대비해서 창문을 닫읍시다.
    Explanation '~일 경우에 대비해서' 라는 의미로 in case를 써야 합니다.

Unit 13 Review / Quiz Show and Review Answers

Unit 8 Participles

Quiz Show 5 Questions

Answers

1. (b)
2. (c)
3. (a)
4. (a)
5. (d)

Translation & explanation

1. **Translation** 학생들이 당신에 대해 알지 못할 한 가지 흥미로운 사실은 무엇일까요?
   Explanation '흥미로운 사실'이라는 의미로 능동을 표현하는 현재분사 interesting이 와야 합니다.
2. **Translation** 당신은 스트레스를 받을 때, 어떻게 긴장을 푸나요?
   Explanation 동사 feel은 주격보어를 필요로 하고, 보어 자리에 과거분사 stressed가 와야 합니다.
3. **Translation** 당신이 본 영화 중에 가장 감동적인 영화는 무엇입니까?
   Explanation '감동적인 영화'라는 의미로 능동을 표현하는 현재분사 moving이 와야 합니다.
4. **Translation** 한국어를 공부하고 나서 그 언어 중 가장 어려운 부분은 무엇이라고 생각합니까?
   Explanation After you studied Korean… 이라는 부분을 분사구문으로 표현하여서 having studied 라고 해야 합니다.
5. **Translation** 돈이 장애물이 아니었다면, 당신의 꿈의 휴가는 무엇이었을까요?
   Explanation supposing (that)은 '~라면'이'라는 가정의 의미의 접속사 역할을 합니다.

Review Questions

Answers

1. (b)	2. (a)	3. (b)	4. (c)	5. (d)
6. (c)	7. (d)	8. (d)	9. (a)	10. (b)

Translation & explanation

1. **Translation** 수술을 기다리는 동안 나는 매우 긴장되고 떨렸습니다.
   Explanation 'While I was waiting for the operation 부분을 분사구문으로 표현하면 Waiting for the operation이 된다.
2. **Translation** 공원에서 캐리커처 그리는 여자 보셨어요?
   Explanation 「지각동사(see, watch, notice, hear, smell) + 목적어 + 목적보어(동사원형/~ing)」의 구문입니다. 그리고 the woman (who was) drawing이라고 볼 수 있습니다.
3. **Translation** 오늘의 점심 특선 요리는 으깬 감자를 깔고 오븐에 구운 연어입니다.
   Explanation '분사가 구를 이루어 명사를 수식 할 때는 명사의 뒤에서 명사를 수식하며, 수동의 의미(연어가 제공되는 것)이므로 과거분사를 씁니다.
4. **Translation** 유럽 얘기가 나와서 말인데, 당신은 프라하에 가본적 있나요? 그 곳은 아름답다고 들었어요.
   Explanation 'Speaking of~는 ' ~에 관해서 말한다면' 의 뜻입니다.
5. **Translation** 내가 지금 읽고 있는 그 책은 매혹적이어서 내려놓을 수가 없습니다.
   Explanation '사물이 주어로 와서 '~을 느끼게 하는'의 의미로 쓰일 때는 현재분사인 ~ing형태가 옵니다. 반대로 주어가 '~한 감정을 느끼는' 의 뜻일 때는 과거분사인 ~ed 형태를 씁니다.

6. Translation 저는 작년에 그 과정을 우수하게 마쳤기 때문에 당신에게 몇 가지 공부에 대한 조언을 해줄 수 있습니다.

Explanation "내가 과정을 우수하게 마쳤기 때문에"라는 의미가 되도록 하는 분사구문입니다. 주절보다 앞선 시제이기 때문에 having aced라고 씁니다.

7. Translation 일반적으로, 사람들은 세계적인 전염병이 시작된 이래 정부의 지침을 따르고 있습니다.

Explanation 'generally speaking은 '일반적으로 (말하자면)' 이라는 의미입니다.

8. Translation 경기가 시작하자 경기장의 분위기는 들떴습니다.

Explanation 'exciting은 '어떤 것이 나의 감정을 아주 행복하고 흥분되게 하는'의 의미입니다. 그리고 excited는 내가 주어로서 내가 신이 났다라는 의미가 됩니다. 따라서 나를 흥분하게 하는 어떤 것(=atmosphere)을 주어로 쓸 때는 exciting을 씁니다.

9. Translation 그 쓰레기통 옆의 노숙자는 잠입 경찰입니다.

Explanation '관계대명사절의 한정적 용법으로 guy (who is) standing 에서 who is 가 생략된 형태입니다.

10. Translation 이 지역의 다른 식당들과 비교했을 때, 이 곳은 정말 가성비가 좋습니다.

Explanation "~과 비교하여'라고 할 때 compared with/to라고 씁니다.

Unit 9 Relatives

Quiz Show 5 Questions

Answers

1. (b) / False–French fries were reportedly invented in Belgium.
2. (a) / True
3. (c) / False–The World Cup was held in 2002 in Korea.
4. (d) / True
5. (a) / False–It is believed that this was the reason for the royal family using metal chopsticks many years ago (during the Baekjae period)

Translation & explanation

1. Translation 프랑스는 감자튀김이 발명된 나라입니다.

Explanation 선행사가 장소일 때 관계부사 where(=in which)를 씁니다. where는 관계사절에서 부사의 역할을 합니다.

2. **Translation** 버킹엄 궁전에 사는 영국 여왕은 Elizabeth라고 불립니다.
   Explanation 선행사가 사람일 때 주격 관계대명사로는 who가 옵니다.
3. **Translation** 2004년은 한국에서 월드컵경기가 열린 해였습니다.
   Explanation 부사 when(= on which)은 선행사가 시간(the day)일 때 씁니다.
4. **Translation** 꿀은 절대로 상하지 않는 유일한 음식입니다.
   Explanation 선행사가 사물일 때 주격 관계대명사로는 which나 that이 옵니다.
5. **Translation** 요즘 한국인들이 금속 젓가락을 사용하는 이유는 음식에 들은 독을 발견하기 위해서입니다.
   Explanation 선행사가 이유(reason)일 때 관계부사 why (=for which)를 씁니다.

Review Questions

Answers

1. (a)	**2.** (d)	**3.** (a)	**4.** (c)	**5.** (d)
6. (b)	**7.** (b)	**8.** (a)	**9.** (d)	**10.** (c)

Translation & explanation

1. **Translation** 그 도시는 쓰레기를 줄이는 계획의 일부인 새로운 재활용 정책을 실시했습니다.
   Explanation 선행사가 사물일 때 주격 관계대명사로는 which나 that이 옵니다.
2. **Translation** 어떤 비행기를 타시든 제가 공항으로 모시러 가겠습니다.
   Explanation 복합 관계대명사 형용사적 용법으로 '어떤 비행기이던지' 라는 뜻으로 whichever가 flight를 수식하고 있습니다.
3. **Translation** 이 식물은 햇빛이 비치는 창문 옆에 두어야 합니다.
   Explanation 선행사가 장소일 때 관계부사 where (=in which)를 씁니다. where는 관계사절에서 부사의 역할을 합니다.
4. **Translation** 그건 내가 말하려고 한 바가 아닙니다.
   Explanation what은 선행사를 포함한 관계대명사로, the thing which 의 뜻입니다. 이 문장에서 관계대명사 what은 명사절을 이끌며 이 명사절은 전체 문장에서 보어의 역할을 하고 있습니다.
5. **Translation** 그녀는 대부분의 학생들이 조언을 얻으려고 하는 사람입니다.
   Explanation 전치사 to 다음에 목적격 관계대명사 whom이 오게 됩니다. Most students turn to her for advice 라는 구문이 to whom most students turn for advice로 된 것입니다.
6. **Translation** 루브르 박물관은 그 소장품에 모나리자가 포함되어 있는데, 파리에 있습니다.
   Explanation 뒤에 collection라는 명사가 있으므로 소유격 관계대명사 whose가 정답입니다. 선행사가 고유대명사이므로 관계대명사의 비제한적(계속적) 용법이 나옵니다.

7. Translation 그 영화는 토대가 되었던 책과 완전히 다릅니다.

Explanation 관계대명사가 전치사의 목적어로 쓰일 때는 전치사를 문장의 맨 끝에 두거나 관계대명사 바로 앞에 둘 수 있습니다. be based on~ 은 '~에 근거하다'라는 의미가 됩니다.

8. Translation 그녀는 얼굴이 이제껏 보그 표지에 가장 많이 나온 모델입니다.

Explanation 뒤에 face라는 명사가 있으므로 관계대명사 소유격인 whose가 정답입니다.

9. Translation 플랜테인은 때때로 바나나와 혼동되는데, 열대지역 사람들이 많이 먹습니다.

Explanation 관계대명사의 비제한적(계속적) 용법으로, 관계대명사 주격 which가 정답입니다. 관계대명사 that은 비제한적 용법으로 쓰일 수 없습니다.

10. Translation 우리가 부산에 같이 갔던 여름 기억나니?

Explanation 관계부사 when(= on which)은 선행사가 시간(the day)일 때 씁니다.

Unit 10 Adjectives and Adverbs

Quiz Show 5 Questions

Answers

(1) directly

(2) longer

(3) that

(4) less white

(5) lighter

Translation

Ross 별일 없지? (웃음)

Chandler 이런...맙소사네.

Monica 이가 왜 그래?!

Ross 이 미백했어.

Chandler (비꼬는 투로) 진짜야?

Ross 응. 어때 보여?

Monica 글쎄, 감히 똑바로 못 쳐다보겠어.

Ross 장난하지 말고.

Monica Ross, 너무나 지나치게 하얗다.

Chandler 응, 옛날의 그 인간적인 이는 어디 갔냐?

Ross 아...젤을 권장 시간보다 약간 오래 바르고 있긴 했어.

Monica 얼마나 오래 뒀는데?

Ross 하루.

Monica Ross, 오늘밤에 Hilary랑 데이트 있는 거 알지?

Ross 알아. 그래서 한 거야. 진짜로 보기 안 좋아?

Chandler 아니, 괜찮을 거야. (Monica 쪽으로 돌아보며) Hilary 맹인 맞지?

Monica 내일부터 맹인이 될 거야.

Chandler 응. (Rachel이 들어옵니다.)

Ross 오, 이봐, Rachel, 나 뭐 달라진 거…?

Rachel 네 이빨? 그래, 밖에서 보이더라.

Monica 좋아, 이걸 입으면 이가 좀 어둡게 보일거야. 아니다, 그러니까 효과가 없는 색은 파랑, 노랑, 초록, 빨강, 검정, 하양, 주황, 자주야.

Ross 한 시간 후면 데이트인데 어떡하면 좋지?

Monica Ross, 피부색이 조금만 더 밝으면 이빨 색이 약간 죽을 거야.

Ross 오, 좋아! (비꼬는 말투로) 그럼 새 피부만 이식하면 되겠구나. 고맙다.

Monica 그게 아니라.. 화장을 조금만 하자고..

Review Questions

Answers

1. (b)	**2.** (c)	**3.** (a)	**4.** (d)	**5.** (c)
6. (d)	**7.** (b)	**8.** (a)	**9.** (b)	**10.** (c)

Translation & explanation

1. Translation 해마다 이 맘 때쯤이 가장 춥습니다.

Explanation 동일사물 혹은 동일개념 자체의 속성을 비교할 때는 최상급이라도 the를 쓰지 않습니다.

2. Translation 최근에 좋은 드라마 본 적 있어요?

Explanation '최근에'라는 부사는 lately입니다. 참고로 late는 형용사, 부사로 다 쓰여서 '늦은, 늦게'라는 의미를 갖습니다.

3. Translation Edna는 그녀의 일을 점점 더 잘 하고 있는 것 같습니다. 요즘, 그녀는 실수를 덜 합니다.

Explanation 셀 수 있는 명사(mistake)를 수식하는 few의 비교급으로 fewer를 씁니다.

4. Translation 우리가 극장에 도착했을 때 비가 내리기 시작했는데, 우리가 떠났을 때도 여전히 비가 쏟아지고

있었습니다.

Explanation still은 '아직도, 여전히'라는 의미로 쓰입니다

5. Translation 오늘 운전 조심하세요. 어젯밤 눈이 온 후에 도로가 위험할 겁니다.

Explanation 동사(drive)를 수식하는 것은 부사인 부사인 carefully입니다. 또한 be 동사의 보어로 형용사가 와야 합니다.

6. Translation 대부분의 조합원들은 계약 재협상을 강력히 찬성했습니다.

Explanation '강력히'라는 부사가 필요하므로 부사적 형태인 strongly가 정답입니다.

7. Translation 선거에 대한 최신 뉴스를 보았습니까?

Explanation '가장 최근에 나온'이라는 의미로 latest를 씁니다.

8. Translation 사람들은 건강만큼 중요한 것은 없다고 이야기합니다.

Explanation nothing is as ~ as 는 '~만큼 ~한 것은 없다'라는 의미입니다.

9. Translation 치과진료는 한국에서보다 미국에서 더 비쌉니다.

Explanation 비교급 more ~ than B 은 'B보다 더 ~하다' 라는 의미로 씁니다.

10. Translation 와! 제가 오랜만에 본 영화 중에 제일 무서웠습니다.

Explanation 최상급 형태로 두 음절 이하 일 때 뒤에 -est를 붙입니다. -y는 -i로 고치고 -est를 씁니다. most는 세 음절 이상이거나 접미어가 -ful, -ly, -ous, -ive 등일 때 쓰입니다.

Unit 11 Prepositions

Quiz Show

5 Questions

Answers

1. (b)
2. (d)
3. (a)
4. (c)
5. (a)

Translation & explanation

1. Translation 뛰기 전에 걷는 법부터 배우세요.

Explanation 전치사 before은 '~전에'라는 뜻으로 시간을 나타냅니다.

2. Translation 로마에 가면 로마법을 따르라.

Explanation 장소 전치사 in은 넓은 지역, 나라, 도시 앞에 씁니다.

3. Translation 오늘 할 일을 내일로 미루지 마라.

Explanation 전치사 until은 '~까지'라는 의미로 계속되어 온 동작이나 상태의 계속을 나타냅니다.

4. Translation 최선을 바라지만 최악의 경우를 대비하라.

Explanation 전치사 for은 '~위한' 이라는 의미로 도움의 표현을 나타냅니다.

5. Translation 돈은 나무 위에서 자라지 않는다.

Explanation 전치사 on은 '~위에' 라는 의미로 어떤 접촉면에 닿아있는 상태를 말합니다.

Review Questions

Answers

1. (c)	2. (b)	3. (d)	4. (b)	5. (c)
6. (c)	7. (a)	8. (d)	9. (b)	10. (a)

Translation & explanation

1. Translation 바리스타는 대개 고객들이 잔돈을 넣도록 카운터 위에 팁을 넣는 단지를 올려 놓습니다.

Explanation '~(위)에' 라는 뜻으로 표면에 접촉된 상태를 나타냅니다.

2. Translation 그녀는 그녀의 라이벌이 미인 선발대회에서 우승하는 모습을 몹시 부러운 눈길로 지켜보았습니다.

Explanation with는 '~을 가지고, ~으로'라는 뜻입니다. with envy는 '몹시 부러운 눈길로, 질투심을 가지고' 라는 뜻입니다.

3. Translation 대학에서 공부를 시작한 이후로 전 독립해서 살고 있습니다.

Explanation since는 '~이래로' 라는 뜻으로 전치사와 접속사로 모두 쓰입니다. 주절에 완료형이 자주 오지만, 현재형이나 과거형이 올 수도 있습니다.

4. Translation 그런 종류의 일은 영화에서만 발생합니다.

Explanation '영화 안에서만'이라는 의미이므로 in이 적절합니다.

5. Translation 나는 90일 정도 안에 부자가 되는 방법에 대한 책을 읽고 있습니다.

Explanation 주제: about은 '~에 관하여'라는 뜻입니다.

6. Translation 그 영화의 결말은 꽤 놀라웠습니다.

Explanation at the end of는'~의 끝에'라는 뜻입니다.

7. Translation 어제 시청 앞에서 시위를 한 사람들 중에는 몇몇의 유명인사도 있었습니다.

Explanation among은 '셋 이상의 사이에' 라는 뜻입니다. 그러나 구어체에서는 셋 이상의 경우에도 확연히 구분할 수 있는 것에는 between을 쓰고, 집단이나 무리를 가리킬 때는 among을 씁니다.

8. **Translation** 전 치즈케익과 애플타르트 중에서 결정하는 데 어려움을 겪고 있습니다.

   Explanation between는 '둘 사이'라는 뜻입니다. 따라서 둘을 뜻하는 복수형, 또는 둘을 연결하는 and가 있는 목적어가 뒤따릅니다

9. **Translation** Translation: 한라산의 높이는 해발 1,950m입니다.

   Explanation above는 '(전체적으로, 먼 거리) ~보다 위쪽에, ~을 넘는' 이라는 뜻입니다. above sea level은 '해발' 이라는 의미입니다.

10. **Translation** Angela는 그 회사에서 6년동안 일해오고 있습니다.

    Explanation for는 '~동안' 이라는 시간의 길이를 나타내고, 숫자가 포함된 기간에 자주 사용됩니다.

Unit 12 Conjunctions

Quiz Show

5 Questions

Answers

1. (b)
2. (b)
3. (c)
4. (a)
5. (d)

Translation & explanation

1. **Translation** "여러분의 시간은 한정되어 있으므로 다른 사람의 인생을 낭비하지 마십시오." - Steve Jobs

   Explanation because는 '~그래서'라는 뜻으로 결과를 나타냅니다.

2. **Translation** "나는 사람들이 당신이 한 말을 잊을 것이고, 사람들은 당신이 한 일을 잊을 것이지만, 사람들은 당신이 그들에게 어떻게 느끼도록 만들었는지는 결코 잊지 않을 것이라는 것을 배웠습니다." - Maya Angelou

   Explanation 접속사 that 은 명사절을 이끌어 문장에서 주어, 목적어, 보어 자리에 올 수 있습니다.

3. **Translation** "만약 당신이 사람을 판단한다면 당신은 그들을 사랑할 시간이 없다." - Teresa 수녀

   Explanation 조건을 나타내는 접속사 if는 '만약 ~한다면'이라는 뜻으로, 조건절을 이끈다. 조건절이 미래의 일을 나타내는 경우에도 동사의 시제는 현재 시제로 씁니다.

4. **Translation** "대체할 수 없는 존재가 되기 위해서는 항상 달라야 한다." - Coco Chanel

   Explanation in order to는 '~하기 위하여'라는 뜻으로 목적을 나타냅니다.

5. **Translation** "멈추지 않는 한 얼마나 천천히 가든지 상관없다." - 공자

Explanation 부사절접속사 as long as는 '~하기만 하다면'라는 뜻으로 조건을 나타냅니다.

Review Questions

Answers

1. (a)	2. (b)	3. (c)	4. (b)	5. (d)
6. (c)	7. (d)	8. (a)	9. (c)	10. (d)

Translation & explanation

1. **Translation** 나는 전체를 다 읽어볼 시간은 없지만 훑어보고 중요한 세부사항만 뽑아 내겠습니다.

   Explanation 앞뒤의 내용이 반대되는 것을 연결하는 대등 접속사 but 이 와야 합니다.

2. **Translation** 지금 교육에 투자하십시오, 그러면 당신의 노력은 후에 보상받을 것입니다.

   Explanation 「명령문 + and」는 '~해라, 그러면…'의 뜻입니다.

3. **Translation** 그녀는 졸업하자마자 꿈에 그리던 회사에 스카우트되었습니다.

   Explanation no sooner ~ than~은 '~하자마자 ~하다'의 뜻입니다.

4. **Translation** 우리는 탑승구로 뛰어가는 게 좋겠어요, 그렇지 않으면 비행기를 놓칠지도 몰라요.

   Explanation 「명령문 + or」는 '~해라, 그렇지 않으면…'의 뜻입니다.

5. **Translation** 나는 침술이 정말로 효과가 있다고 생각하는지 아닌지를 의사선생님한테 물어볼 겁니다.

   Explanation whether는 '~인지 아닌지'의 뜻으로 명사절을 이끕니다.

6. **Translation** 우리가 병원에 도착했을 때, 내 여동생은 이미 진통을 겪고 있었습니다.

   Explanation 시간을 나타내는 접속사 when 은 '~할 때'의 뜻입니다.

7. **Translation** 장사가 나아지지 않으면 우리가 가게를 닫아야 할 것 같아서 걱정입니다.

   Explanation unless는 조건을 나타내는 접속사로 '~하지 않는다면'의 뜻입니다.

8. **Translation** 나는 시험 때문에 너무 불안해서 어젯밤에 거의 잠을 못 잤습니다.

   Explanation because는 '~때문에'라는 뜻으로 원인을 나타냅니다

9. **Translation** Sam과 Erica는 정원을 갖게 되어서 개를 정말 키우고 싶어합니다.

   Explanation now that 은 '~이므로, ~이니까' 라는 의미로 부사절을 이끕니다.

10. **Translation** 신문은 세계에서 발생하는 사건들에 대한 통찰력을 제공할 뿐만 아니라 어휘력을 향상시킬 수 있는 훌륭한 방법이기도 합니다.

    Explanation not only A but also B 는 'A 뿐만 아니라 B도'의 의미입니다.

뉴 에센스 영문법 New Essence of English Grammar

초판 인쇄 2022년 2월 18일
초판 발행 2022년 2월 25일

지은이 성은경
발행인 고윤성 **Director, University Knowledge Press**
편집장 신선호 **Executive Knowledge Contents Creator**
도서편집 이근영 **Contents Creator**
장혜정 **Contents Creator**
디자인 한 지 **Designer**
우승민 **Designer**
재무관리 조아라 **Managing Creator**
정예찬 **Managing Creator**
사전·홍보물 장지혜 **Contents Creator**
발행처 한국외국어대학교 지식출판콘텐츠원
02450 서울특별시 동대문구 이문로 107
전화 02)2173-2493~7
FAX 02)2173-3363
홈페이지 http://press.hufs.ac.kr
전자우편 press@hufs.ac.kr
출판등록 제6-6호(1969. 4. 30)
인쇄·제본 (주)케이랩 053)583-6885

ISBN 979-11-5901-888-6 [13740] 정가: 25,000원

* 잘못된 책은 교환하여 드립니다.

HUiNE 은 한국외국어대학교출판부의 어학도서, 사회과학도서, 지역학 도서 Sub Brand이다. 한국외대의 영문명인 HUFS, 현명한 국제전문가 양성(International+Intelligent)의 의미를 담고 있으며, 휴인(携引)의 뜻인 '이끌다, 끌고 나가다'라는 의미처럼 출판계를 이끄는 리더로서, 혁신의 이미지를 담고 있다.